# शब्द परस्पर

[कृष्णा सोबती के रचनात्मक
अवदान पर केंद्रित]

ISBN : 978-81-267-2711-7

मूल्य : ₹ 350



पहला संस्करण : 2015

प्रकाशक : राजकमल प्रकाशन प्रा. लि.
1-बी, नेताजी सुभाष मार्ग, दरियागंज
नई दिल्ली-110 002

शाखाएँ : अशोक राजपथ, साइंस कॉलेज के सामने, पटना-800 006
पहली मंजिल, दरबारी बिल्डिंग, महात्मा गांधी मार्ग, इलाहाबाद-211 001
36 ए, शेक्सपियर सरणी, कोलकाता-700 017

वेबसाइट : www.rajkamalprakashan.com
ई-मेल : info@rajkamalprakashan.com

मुद्रक : बी.के. ऑफसेट
नवीन शाहदरा, दिल्ली-110 032

SHABD PARSPAR
*Krishna Sobti ke rachanatmak avadan per kendrit*
*by* Niranjan Dev Sharma

# शब्द

## कृष्णा सोबती के रचनात्मक अव

निरंजन देव शर्मा

राजकमल प्रकाशन
नयी दिल्ली पटना इलाहाबाद कोलकाता

माता-पिता की स्मृति

और

पूर्वा-प्राची एवं प्रतिमा के साथ के लिए

# इस सफर के हमसफर

मेरे साथ ज़िंदगी में कई संयोग घटे हैं। दुर्योग भी कम नहीं घटे, पर यहाँ बात केवल उन संयोगों की, जो कहीं न कहीं इस किताब के लिखे जाने से जुड़े हैं। जवाहरलाल नेहरू विश्वविद्यालय में प्रवेश को संयोग इसलिए कहूँगा कि यह दुर्योग में बदलते-बदलते बचा था। प्रवेश परीक्षा उत्तीर्ण होने की सूचना डाक विभाग की कृपा से मिल नहीं पाई थी। यह तो भला हो उस मित्र के बड़े भाई का, जिन्हें मैंने राह चलते पीछे से आवाज़ देकर पुकारा और उन्होंने मेरे घर पर ही मौजूद होने पर हैरानी जाहिर की। उन्होंने जवाहरलाल नेहरू विश्वविद्यालय में मेरा नाम प्रवेश सूची में देखा था और यह मानकर चल रहे थे कि मैं दिल्ली में हूँ। पता चला कि अगले दिन दाखिले की आखिरी तारीख है। आनन-फानन में रात्रि बस सेवा का टिकट लेकर दिल्ली पहुँचा और एक भले वाम कार्यकर्ता की मदद से प्रवेश संभव हो पाया।

उससे पहले साक्षात्कार हुआ था और कोई सूचना-संपर्क का माध्यम न होने के चलते मुझे यह कतई पता न था कि जिन नामवर सिंह का नाम मैं किसी आलोचक के बारे में जानकारी होने के नाते ले रहा हूँ वही साक्षात्कार के पैनल में शामिल हैं। कथा साहित्य में रुचि थी और संयोग से साक्षात्कार का रुख भी उसी दिशा में मुड़ गया। मुझे एम.फिल. में दाखिला मिल गया।

बारी आई विषय के चुनाव की। कथा साहित्य पर काम करना चाहता था और निर्देशक तय करने की जिम्मेदारी प्रत्यक्षतः विभाग की थी। यहाँ भी संयोग घटित हुआ। पहली बार तय निर्देशक ने मुझे अपने प्रदेश-हिमाचल-से निकलने वाली पत्रिका 'विपाशा' पर एम. फिल. करने का सुझाव दिया। पत्रिका पर शोध करने की कतई इच्छा नहीं थी। संयोग देखिए, छुट्टियों के बाद वापस विश्वविद्यालय लौटा तो

पता चला कि मेरा नाम अब किसी दूसरे समूह में है। यह जानकर प्रसन्नता हुई कि मेरे निर्देशक अब प्रो. पुरुषोत्तम अग्रवाल होंगे। विषय तय करने की उधेड़बुन के दिनों में मित्र सूर्यनाथ ने कृष्णा सोबती के नए उपन्यास 'ज़िंदगीनामा' का ज़िक्र किया। उपन्यास पुस्तकालय में मिल भी गया। पढ़ना शुरू किया और पढ़ता चला गया। अब पुरुषोत्तम जी से मिलना था। उन्होंने विषय को लेकर पूछा तो मैंने 'ज़िंदगीनामा' पर काम करने की इच्छा जताई। गुरुदेव ने गंभीरता से मेरी ओर देखा, कुछ सवाल पूछे और हामी भर दी। समझ गया कि सही गुरु के सान्निध्य में आ गया हूँ। प्रो. अग्रवाल के निर्देशन में जो सीखा वह आज भी साथ दे रहा है। पूर्वग्रहमुक्त होकर, अध्ययन और तर्क पर आधारित दृष्टिकोण विकसित करने का मंत्र उन्हीं के साथ काम करते हुए सीखा। शोध आगे बढ़ रहा था। गुरुदेव ने कृष्णा सोबती का साक्षात्कार करने का मशविरा दिया।

कृष्णा सोबती से मुलाकात को लेकर रोमांचित था। उनके स्वभाव के बारे में सुनी हुई बातों को लेकर मन में थोड़ा संकोच भी था, पर पहली मुलाकात में उनकी जो छवि उभरी वह कुछ और ही थी। ऐसी विनम्रता, ऐसा स्वाभिमान और अपने लेखक को लेकर ऐसा अगाध विश्वास कम ही देखने को मिलता है। अपनी शर्तों पर जीवन जीने वाली कृष्णा सोबती से मिलने, बातचीत करने का सिलसिला बना रहा। अक्सर दिल्ली में उनके घर पर और एक बार शिमला के भारतीय उच्चाध्ययन संस्थान में भी। धीरे-धीरे उनका विराट व्यक्तित्व मेरे सामने सहजता से खुलता गया। उनकी उदारता का मैं कायल हो गया। अब तक का उनका लेखन उनकी अपनी कसौटी पर खरा उतर कर ही पाठकों तक पहुँचा है।

पी-एच.डी. का विषय भी कृष्णा सोबती के कथा साहित्य पर तय हुआ। इस बीच शादी, पारिवारिक जिम्मेदारियाँ, माता-पिता का निधन, फिर मैं अपने निजी स्कूल को सहेजने-सँभालने में जुट गया। लगता न था कि शोध पूरा कर पाऊँगा।

मगर इसी बीच एक और संयोग घटा। एनसीईआरटी में पाठ्य-पुस्तक निर्माण समिति से जुड़ने का अवसर मिला। गुरुदेव ने फोन पर पूछा था कि महीने-दो महीने में चार-पाँच दिन का समय निकाल पाऊँगा या नहीं। मैंने हामी भर दी। प्रो. अग्रवाल ही हमारी समिति के संयोजक थे। दिल्ली आने-जाने का सिलसिला शुरू हुआ। एनसीईआरटी

का पुस्तकालय सुबह आठ बजे खुल जाता था। गुरुदेव की सहमति लेकर पुनः काम शुरू किया। दिन-भर कार्यशाला और सुबह-शाम पुस्तकालय। सिलसिला चल निकला। दिल्ली में नोट्स तैयार करता और कुल्लू आकर काम में जुट जाता। दिल्ली आने-जाने से पुस्तकों का चयन और खरीद भी संभव हो गई थी। इधर शोध पूरा हुआ और उधर गुरुदेव संघ लोक सेवा आयोग के सदस्य मनोनीत हो गए। नए निर्देशक के तौर पर मेरा आग्रह प्रो. वीरभारत तलवार ने स्वीकार किया और उनके निर्देशन में शेष कार्य संपन्न हुआ।

इसी दौर में कृष्णा सोबती पर एक स्वतंत्र पुस्तक लिखने का विचार जन्म ले चुका था। शोध को अलग रख कर नए सिरे से काम शुरू किया। कृष्णा सोबती का कथा साहित्य में प्रवेश कहानी के नए रूप के माध्यम से हुआ, जिसमें रचनाशीलता के प्रति अलग तरह की प्रतिबद्धता नज़र आती है। यह प्रतिबद्धता भाषा को कथ्य की प्रामाणिकता का औजार बनाती है। कथा साहित्य में शब्द की सत्ता को प्रमाणित करती है। रचनाशीलता के नए आयाम खोजने की दिशा में कृष्णा सोबती की रचनाएँ हमेशा परिपक्व रूप में सामने आईं। कथ्य का भाषा में ऐसा गुंथाव आलोचना से भी वैचारिक खुलेपन की माँग करता है। रचना का सही रूप जब तक विकसित न हो जाए, प्रकाशन के लिए रुके रहने के सब्र और अनुशासन की कृष्णा सोबती ही पहचान है। ऐसी रचनाएँ आलोचना से भी अनुशासन और दृष्टि की नवीनता की माँग करती हैं। जल्दबाजी में हर पत्रिका में छपने की प्रवृत्ति की शिकार नई रचनाशीलता के लिए कृष्णा सोबती का साहित्य इस बात की भी तसदीक करता है कि पाठक की स्मृति में ज़िंदा रहने के लिए निरंतर लिखने से ज़्यादा ज़रूरी बेहतर लिखना है। खासकर स्मृतिहीनता के ऐसे समय में, जहाँ पूँजी का प्रवाह 'नित नए' की धारणा पर आधारित है, जहाँ कुछ भी स्थायी रचने-गढ़ने के लिए स्पेस कम है।

कृष्णा सोबती के कथा साहित्य पर यद्यपि समय-समय पर बहुत से विद्वान आलोचकों ने लिखा है, किंतु एक मुकम्मल किताब अभी तक सामने नहीं आ पाई थी, जबकि सोबती की किताबों का एक बड़ा पाठक वर्ग है। कथा साहित्य ही नहीं, संस्मरण विधा का नया रूप विकसित करने वाली तीन खंडों में प्रकाशित पुस्तक 'हम हशमत' पर भी बात करना ज़रूरी था। 'सोबती-बलदेव संवाद' दो समकालीन

रचनाकारों के नज़रिए से समाज और साहित्य को ही नहीं, लेखकीय व्यक्तित्वों को भी समझने का उपक्रम है। इन सभी पुस्तकों के अध्ययन के माध्यम से प्रयास यह रहा है कि कृष्णा सोबती जैसी महत्त्वपूर्ण रचनाकार के बहुकोणीय रचनात्मक अवदान के हर पहलू को परखा जा सके।

हिंदी गद्य के कई नए रूप कृष्णा सोबती के साहित्य में मिलते हैं। आम जन-जीवन के बीच उनकी पैठ केवल अनुभवों के माध्यम से नहीं, स्थानीयता से निकल कर आने वाले शब्दों और ध्वनियों के माध्यम से भी है। मुद्दे या विमर्श उनके कथा साहित्य के बीच से निकल कर आते हैं, विमर्श को बीच में रख कर जबरन कहानी गढ़ना उनके रचनाकार को गवारा नहीं रहा।

किताब की योजना को लेकर मैंने राजकमल प्रकाशन को चिट्ठी लिखी। जवाब सकारात्मक मिला। इस बीच दिल्ली में ही प्रो. अग्रवाल की संस्था 'जिज्ञासा' के अंतर्गत तय कार्यक्रम में पर्चा पढ़ना था। वहीं राजकमल के अशोक महेश्वरी से संपर्क का संयोग बना। वे किताब छापने को सहर्ष तैयार थे। उनका आभार।

अब यह किताब तैयार है। सोच को किताब के पन्नों में उतारने में जिन कारणों से विलंब हुआ उनका ज़िक्र नहीं करूँगा। हाँ, सहयोग सभी का भरपूर मिला। परिजनों और मित्रों का। कृष्णा सोबती और प्रो. अग्रवाल के लिए आभार शब्द बहुत औपचारिक हो जाएगा। आप दोनों का मेरे जीवन में विशेष महत्त्व है। सूर्यनाथ ने प्रकाशन में जाने से पहले पूरी किताब पढ़ी। बहुत-सी जिम्मेदारियों के चलते जब-जब गाड़ी रुकी तो पटरी पर लाने का काम पत्नी प्रतिमा ने किया। दोस्तों का मशविरा मेरे लिए महत्त्व रखता है। ज्योतिष जोशी, संजय सुमन, अजेय, ईशिता, उरसेम और प्रकाश बादल जैसे मित्रों से हमेशा ऊर्जा मिली, सहयोग मिला। मैं उन सभी का आभारी हूँ, जिन्होंने प्रत्यक्ष या परोक्ष रूप से मेरी सोच को दिशा देने में भूमिका निभायी है।

—निरंजन देव शर्मा

# क्रम

# संवाद से जगता है अलख

## सोबती–वैद संवाद

साहित्य रचना क्या किन्हीं सीमाओं में बंध कर की जाती है या फिर उसे अपनी भूमिका के निर्वहन के लिए मुक्त छोड़ा जा सकता है। इस प्रश्न का उत्तर आलोचना के भिन्न पक्ष अपने-अपने तरीके से तय करते हैं। हमारे समय के महत्त्वपूर्ण रचनाकार लेखन के विविध पक्षों को लेकर क्या राय रखते हैं, यह जानने के मौके अधिकतर उनके साक्षात्कारों के माध्यम से ही उपलब्ध होते हैं। इस दृष्टि से कृष्णा सोबती ने अपने लेखकीय नज़रिए को 'सोबती-वैद संवाद' के माध्यम से विस्तृत आयाम प्रदान किए हैं। कृष्णा सोबती और कृष्ण बलदेव वैद के बीच का यह संवाद साहित्य के लंबे दौर की पड़ताल है, जिसमें इन दिग्गज कथाकारों की आलोचनात्मक दृष्टि मौजूद है। इस किताब में कृष्णा सोबती और कृष्ण बलदेव वैद के बीच तर्क-वितर्क के माध्यम से जो विमर्श उभरा है वह नई पीढ़ी के लेखकों के लिए भी एक महत्त्वपूर्ण दस्तावेज़ है।

दो महत्त्वपूर्ण समकालीन लेखकों के बीच लेखकीय सरोकारों और साहित्यिक-सामाजिक परिदृश्य पर विस्तृत बातचीत की पृष्ठभूमि भारतीय उच्चाध्ययन संस्थान में रिकार्ड की गई बातचीत में मौजूद है, पर किताब उसका लिप्यंतरण नहीं है। अपने वर्तमान स्वरूप में यह किताब इसी बातचीत पर आधारित कागज के पन्नों पर उतारा गया साहित्यिक दस्तावेज़ है। दोनों लेखकों द्वारा हस्ताक्षरित भूमिका में कारण स्पष्ट होता है :

> *''रिकार्डिंग के बाद इस लंबे संवाद को सुना तो हम दोनों ही परेशान हुए। कहीं विचार शब्दों को फलाँग रहे थे, कहीं वाचन के टुकड़े वाक्य की तटस्थता को घूर रहे थे...हमने निर्णय किया कि रिकार्डिंग को ट्रांस्क्राइब करा लिया जाए। लंबा काम था, पर जब संपन्न हुआ तो हम दोनों के चाहते हुए भी 'संवाद' ठंडे बस्ते में चला गया। जब बरसों बाद खुला तो उसे 'लिखित' में परिवर्तित करने के दौरान इसका वर्तमान पाठ उभरा जो अब आपके हाथ में है।''*

निश्चित रूप से शिमला के भारतीय उच्चाध्ययन संस्थान के बौद्धिक और रूमानी वातावरण में हुई इस बातचीत को विश्वसनीय बनाने में पूरी ईमानदारी बरती गई है, इसलिए वैचारिक संघर्ष यहाँ पूरी त्वरा के साथ मौजूद है। बहुत सी बातों को लेकर सहमति है, पर बीच-बीच में असहमति से उपजा द्वन्द्व पाठ को रोचक तो बनाता ही है, उसे तटस्थता भी प्रदान करता है। आपसी संवाद पर आधारित इस किताब का कॉपी राइट भी दोनों लेखकों का साँझा है। साहित्य की दुनिया के कुछ महत्त्वपूर्ण मुद्‌दे इस संवाद में शामिल होकर उभरे हैं, जो आगे की बहस का मार्ग प्रशस्त करते हैं।

## लेखक, पाठक और प्रकाशक के अंतर्संबंध

**लेखक और प्रकाशक के संबंधों में अविश्वास की स्थिति का संकट आज भी हिंदी साहित्य की दुनिया में मौजूद है। इस दृष्टि से इस संवाद में शामिल कुछ मुद्दे 'हम हशमत' में उठे सवालों का विस्तार हैं। मसलन, हशमत के शीला संधु वाले संस्मरण में उल्लिखित लेखक-प्रकाशक और पाठक के अंतर्संबंधों का मुद्दा यहाँ दोनों लेखकों की बातचीत में विस्तार पाता है। साहित्य अकादमी जैसी महत्त्वपूर्ण साहित्यिक संस्था में मूल्यों की गिरावट को लेकर वाजिब चिंता भी मुखर होती है।**

कला के क्षेत्र में चित्रकारों की स्थिति जहाँ काफी बेहतर हुई है वहीं अर्थिकी के मामले में साहित्य के प्रकाशन में स्थितियाँ विपरीत हैं। 'हम हशमत' में रमेश पटेरिया पर ज़िंदादिल संस्मरण के दुखांत अंत का ज़िक्र भी इस संवाद में मौजूद है। सवाल पैदा होता है कि रमेश पटेरिया जैसे मूर्तिकार के जीवन का दुखद अंत पहाड़गंज के किसी होटल में उन्हें लूट लिए जाने की घटना से क्यों हुआ। यह दुखद वाकया सवाल उठाता है कि लेखक-कलाकार हमारे समाज को सही राह दिखाने वाला बुद्धिजीवी तबका माना जाता है, बावजूद इसके यह स्थिति क्यों है कि लेखकों के बीच सार्थक संवाद के लिए कोई ठिकाना तक उपलब्ध नहीं। कॉफी हाउस के अपनी नियति को प्राप्त हो जाने की कहानी उस दौर के लेखकों की जुबानी हम जानते ही हैं। 'हम हशमत' में भी भीष्म साहनी वाले संस्मरण में लेखकों की दुनिया से आबाद कॉफी हाउस के सुनहरे दिनों के रीत जाने की कसक मौजूद है। 'सोबती-वैद संवाद' में साहित्य अकादेमी जैसे स्थान पर एक ऐसी जगह होने की ज़रूरत समझी गई है जहाँ समकालीन लेखक बैठ कर विचार-विमर्श कर सकें। कम से कम दिल्ली और साहित्य के मुख्य केंद्रों में लेखकों के ठहरने लायक ऐसी जगह हो, जहाँ वे बाहर से आकर रुक सकें। सोबती लेखक बिरादरी को एक सामाजिक समूह मानते हुए उसे लेखक की अस्मिता से जोड़ कर देखती हैं। बातचीत से यह भी उभरता है कि इन सब बातों के लिए सरकार की ओर ही क्यों देखा जाए। लेखक-प्रकाशक मिलकर क्यों न इस दिशा में कोई सार्थक कदम उठाएँ। रमेश पटेरिया को अंतिम रात ललित कला अकादेमी में ठहरने न दिया जाना क्या हमारी व्यवस्था का दुखद सत्य नहीं है।

लेखक समाज इकट्ठा होने के लिए, आपस में बातचीत करने के लिए अकसर गोष्ठियों की बाट जोहता है। एक-आध अपवाद को छोड़ कर लेखन और अन्य कला विधाओं से जुड़े लोगों के लिए आपसी चर्चा हेतु निश्चित जगहें उपलब्ध नहीं हैं। इस संदर्भ में सोबती और वैद लेखक बिरादरी द्वारा कोई पहल न किए जाने का सवाल भी उठाते हैं। इस तरह के आशावादी स्वर पहले भी कभी-कभार सुनने को मिलते रहे हैं, पर विडंबना ही है कि इस दिशा में लेखक समुदाय की ओर से कोई सार्थक प्रयास सचमुच नहीं हो पाया। यदि कोई पहल करे तो भविष्य में सरकारी सहायता भी संभव हो सकती है। जब साहित्यिक पत्रिकाएँ सरकारी उपक्रमों के

विज्ञापन जुटा सकती हैं तो लेखक समूहों के माध्यम से किए गए सार्थक प्रयास क्यों नहीं भविष्य में सरकारी अनुदान प्राप्त कर सकते। पहल तो लेखक समुदाय को ही करनी होगी। अब तक कोई ऐसी पहल क्यों संभव नहीं हो पाई, इसके कारण भी यहाँ मौजूद हैं। संदर्भ कुछ और हैं, पर लेखक समुदाय को गंभीरता से इस बात पर विचार करना होगा कि वजह कहीं यही तो नहीं। सोबती किसी और संदर्भ में एक जगह कहती हैं–

*'साहित्यिक मैत्रियों के लिए कुछ कहना ज़रूरी ही होगा। अमैत्री के इस संक्रमण काल में आज दोस्ती-दुश्मनी हर दिन खतरे में है। दोस्ती आज है तो कल नहीं। सुबह है तो शाम नहीं। एक-दूसरे का लेखन ही इसका कारण नहीं, विचारधाराओं के बंधन भी ढीले हो चुके हैं, लेकिन अलग-अलग राजनीतिक दलों की ओर झुकाव भी दोस्ती और दुश्मनी के कारण हो सकते हैं। साहित्यकारों ने खेमेबाजी के सामने हथियार डाल दिए हैं।...'*

प्रकाशन की दुनिया में लेखकों की अपने अधिकारों को लेकर अनभिज्ञता और प्रकाशक की ओर से रायल्टी को लेकर कोई स्पष्ट नीति न होने की वजह से हमेशा ही लेखक के लिए असमंजस की स्थिति बनी रही है। लेखक के कॉपी राइट के मसले को लेकर कृष्णा सोबती और अमृता प्रीतम प्रकरण पर यहाँ विस्तार से बात हुई है। कृष्णा सोबती को अपने उपन्यास 'ज़िंदगीनामा' के शीर्षक की रक्षा के लिए कई वर्ष उच्च न्यायालय में मुकद्दमा लड़ना पड़ा। समस्या तब बढ़ी जब 'हरदत्त दा ज़िंदगीनामा' उपन्यास को केवल 'ज़िंदगीनामा' शीर्षक से विज्ञापित किया गया। इस प्रकरण को लेकर कृष्णा सोबती का लेखकीय व्यक्तित्व किस हद तक आहत हुआ होगा, इसका अंदाज़ा उनकी तल्ख़ी से लग जाता है।

*'...इस शीर्षक पर सेंध लगाने वाले प्रकाशक और लेखक दोनों यह बाजारू हथकंडा न करते तो भी राज्यसभा के सदस्य द्वारा लिखी किताब की बिक्री होती ही और 'ज़िंदगीनामा' उपन्यास की सुरक्षा के लिए हाईकोर्ट में बरसों न लगते। बहरहाल, कॉपी राइट बलाय ताक और मेरा शीर्षक तेरे हाथ।'*

इस पूरे प्रकरण में लेखक की ईमानदारी और स्वाभिमान के मुद्दे के आगे प्रकाशकों की मिलीभगत का मामला भी उजागर होता है। शोषण का यह सिलसिला बेरोक-टोक जारी है। कृष्ण बलदेव वैद भी इस मामले में लेखक और प्रकाशक के बीच अविश्वास को बढ़ावा देने के लिए ऐसी किसी आचार संहिता का मौजूद न होना एक बड़ा कारण मानते हैं।

*'हमारे यहाँ अभी तक ऐसी रिवायतें स्थापित नहीं हुईं कि प्रकाशक लेखक को सच्चे आदर की निगाह से देखें, उसके अधिकारों की रक्षा करें।'*

## हिंदी आलोचना के सफर पर नज़र

हिंदी साहित्यिक परिदृश्य में आलोचना की स्थिति पर असंतोष इस संवाद में उभरता है। मंचीय आलोचना और फतवों-वक्तव्यों पर दोनों लेखकों की तल्ख़ी वाजिब लगती है। नामवर सिंह से लेखकीय और पाठकीय अपेक्षाएँ पूरी न होने की खटास भी यहाँ जाहिर हुई है। नेमिचंद्र जैन की कथा साहित्य पर आलोचना की पुस्तक 'अधूरे साक्षात्कार' को वैद महत्त्वपूर्ण आलोचनात्मक पुस्तक मानते हैं और साथ ही यह भी कि नेमि जी के नाट्यलोचना की ओर मुड़ जाने के कारण उनका कथालोचना का सफर अधूरा ही रह गया।

नेमि जी का कथालोचना में बने रहना कथालोचना को समृद्ध करता? कहना ज़रूरी है कि नामवर सिंह के कथा आलोचना में हस्तक्षेप के बाद, विशेष रूप से 'कहानी नई कहानी' और 'कविता के नए प्रतिमान' के प्रकाशन के बाद, आलोचना उन्हीं के इर्द-गिर्द सिमट कर रह गई। आलोचना का एक और सशक्त ध्रुव उभरता तो कथा और कथालोचना दोनों के लिए ही हितकर होता। अपवादों को यदि छोड़ दें तो आज तक की हिंदी आलोचना नामवर जी की पुस्तकों और व्याख्यानों के माध्यम से, उन्हीं की दिशा में आगे बढ़ी है।

कृष्णा सोबती इस संवाद में नामवर सिंह और अशोक वाजपेयी का योगदान साहित्य में विचार पक्ष को सामने लाने की दृष्टि से महत्त्वपूर्ण मानती हैं। यहाँ यह जानना भी ज़रूरी है कि अशोक वाजपेयी की दृष्टि के केंद्र में कविता ही रही। कथा साहित्य को उन्होंने अध्यक्षीय व्यक्तव्यों की नज़र से ही देखा। इसलिए उनका विचार पक्ष भी कविता के माध्यम से ही सामने आता है और कविता पर ही उनकी राय को पुष्ट करता है, जबकि नामवर सिंह का योगदान कहानी और कविता दोनों विधाओं में आलोचना की समृद्ध धारा विकसित करने की दृष्टि से महत्त्वपूर्ण है। व्याख्यानों के माध्यम से आलोचना को आगे बढ़ाने की प्रवृत्ति पर अलग से बहस हो सकती है।

दोनों ही लेखकों की सहमती वैद जी के इस कथन में उभरती है-

> *'आलोचना और आलोचक की हमारे साहित्यिक परिदृश्य में केंद्रीय भूमिका होनी चाहिए थी, हो सकती थी, लेकिन हुई नहीं, है नहीं।'*

वैद जी का कथन इस धारणा को और पुष्ट करता है कि कथालोचना के साहित्य के केंद्र में न होने से कहानी और उपन्यास की सही दिशा तय नहीं हो पाई। भ्रांत धारणाओं के चलते इन विधाओं पर सामान्य कार्य करने वाले लेखक भी पुरस्कृत हुए तथा लीक से हट कर प्रयोग करने वाले लेखकों को आलोचना के माध्यम से केंद्र में स्थापित नहीं किया जा सका। कई बार संगठन भी निजी हित साधने के चलते अपना उत्तरदायित्व निभाते नज़र नहीं आए। इस दृष्टि से संगठन जो महत्त्वपूर्ण भूमिका अदा कर सकते थे, उससे चूक गए। इन स्थितियों के चलते

संस्थाओं के पुरस्कार भी संदेह के घेरे में आए और विशेष रूप से उपन्यास की आलोचना में अराजकता की-सी स्थिति पैदा हुई।

इस दृष्टि देखें तो से 'अधूरे साक्षात्कार' नेमिचंद्र जैन की महत्त्वपूर्ण आलोचना कृति के रूप में सामने आती है जो कथा साहित्य में आलोचना के अनुत्तरित रह गए सवालों का जवाब देती है। रूप और कथ्य के सवाल पर यह किताब एक नई समझ को जन्म देती है। ऐसा नयापन जो कथा साहित्य के माध्यम से पाठक के सामने यथार्थ के नए रूप खोलता है।

ग्रामीण परिवेश का जो स्वरूप प्रेमचंद की कहानियों-उपन्यासों के माध्यम से उभर कर आया वह उपन्यास का एक रूप था। रेणु के कथा साहित्य में ग्रामीण अंचल के एक नए रूप को देखना ग्रामीण यथार्थ का पूर्णतः अव्यक्त रूप था। इस नएपन को नामवर सिंह भी महत्त्वपूर्ण मानते रहे हैं और नेमिचंद्र जैन भी नएपन के तंतुओं की मौजूदगी के चलते ही इन रचनाओं पर बात करते हैं। फर्क इतना है कि नएपन के लक्षणों की पहचान करने के मानदंड दोनों ही लेखकों के अलग-अलग हैं। नामवर सिंह निर्मल वर्मा के कहानी संग्रह 'परिंदे' पर विस्तार से लिखते हैं, पर 'मित्रो मरजानी' और 'ज़िंदगीनामा' तक उनकी आलोचकीय दृष्टि नहीं जाती। उनके द्वारा 'मैला आँचल' के महत्त्व को रेखांकित न कर पाने की कसक काशीनाथ सिंह को 'घर का जोगी जोगड़ा' में दिए साक्षात्कार में देखने को मिलती है। दूसरी ओर नेमि जी 'अधूरे साक्षात्कार' में 'मैला आँचल' पर विस्तार से बात करते हैं। 'ज़िंदगीनामा' सहित कुछ और कृतियों को वह लीक से हट कर लिखा गया मानते हैं, पर नाटक विधा पर ध्यान केंद्रित हो जाने के चलते उन पर चर्चा का सफर अधूरा ही रह जाता है। आलोचना में रह गई इस रिक्तता की भरपाई संभव हो पाती, यदि नेमि जी अपने काम को आगे बढ़ाते। सोबती-वैद संवाद में आलोचना के इस संकट पर विस्तार से बात हुई है।

## लेखन बनाम स्त्री लेखन

समकालीन स्त्री विमर्श के संदर्भ में बहुत ही महत्त्वपूर्ण बहस इस संवाद के माध्यम से उभर कर आई है। स्त्री इस दौर में अपनी भूमिका, दायित्व और हिस्सेदारी को लेकर अधिक सजग और सशक्त हुई है। स्त्री सशक्तीकरण के दौर में नारी लेखन या स्त्री विमर्श के नाम पर दलित विमर्श की तरह ही यह मान लिया गया कि महिला लेखन के माध्यम से ही स्त्री की पीड़ा को सही मायनों में अभिव्यक्त किया जा सकता है। कृष्ण बलदेव वैद एक हद तक इस तर्क से सहमत भी जान पड़ते हैं, पर कृष्णा सोबती स्वयं को या किसी भी लेखक को स्त्री या पुरुष लेखन के खेमे में बाँटने के पक्ष में नहीं हैं। उनका तर्क यह है कि यदि कोई इंजीनियर है या वैज्ञानिक या मैनेजर है तो उसकी श्रेष्ठता का पैमाना उसकी दक्षता होगी न कि उसका स्त्री या पुरुष होना। ठीक

यही बात लेखन पर भी लागू होती है। कृष्णा सोबती के इस तर्क का एक पहलू यह भी है कि स्त्री लेखन के नाम पर जो कुछ लिखा जा रहा है वह ज़रूरी नहीं कि उत्कृष्ट लेखन ही हो। कुल मिला कर उत्कृष्टता का पैमाना केवल स्त्री या पुरुष होने से सुनिश्चित नहीं होगा। लेखन की उत्कृष्टता अधिक महत्त्वपूर्ण है।

स्त्री ने जीवन के हर क्षेत्र में जिस तरह से अपना स्थान बनाया है उससे यह धारणा तो टूटी ही है कि फलाँ-फलाँ क्षेत्र तो स्त्री के लिए ठीक है, पर महत्त्वपूर्ण निर्णय लेने के मामले में भरोसा नहीं। यहाँ सोबती का यह तर्क सही जान पड़ता है कि स्त्री होने के नाते अर्जित अनुभव अलग और विशिष्ट हो सकते हैं, पर विशिष्ट लेखन के लिए केवल स्त्री होना काफी नहीं। ठीक इसी तरह से दलित पीड़ा को रचनात्मक अभिव्यक्ति देने के लिए केवल दलित होना काफी नहीं है, लेखक होना भी ज़रूरी है। केवल अनुभवों से गुज़रना काफ़ी नहीं होता, बल्कि उन्हें पुनर्जीवित करने वाली उस लेखकीय दक्षता का होना भी ज़रूरी होता है, जो अनुभवों की पुनर्रचना करके उन्हें रूप के स्तर पर भी प्रामाणिक बनाती है। निष्कर्ष यह कि रचना श्रेष्ठ भी हो और लोकप्रिय, ज़रूरी नहीं है। रचनाकार कोई दलित हो, स्त्री हो या कोई अगड़ा-पिछड़ा या फिर आदिवासी-उसे रचना से ऊपर नहीं रखा जा सकता। ऐसे में चर्चित और विशिष्ट के बीच के अंतर को समझना और पाटना आसान नहीं है। कृष्ण बलदेव वैद यहाँ महत्त्वपूर्ण सवाल उठाते हैं-

> *'जब तक हमारी सामाजिक और आर्थिक विषमताएँ दूर नहीं होतीं, तब तक 'एलिटिस्ट' और 'पॉपुलिस्ट' साहित्य का भेद भी कम या दूर नहीं होगा।'*

कृष्णा सोबती कहती हैं :

> *'देखिए हमें पिछड़े, निर्धन, आदिवासी, अशिक्षित और स्त्री की भीड़ को नागरिक के स्वरूप में सहज ही स्वीकार करने की तालीम जुटानी होगी। यह जिम्मा शिक्षितों और लेखकों पर है। जन साधारण से इलिटिस्ट दूरी को हमें पाटना होगा।'*

यह फासला कब कम होगा यह तो कहा नहीं जा सकता, पर हाल ही में जिस तरह से भ्रष्टाचार के मुद्दे पर समाज के हर वर्ग और हर पीढ़ी के लोग एकजुट नज़र आ रहे हैं उससे आशा तो बंधती है कि समाज का एलीट कहा जाने वाला वर्ग अपनी जिम्मेदारी समझना चाह रहा है। जब तक संभ्रांत और बुद्धिजीवी वर्ग अपनी सामाजिक जिम्मेदारियों का निर्वाह करने की इच्छाशक्ति नहीं दिखाता और सरकार अपनी और इस वर्ग की जिम्मेदारी सुनिश्चित नहीं करती, बात बनने वाली नहीं है। सोबती सामाजिक ताने-बाने में आ रहे परिवर्तन और साहित्य के अंतर्संबंधों की परख कुछ ऐसे करती हैं-

> *'हमें स्त्री और पुरुष में समानताएँ देखने का आदी होना चाहिए। जिस तरह की सामाजिक, आर्थिक और विकासशील जीवनशैली मानव समाज के*

*सामने उघड़ रही है–उस भाषा को जीने, समझने के लिए हमें अपने को तैयार करना चाहिए।'*

लेखकीय स्वाभिमान को बचाए रखने और उसे कमतर आँकने वालों को उसके वजन का एहसास कराए जाने के प्रसंग भी रोचक हैं। कृष्णा सोबती को ऐसी स्थितियों का सामना उनके स्त्री होने की वजह से भी करना पड़ा। अपने आप को स्त्री या पुरुष से ऊपर केवल लेखक मानने वाली सोबती ऐसे ही कड़वे अनुभवों के चलते अपने को दलित कह देती हैं। समाज में दलित और स्त्री को लेकर उपेक्षा का भाव एक-सा ही है। यह प्रसंग स्वाभिमान के चलते पुरस्कार ठुकराने के उन प्रसंगों के इतर हैं जिनके बारे में लेखक समाज आमतौर से परिचित है।

इसी संदर्भ में रोचक किस्सा है। डॉ. जी. बी. पांडे भारतीय उच्चाध्ययन संस्थान के नए चेयरमैन बन कर आए। कृष्णा सोबती की उनसे अनौपचारिक भेंट होती रही। चौथे दिन जब औपचारिक परिचय के लिए सभी फैलो जुटे तो पांडे जी ने अपने वक्तव्य में कह दिया कि यह संस्थान रचनात्मक लेखकों के लिए नहीं है। दूसरे, जब सोबती ने बोलना शुरू किया तो बतौर चेयरमैन उन्होंने टोक दिया कि पहले अपना नाम बताइए। कृष्णा जी उखड़ गईं और अपना परिचय कुछ यूँ दिया–

> *'...हम लोग आपको पिछले चार दिन से लगातार मिल रहे हैं, फिर भी आपको मेरा नाम जानना ही है तो मामूली-सा नाम है, पर श्रीमान मेरे हस्ताक्षर मूल्यवान हैं। मैं कृष्णा सोबती हूँ और इस संस्थान में नेशनल फैलो हूँ।'*

सोबती के लिए यह उनकी लेखकीय अस्मिता पर हमला था और जाने-अनजाने उनके स्त्री लेखक होने के नाते था। वह सवाल उठाती हैं–

'मेरा एतराज अब भी इतना ही था कि क्या भीष्म साहनी, के. बी. वैद या निर्मल वर्मा को भी अपना नाम बताने के लिए कहा जाता। कभी नहीं।' वैद जी यहाँ सोबती के साहस की दाद देते हैं और नारीवादी चेतना को इस सदी की बड़ी घटना मानते हैं। इसी के साथ वह पूरी ईमानदारी से यह भी स्वीकार करते हैं कि पुरुषवादी सोच के दुराग्रहों से मुक्त होने के लिए वह स्वयं निरंतर प्रयासरत रहते हैं।

देखा जाए तो यह बीती शताब्दी का सच है कि नारी अस्मिता के प्रश्न पर लंबी बहस चली है। पुरुष लेखकों के माध्यम से नारी के जो पक्ष सामने आते थे अब वह स्वयं नारी की कलम से अभिव्यक्ति पा रहे हैं। परिवर्तन की इस प्रक्रिया में पुरुष की सोच भी नारी को लेकर बदली है और नारी जीवन के नए सत्य उद्घाटित हुए हैं। न केवल इस परिवर्तन को दोनों लेखकों ने चिह्नित किया है, बल्कि लेखन की स्तरीयता के आधार पर लेखक को आँकने का समर्थन किया है।

## ईश्वर की उपस्थिति

इसी बातचीत में ईश्वर की उपस्थिति और उसके स्वरूप पर भी दोनों लेखकों की राय मौजूद है। जहाँ कृष्णा सोबती ईश्वर की उपस्थिति को अपने में और सारे जहाँ में देखती हैं, निराकार भाव से और बिना किसी संशय के, वहीं वैद का संशय समाज में विषमता के मुद्दे को लेकर ईश्वर के प्रति नकार भाव से जुड़ा रहा है। बचपन से ही ईश्वर के अस्तित्व पर शंका करने वाले वैद अपने मन में इस विषय को लेकर विरोधाभासों को स्वीकार करते हुए कहते हैं–

"...'जय जगदीश हरे' की धुन और सादगी मुझे भाती है, कभी-कभी आँखें भी सजल हो जाती हैं। लेकिन बुनियादी सवाल मन को सालते रहते हैं, सबसे बड़ा तो यही कि अगर ईश्वर है तो इतनी ऊँच-नीच क्यों, इतना अन्याय क्यों, इतना दुख क्यों?" कृष्णा सोबती ईश्वर की उपस्थिति को अपने अंदर देखती हैं और सूरज, चाँद, प्रकृति और ब्रह्मांड को उसके प्रतीक मानती हैं। वैद जी द्वारा उठाए गए समानता-असमानता के प्रश्न के बरक्स वह सूर्य के प्रकाश और ऊष्मा की एक समान उपलब्धता का उत्तर सामने रखती हैं। धर्म के नाम पर हो रहे पाखंड और राजनीति में धर्म का घालमेल करके मानव जाति में असहिष्णुता को बढ़ावा देने की राजनीति का विरोध दोनों ही लेखक एक स्वर में करते हैं।

## कथ्य और शिल्प

सोबती और कृष्ण बलदेव वैद, दोनों ही लेखक अपनी शिल्पगत विशिष्टता को लेकर जाने जाते रहे हैं और यह भी कि दोनों ओर यह विशिष्टता अलग-अलग रूप सँजोए हुए है। कथ्य और शिल्प को लेकर एक असमंजस और विभाजन इसलिए भी मौजूद रहा है कि आलोचना उस पर पुल बनाने का काम ठीक तरीके से नहीं कर पाई। दूसरे कलात्मक आग्रह होना प्रगतिशील दृष्टि से परिगामी साहित्य होने का लक्षण मान लिया गया। संगठनों ने भी इस भ्रम को पाटने के बजाय आगे बढ़ाने का ही काम किया। यह मसला भी दोनों लेखकों की बातचीत में उभर कर आता है। वैद इस भ्रामक स्थिति के लिए 'प्रगतिशीलता' को दोष देते हैं तो सोबती इस मसले को केवल एक विचारधारा के मत्थे मढ़ने को तैयार नहीं। दोनों लेखकों की सहमति एक बात को लेकर है कि लेखक के लिए कथ्य को प्रभावी तरीके से संप्रेषित करने के लिए शिल्प के स्तर पर चौकन्नापन होना ज़रूरी है, यहाँ किसी तरह की ढिलाई बरते जाने की कोई गुंजाइश नहीं।

## लेखन और अनुशासन

दो सजग लेखकों के बीच इस चर्चा में साहित्यिक परिदृश्य सहित महत्त्वपूर्ण सामाजिक मुद्दों पर बातचीत और जीवन दर्शन तो है ही, दोनों लेखकों के लिखने-पढ़ने के

तौर-तरीकों पर भी पाठकों के लिए जानकारी मौजूद है। समानता इस मामले में नज़र आती है कि दोनों ही लेखक में अनुशासन और निरंतरता को ज़रूरी मानते हैं। अपने समय के दो दिग्गज लेखकों की रचना प्रक्रिया के बारे में जानना इस संवाद के पाठ का महत्त्वपूर्ण अंग है। लेखन की उत्कृष्टता के पैमाने पर किसी तरह की ढील या लापरवाही की गुंजाइश नहीं होती। आत्म विवेचन और लेखकीय संतुष्टि भी उतनी ही ज़रूरी है। वैद जी के 'उसका बचपन' के पहले ड्राफ्ट को लेकर उनका असंतोष ही उन्हें उस रचना के प्रति उदासीन करता है और एक अंतराल के बाद उससे मुक्त होकर जब रानीखेत में उसका पुनर्लेखन वह नए सिरे से करते हैं तो उपन्यास का नया कसा हुआ रूप उभरता है। यह वह रूप या फार्म है, जिससे लेखक संतुष्ट है।

कृष्णा सोबती ने भी 'चन्ना' नाम से लिखा गया उपन्यास प्रेस में जाने के बाद प्रकाशित होने से रोक दिया था, जो वर्षों बाद 'ज़िंदगीनामा' के रूप में प्रकाशित हुआ। इस किताब के माध्यम से 'ज़िंदगीनामा' में वड्डे लाला वाले अध्याय और 'दिलो-दानिश' में वसीयत वाले अध्याय बाद में जुड़ने के प्रसंग लेखकीय सजगता और उत्कृष्टता के प्रमाण हैं। जिन पाठकों ने ये किताबें पढ़ रखी हैं वे इस बात को भलीभाँति समझ सकते हैं। यह बड़े और सजग लेखकों द्वारा तय किए जाने वाले ऐसे मानदंड हैं, जो लेखकों की पीढ़ियों का मार्ग प्रशस्त करते हैं। आने वाली पीढ़ियाँ जान पाती हैं कि रचनात्मकता की कसौटी पर खरा उतरने के लिए रचना को लेखक द्वारा ही उत्कृष्टता की कसौटी पर कैसे बार-बार कसा जाता है।

दोनों वरिष्ठ लेखकों के दर्शन में मृत्यु के प्रति सहज स्वीकार का भाव है। स्वर आशावादी हैं, हताश और निराश करने वाले तो कतई नहीं। जो दृष्टि उभरी है, उसमें जीवन की उपलब्धियों को लेकर संतोष है, कुछ छूट जाने का मलाल नहीं। वैद जी कहते हैं-

> *'अब हम इस जगत से रुख़सत लेने की अवस्था में हैं। अधिक से अधिक दस-बारह बरस और...इंतहाँ का ख़याल मुझे अन्य ख़ाकी ख़यालों से मुक्त करता है, एक नितांत नई आज़ादी और लापरवाही देता है...'*

सहमतियों और असहमतियों से उपजे स्वरों के माध्यम से साहित्य और साहित्य की दुनिया पर दो समकालीन लेखकों के मध्य बातचीत का यह अनूठा संकलन है, जिसमें बहुत से समसामयिक मुद्दों पर दो महत्त्वपूर्ण लेखकों के तर्क सामने आते हैं।

# आमने-सामने : सोबती और हशमत

हशमत भाग-1, भाग-2 और भाग-3

दोहरी भूमिका का निर्वाह करने वाले चरित्र सिनेमा में अब तक हमने देखे हैं, पर लेखन में अपने समांतर अपना ही प्रतिरूप विकसित करना कृष्णा सोबती जैसे शब्द-साधक के लिए ही संभव है। यों तो एक बड़ी रचना को जन्म देने के लिए लेखक को स्वयं नया जन्म देना पड़ता है, पर अपना प्रतिरूप विकसित करके अपने समकालीनों को ही नहीं, बल्कि स्वयं को जाँचना हिंदी साहित्य की दुनिया में एक नई घटना है। कृष्णा सोबती पाठकों को चौंकाने के लिए ऐसा नहीं करतीं, बल्कि उनकी इस उपलब्धि को एक लेखक की निरंतर शब्द साधना के विस्तार के रूप में देखा जाना चाहिए। ऐसी साधना, जिसमें लेखक अपने व्यक्तित्व के समांतर एक अलग शख्सियत के रूप में विकसित होता है, जो विवेक सम्मत दृष्टि से अपने आसपास के परिवेश को जाँचता है। कृष्णा सोबती अपनी पुस्तक 'शब्दों के आलोक में' के एक साक्षात्कार में अपने और हशमत के अंतर की पहचान कुछ यों करती हैं–

> *'...यह एक ही व्यक्ति में से उठी दो आवाज़ें थीं। मुझे यह जानना था कि वह एक दूसरे से कितनी अलग थीं। इसके पेश्तर कि मैं हशमत के नाम का खाता खोलूँ, इसकी शिनाख़्त भी ज़रूरी थी कि सोबती की आवाज़ और हशमत के अंदाज़ में दो मुख़्तलिफ रंग ही नहीं, अलग-अलग कोण और नैरेटिव की उठान भी मौजूद हो।...व्याकरण के अनुसार यह केवल 'ई' और 'आ' का अंतर नहीं था।'*

सोबती के ये हशमत साहित्य की दुनिया से जुड़े लोगों का ही लेखा-जोखा प्रस्तुत नहीं करते, बल्कि हशमत की नज़र से ख़ुद को भी तौलते हैं। ऐसा नहीं कि साहित्यिक इदारों से बाहर के लोग यहाँ नहीं हैं, खानदानी नानबाई मियाँ नसीरुद्दीन और टैक्सी ड्राइवर जग्गा सिंह के रेखाचित्र भी यहाँ मौजूद हैं। दिल्ली की महानगरीय संस्कृति से बाहर गाँव की चौपाल में लोकतंत्र की स्थिति का जायज़ा 'इंकलाब ख़ाब नहीं' नामक शब्दचित्र में मौजूद है तो 'समाजवादी किटी पार्टी' जैसे विषय पर भी हशमत की पारखी नज़र जाती है। दरअसल, 'हम हशमत' का पहला भाग एक कोलाज की तरह है, जिसमें लेखकों, ग़ैर-लेखकों पर रेखाचित्र हैं तो सामाजिक इकाइयों पर भी रोचक शब्दचित्र मौजूद हैं।

## संस्मरण या रिपोर्ताज या शब्द कोलाज

हम हशमत एक संस्मरणात्मक किताब है, पर हम क्या इसे महज संस्मरण कह कर टाल सकते हैं। हम इसे महज रेखाचित्रों का संकलन भी नहीं कह सकते। इस किताब में लेखकों के लेखन के उद्धरण, कविताएँ, आलोचना और साक्षात्कार भी शामिल हैं। देखें तो 'हम हशमत' का पहला भाग संस्मरण विधा के अधिक निकट है और दूसरा भाग इस विधा की सीमाओं का अतिक्रमण करता जान पड़ता है। जिस

तरह से सोबती का कथा लेखन साहसिक प्रयोगों के लिए जाना जाता है, कहानी और उपन्यास की सीमाओं को विस्तार प्रदान करता है, उसी तरह से यह पुस्तक भी प्रयोगों से अछूती नहीं है और किसी भी विधा का विस्तार कही जा सकती है।

'हम हशमत' अपने आप में एक अनूठी किताब शृंखला है। अब तक तीन भाग सामने आ चुके हैं। पहले दो भागों में किताब में अपने समेत कुल जमा उनतालीस रेखाचित्र, संस्मरण और आलोचनात्मक व्यंग्य शामिल हैं। कहीं केंद्र में व्यक्तित्व हैं और कहीं व्यक्ति का रचनात्मक अवदान और कहीं लेखन की प्रासंगिकता की पहचान। कहना ज़रूरी है कि सोबती के अंदर एक आलोचक भी मौजूद है, जो लेखक और लेखन के अंतर्संबंधों और अंतर्विरोधों की गहन पड़ताल करता है। इस तरह से अपने समकालीनों के लेखन पर टिप्पणी करने का यह शिल्प भी हिंदी में अपनी तरह का पहला प्रयोग है। यह संस्मरणात्मक किताब लिखते हुए सोबती किसी भी पूर्वग्रह से स्वयं को मुक्त रखने के लिए अपने समांतर हशमत नाम के लेखक को गढ़ती हैं। मियाँ हशमत लेखक के अंदर जन्म ले चुका एक दूसरा लेखक है, जो लेखकों की दुनिया को देखने की पैनी दृष्टि रखता है। ऐसा करते हुए हशमत अपने समकालीन लेखकों के सकारात्मक और नकारात्मक पहलुओं की पड़ताल करने की छूट तो हासिल कर लेते हैं। ऐसे प्रयोग इस किताब को और कृष्णा सोबती को लेखक के तौर पर विशेष दर्जा दिलाते हैं।

किताब का पहला भाग निर्मल वर्मा पर संस्मरण से शुरू होता है, जिसका अंत मनोहर श्याम जोशी पर लिखे रेखाचित्र से होता है। हशमत से सोबती की मुलाकात का भी एक प्रसंग अंत में है। कृष्णा सोबती के व्यक्तित्व को समझने और उन्हें लेखक के तौर पर जानने के नजरिये से इसका अपना महत्त्व है। दूसरा भाग नामवर सिंह, अशोक वाजपेयी और अज्ञेय से होता हुआ कमलेश्वर तक को छूता है। अगर ग़ैर-लेखक यहाँ मौजूद हैं तो भी कहीं न कहीं साहित्य और कला की दुनिया से ही जुड़े हुए हैं। हशमत में मूर्तिकार रमेश पिटेरिया के साथ बिताई शाम का लेखा-जोखा है तो लेखकों की दुनिया का प्रकाशन जगत से संतुलन साधती शीला संधू भी यहाँ मौजूद हैं।

## निर्मल से नामवर तक

हशमत के पहले भाग की शुरुआत निर्मल वर्मा से होती है तो दूसरा नामवर सिंह पर लिखे संस्मरण से आरम्भ होता है। अनायास नहीं है कि एक ने हिंदी कहानी को नई भाषिक काया दी तो दूसरे ने आलोचना के माध्यम से उस नएपन की पहचान की। इन दोनों घटनाओं के एक ही समय में घटित होने का ऐतिहासिक महत्त्व है। आलोचकीय उपेक्षा या नकार कहानी के विकास में आए महत्त्वपूर्ण मोड़ को बाधित कर सकता था। पहले शब्दचित्र 'निर्मल वर्मा' में वह उनके लेखन के कई महत्त्वपूर्ण

पहलुओं को छूती हैं। वातावरण के साथ आंतरिक द्वंद्व का तादात्म्य बिठाने की यह अनूठी कला ही हिंदी कहानी की नई इबारत गढ़ती है।

हशमत बखूबी निर्मल वर्मा के लेखन की इन खूबियों की ओर संकेत करते हैं, पर उतने ही ठंडेपन से यह भी इशारा कर देते हैं, कि निर्मल वर्मा से इस दुनिया की वास्तविक तस्वीर उभारने की दरकार थी।

> *'सोचा निर्मल से यह तो कहते जाएँ कि प्यारे दोस्त, शाम भले ही कंसर्ट पर जाओ, बीथोविन सुनो, रविशंकर, अली अकबर खाँ–मगर जो तुम्हारी गली में थूथनी उठाए सुअर घूम रहे हैं उन्हें भी तो देखो। कुछ ग़ौर करो। तुम्हारी लाजवाब कलम से कोई यथार्थ तो उभरे। कोई एक यथार्थ। ज़िंदगी से ज़िंदगी तक जुड़ा हुआ।'*

निर्मल वर्मा के गद्य को कविता के नज़दीक मानते हुए सोबती उनके लेखन को ऐसे वर्ग का साहित्य मानती हैं जिसकी साहित्यिक अभिरुचियाँ परिष्कृत हो चुकी हों। साथ ही यह भी जोड़ती हैं–*'ऐसा कहना निर्मल की रचनात्मक सीमाओं की ओर इशारा करना नहीं है, बल्कि उसकी विशेषताओं का जायज़ा लेना है।'* सोबती कहानी विधा के शिल्प का नया रूप प्रदान करने को निर्मल वर्मा की बड़ी उपलब्धि मानती हैं, पर यथार्थ पर उनके दृष्टिकोण को लेकर कहती हैं–*'निर्मल यथार्थ से अलग एक और दूसरी दुनिया बना डालने की सामर्थ्य रखते हैं।'* ऐसा कहकर वह निर्मल वर्मा के कथा साहित्य का विश्लेषण करने के सूत्र आलोचक के हाथ छोड़ देती हैं। चाहे तो इस पक्ष के समर्थन में आगे बढ़ें या विपक्ष में। हशमत के माध्यम से अपनी स्पष्ट राय देकर आलोचना को आगे बढ़ाने का काम तो वह करती ही हैं। उनकी यह प्रखर आलोचनात्मक दृष्टि आगे भी अज्ञेय, नामवर सिंह, नेमिचंद्र जैन और अशोक वाजपेयी आदि के प्रसंगों में देखी जा सकती है।

हिंदी में आलोचना की स्थिति से आज हर कोई वाकिफ है। इसी स्थिति पर व्यंग्य करता एक शीर्षक है–'लेखक ठोक-पीटकर, टन-टना कर देखा जाए'। यह नामवर सिंह पर लिखा गया संस्मरण है। यही संस्मरण इस किताब का सबसे महत्त्वपूर्ण संस्मरण बन पड़ा है। किताब के उनचास पृष्ठों में पसरा यह सबसे लंबा संस्मरण हिंदी साहित्य के शलाका पुरुष नामवर सिंह के साहित्यिक व्यक्तित्व के हर पहलू को पकड़ता है। नामवर जी की विलक्षण आलोचकीय दृष्टि, उनके द्वारा स्थापित किए गए नए प्रतिमानों की सीमाएँ, प्रगतिशील लेखक संघ का निर्विवाद नेतृत्व, खेमे और गढ़ के प्रति प्रतिबद्धता, किलेबंदी का चालाकी भरा हुनर, उनकी गंभीर चुनौतीपूर्ण चुप्पी, कौन-सा पक्ष ऐसा है नामवर सिंह के लेखकीय व्यक्तित्व का जिसे कृष्णा सोबती हशमत के रूप में नहीं पकड़तीं। जहाँ नामवर सिंह द्वारा साहित्यिक जगत में पसंदीदा लेखकों के पक्ष में ही बिगुल बजाने की बात सोबती करती हैं वहीं उनकी विलक्षण आलोचना दृष्टि की भी पहचान करती हैं। उनके

व्यक्तित्व निर्माण में उनकी ग्रामीण पृष्ठभूमि और मेधावी छात्र जीवन का हवाला भी यहाँ मौजूद है। उनके आलोचकीय व्यक्तित्व पर सोबती की एक टिप्पणी–

> *'यहाँ याद कर लेना दिलचस्प होगा कि नामवर के आसपास प्रतिद्वंद्वी न हों तो उनका तापमान ज़रूर नार्मल से नीचे उतर आएगा। कोई भी विरोधी पक्ष उन्हें इतना अधिक सुहाता है कि वह पूरी तनातनी को बनारसी पान की गिल्लौरी में समेटे रहते हैं। एक खास तेज़ के साथ इनकी तुनकमिजाज़ी मात्र इनकी चुप्पी में लक्षित होती है।'*

नामवर सिंह की दृष्टि विचारधारा के पक्ष में कभी लचीला रुख नहीं अपनाती। वामपंथी लेखन की कमजोरियों पर नामवर सिंह को उद्धृत करते हुए हशमत कहते हैं–

> *'...वामपंथी लेखन की सबसे बड़ी बाधा है नकारात्मक रुख की प्रधानता। व्यवस्था विरोध पर विशेष बल देने के कारण लेखक वस्तुतः एक विरोधी लेखक होने की नियति को स्वीकार कर लेते हैं, जबकि उसका ऐतिहासिक दायित्व शासक वर्ग के साहित्य के विकल्प में एक उच्चतर साहित्य का विकल्प प्रस्तुत करना है।'*

संभवतः इसी बारीक रेखा की पहचान न कर पाने के कारण बहुत से प्रतिभाशाली लेखक सिद्धान्त में रचना को फिट करने की जबरन कोशिश करते हैं। इस जिद के चलते वह मुकाम पाने से चूक जाते हैं, जिसके वे हकदार हो सकते थे। नामवर सिंह की निष्पक्ष आलोचना दृष्टि के साथ-साथ यह उद्धरण इस विडंबना की ओर भी इशारा करता है कि ऐसी खुली सोच के अध्यक्ष की मौजूदगी के बावजूद कुछ लोग 'प्रगतिशीलता' को ऐसा सिद्धान्त मान कर रचना करते हैं जो नकारात्मक रुख को ही 'वाद' की विशेषता मान बैठते हैं। साहित्य में जिस तरह से विचारधारा या प्रगतिशीलता जैसे शब्द विचार विशेष के लिए रूढ़ हो गए हैं उससे साहित्य में दोहराव और ठहराव की स्थिति बनती रही है। कथा साहित्य में भी इस रूढ़ि के चलते जड़ता की स्थिति बनती रही। प्रगतिशील धारा के वाहक लेखकों द्वारा उत्कृष्ट कहानियाँ लिखी गईं पर कहानी के कथ्य में एकरूपता के चलते शिल्प और कथा ढाँचे में भी एकरूपता आती चली गई। इन धाराओं के कुछ आलोचकों और संपादकों द्वारा रचे गए मानदंडों ने भ्रम की जो स्थिति उत्पन्न की वह किसी न किसी तरह से हर पीढ़ी के नए लेखकों की सोच को एक विशेष दायरे में बाँधने के लिए भी जिम्मेदार रही है। इससे साहित्य में नएपन की ओर बढ़ने की संभावनाएँ क्षीण होती चली जाती हैं। फिर भी कुछ लेखक नया रचने और सही मायनों में प्रयोगशील रहने की दिशा में प्रयासरत रहे हैं कि साहित्य की ज़मीन एक फसली होकर बंजर न हो जाए। जीवन का वितान बहुत बड़ा और विविध है। इसलिए एक बड़े रचनाकार की दृष्टि भी जीवन के विभिन्न पहलुओं की ओर जानी चाहिए। मनुष्यता के अर्थ

को व्यापकता में देखा जाना चाहिए और मानवीय मूल्यों में आते परिवर्तन को भी चिन्हित किया जाना चाहिए।

मुक्तिबोध की 'अंधेरे में' कविता को नामवर सिंह की दृष्टि से हशमत ने परखा है तो सोबती का अपना पक्ष भी यहाँ मौजूद है। इस तरह हशमत एक आलोचक के रूप में कृष्णा सोबती के प्रतिरूप बनकर 'हम हशमत' में उभरे हैं।

इसी संस्मरण का एक रोचक प्रसंग,'वे अपने लिए अदद त्रिदेव जुटा लेते हैं' उप शीर्षक से मौजूद है। किस्सा बच्चन ग्रंथावली के प्रधानमंत्री इन्दिरा गांधी द्वारा विमोचन समारोह से जुड़ा है। सोबती ने गांधी और बच्चन परिवार के एक-एक सदस्य का जो रेखाचित्र कुछ ही पंक्तियों में प्रस्तुत किया है वह शब्दों की ताकत से पाठक के सामने ऐसे उपस्थित हो जाता है मानो आप स्वयं उस आयोजन में बैठे हर चीज जाँच रहे हों। अति विशिष्ट लोगों की उपस्थिति में उभरे वातावरण में नामवर सिंह के वक्तव्य की विशिष्टता को हशमत की दृष्टि मंच पर कौंध की तरह देखती है। *'दोस्तो, हमने अपनी आँख से यह मंजर देखा कि शब्दों के संप्रेषण से नामवर सभागार में बैठे हर उस व्यक्ति के साथ जुड़ गए जो सरकारी बिरादरी से हट कर लेखकीय अस्मिता को गंभीरता से बचाए रखता है, रखना चाहता है।'*

वाद-प्रतिवाद के माध्यम से जो व्यंग्य इस संस्मरण में पैदा किया गया है वह गहरा है। साहित्य की दुनिया के यह सच तीखे होने के बावजूद व्यंग्य की धार पर चढ़ कर कड़वाहट नहीं घोलते, पर सच पर से पर्दा ज़रूर हटा देते हैं। यही यहाँ उद्घाटित होता है।

अशोक वाजपेयी पर लिखा हशमत का टुकड़ा अधिकतर उन्हें लेकर प्रचलित सच-झूठ पर से पर्दा उठाता है। इस रेखाचित्र में उनकी कविताओं का आकलन भी प्रस्तुत किया गया है और आलोचना से हशमत की शिकायतों और अपेक्षाओं का लेखा-जोखा भी। भारत-भवन का पूरा माहौल यहाँ अपनी खूबियों और खामियों के साथ एक दिलचस्प किस्से के माध्यम से उभरता है। अशोक वाजपेयी की कविताओं को हशमत कुछ यों आँकते हैं-

> *'सहज सीधी पंक्ति के गूढ़ार्थ में एक सुसंस्कृत संस्कार का उद्‌भव और अंतरंगता के संसर्ग की व्याप्ति। अशोक न दार्शनिक बेचारगी से ग्रस्त हैं, न मृत्यु से त्रस्त, न बाहर के शोर से न अंदर के कोलाहल से, जिस आंतरिक दृष्टि की विराटता को अभिव्यक्त करते हैं उसकी एकांतिकता उनके अपने में संचित है, वही सृष्टि के विराट में भी, यही सरलतम है।'*

साहित्य की दुनिया के ये दो विपरीत ध्रुव, नामवर सिंह और अशोक वाजपेयी संभवत: साहित्य संसार को पूर्णता भी प्रदान करते हैं। कृष्णा सोबती ने भी दोनों दिग्गजों को आँकने में कहीं चूक नहीं की हैं। जहाँ उन्होंने नामवर सिंह की आलोचना के महत्त्वपूर्ण पक्षों को उभारते हुए 'कविता के नए प्रतिमान' से उनकी आलोचना

के उद्धरण लिए हैं वहीं अशोक वाजपेयी की कविताओं की बकायदा आलोचनात्मक व्याख्या उन्होंने स्वयं की है। इस दृष्टि से भी हशमत का अपने समकालीनों को परखने के नज़रिये का अलग महत्त्व है।

उनके अंदर का आलोचक अपने समकालीनों पर संस्मरण लिखते हुए अक्सर मुखर हो जाता है और किसी लेखक के रचनात्मक लेखन पर आलोचनात्मक टिप्पणी करते हुए किसी तरह का कृत्रिम संतुलन साधने का प्रयत्न उनके यहाँ नहीं है, जो लेखकीय संबंधों के लेन-देन की प्रवृत्ति के चलते लेखकीय गरिमा की आँच को कम करे। भीष्म साहनी के महत्त्वपूर्ण उपन्यास 'तमस' पर उनकी टिप्पणी–

> *'तमस' में विश्वास करने के कारण मौजूद हैं कि भीष्म ने इस ख़ौफनाक घटना को बड़ी बारीकी से निथारा है और फैले हुए इतिहास और उसके राजनीतिक संदर्भ की लीक देकर कुछ ही दिनों को ढाँचे से बाँधने की कोशिश की है। और इसमें शक नहीं कि यह एक बड़ी कोशिश थी। कोई भी बड़ी कोशिश महज कोशिश नहीं होती। उसके पीछे आस्थाएँ, संस्कार और मूल्य होते हैं जिनसे भीष्म जैसा जागरूक व्यक्ति बँधा होता है, 'कमिटेड' होता है।'*

दूसरी ओर विभाजन पर लिखे गए यशपाल के उपन्यास 'झूठा सच' की सीमाओं पर सीधे हशमत के माध्यम से बात न करके नेमिचंद्र जैन की आलोचना के माध्यम से पाठक के लिए बड़े उपन्यास की दरारों में झाँक सकने का मौका दिया है। उपन्यास की आलोचना की बहुत समृद्ध परंपरा हमारे पास नहीं रही है। ऐसे में आलोचना कर्म पर स्वस्थ और स्पष्ट दृष्टि रखने वाले लेखक नेमिचंद्र जैन की आलोचना दृष्टि के महत्त्व को सोबती ने बखूबी रेखांकित किया है।

नेमिचंद्र जैन की आलोचनात्मक पुस्तक 'अधूरे साक्षात्कार' छद्म आलोचना-समीक्षा के युग में एक साफ-सुथरी पठनीय किताब है। कृष्णा सोबती की पैनी नज़र आलोचना के गिरते स्तर और लेन-देन के लाभकारी धंधे पर रही है। 'हम हशमत' में ही नहीं, बल्कि 'सोबती-वैद संवाद' में भी यह बेचैनी मुखर हुई है। लेखन की इस स्थिति पर नेमिचंद्र जैन की बेबाक राय को भी सोबती ने इस लेख में उद्धृत किया है। स्वयं नेमि जी की आलोचना दृष्टि को स्पष्ट करते हुए सोबती कहती हैं–

> *'आलोचक के रूप में नेमि जी के पास कड़े अनुशासन से उभरी एक ठंडी तीखी शैली है जो सर्जक की निपुणता से कृति के आरपार देखती है।'*

साहित्य में रूप और कथ्य को लेकर चलने वाला विवाद कहीं न कहीं भ्रम की स्थिति उत्पन्न करता है। भाषा के प्रति अतिरिक्त सजगता बरतने वाले लेखक पर रूपवादी होने के आक्षेप लगते रहते हैं। कहानी कहना एक कला है। कहानी लिखना एक कला है। इस कला में विशिष्टता हासिल करने के लिए लेखक का भाषा के प्रति संवेदनशील होना स्वाभाविक है। यह इस कला के प्रति लेखक की सजगता

और समर्पण का भी प्रमाण है। यह सजगता केवल शब्दों से उत्पन्न नहीं होती, बल्कि कथ्य के चयन और घटनाक्रम के निर्वहन के प्रति भी लेखक को सजग रहना होता है। कथ्य से न्याय करने की क्षमता भाषा के सजग प्रयोग से ही संभव है। पाठक कथारस का आनंद भी ले और कथ्य की प्रासंगिकता भी पाठक तक संप्रेषित हो पाए, यह चुनौती एक सजग लेखक के सामने हमेशा मौजूद रहती है।

खेमों में बँटी आलोचना और विशेष रूप से किताबों की समीक्षा की राजनीति किसी से छिपी नहीं है। अपवाद हर जगह होते हैं, पर अब स्थिति यहाँ तक पहुँच गई है कि लेखक स्वयं ही अपना स्तुति गान करवा कर पत्र-पत्रिकाओं की समीक्षा भेज देते हैं। निश्चित रूप से यह स्थिति दयनीय है और आलोचना की भूमिका के लिए घातक। नेमि जी की आलोचना दृष्टि का सोबती की नज़र में कितना महत्त्व है इसका अंदाज़ा इसी बात से लगाया जा सकता है कि नामवर सिंह की 'कविता के नए प्रतिमान' सहित 'राग दरबारी', 'झूठा सच', 'आत्महत्या के विरुद्ध' आदि पुस्तकों पर नेमि जी की टिप्पणियों को उन्होंने उद्धृत किया है।

'हशमत दो' में सोबती की सोच को झकझोरने वाले मंटो हैं। 'अ से अरविंद' के बहाने एक बार फिर प्रकाशन जगत को उसकी खूबियों-ख़ामियों के साथ टटोला गया है। वैसे संपादक कन्हैयालाल नंदन भी यहाँ मौजूद हैं। नाटककार-कवि उमाशंकर जोशी को तो बकायदा उनके साक्षात्कार के माध्यम से समझा गया है। राजेन्द्र सिंह बेदी, 'जहाज़' और 'बर्फ़' जैसी कहानियों के लेखक सत्येन कुमार, मंजूर एहतेशाम, श्रीकांत वर्मा, उपेन्द्रनाथ अश्क और कमलेश्वर तक मौजूद हैं। यद्यपि सभी समकालीनों का मौजूद होना न तो ज़रूरी है और न ही संभव, फिर भी यदि किसी का न मौजूद होना अखरता है तो वह हैं विवादों से घिरे रहने वाले 'हंस' के संपादक राजेन्द्र यादव, जिनका ज़िक्र भीष्म साहनी के घर बिताई 'एक शाम' नामक संस्मरण में नाममात्र को आता है। व्यंग्य की यह पैनी धार कई और जगहों पर इतनी विलक्षण है कि आश्चर्य होता है। नामवर सिंह वाले संस्मरण में लेखकों की दुनिया में संक्रामक रोग की तरह मौजूद जी हुजूरियत की परंपरा पर कटाक्ष पठनीय है। कुल मिला कर हशमत कहीं भी जा सकते हैं, किसी भी घटना, शख़्सियत या आम आदमी का रेखाचित्र खींच सकते हैं, साक्षात्कार कर सकते हैं, आलोचनात्मक व्याख्या और चाहें तो व्यंग्य भी। तब किस तरह हम हशमत को संस्मरण या रेखाचित्र मात्र कह सकते हैं। सोबती ने कहानी और उपन्यास के ढाँचे में भी अभिनव प्रयोग किए हैं तो फिर इस तरह की पुस्तक में यह संभावना कैसे छूट जाती।

## पानबाई से नानबाई तक

हशमत की नज़र जैसे दिल्ली की व्यवस्था पर जाती है वैसे ही कुछ ऐसे आम और साधारण चरित्रों पर भी, जो हशमत की कलम का स्पर्श पाकर खास हो जाते हैं।

यह केवल चरित्रों का खाका भर खींचना नहीं है, बल्कि मानवीय मूल्यों और जनसाधारण के सरोकारों की पहचान भी है। नागार्जुन से संबंधित संस्मरण की भूमिका में मंडी हाउस के इलाके का चित्रण है। वहाँ पान लगाने वाली अल्लारक्खी को सोबती अपनी कहानी के मंचन का आमंत्रण देती हैं तो उसकी प्रतिक्रिया केवल पान लगाने वाले की नहीं, बल्कि हमारे समाज की साहित्य और कलाओं के प्रति सोच का भी प्रतिनिधित्व करती है।

> *'दोस्तो, हमने उसको और उसके मियाँ को अपना नाटक देखने की दावत दी तो बोली–अपना तो काम का वक़्त होता है साहिब! इतवार को कभी-कभार फ़िल्म देख लिया करते हैं। यह तो बताइए 'तमाशा' आपका कुछ काम का भी होगा।'*

इस विडंबना की ओर हशमत का सीधा इशारा नहीं है, पर हकीकत भी तो यही है। यहाँ 'तमाशा' शब्द का प्रयोग हिंदी साहित्य के समाज से संबंधों की स्थिति पर कटाक्ष तो करता ही है।

नानबाई का तो कहना ही क्या। जो इंसान अपनी कला में पारंगत होता है और ढिठाई की हद तक ईमानदार भी, वह नानबाई की तरह ही ख़ुद्दार होता है। हशमत का यह प्रसंग बहुत ही जीवंत बन पड़ा है। छप्पन प्रकार की रोटियाँ बनाने के लिए मशहूर पुरानी दिल्ली के खानदानी नानबाई का यह जीवंत रेखाचित्र है। पारंपरिकता कोई जड़ चीज तो नहीं, पर उसके छूट जाने की पीड़ा कम भी तो नहीं। नानबाई का ग़म समय की रफ्तार में उसके हुनर के कद्रदानों के गुज़र जाने से जुड़ा है। *'उतर गए वो ज़माने। और गए वो कद्रदान जो खाने-पकाने की कद्र करना जानते थे! मियाँ अब क्या रखा है...निकली तंदूर से–निगली और हजम!'*

पहले खंड के अंत में अपने लेखन पर सोबती की टिप्पणियाँ न केवल रोचक हैं, बल्कि उनके लेखन को लेकर पाठक के कई संशय भी दूर करती हैं।

## कुछ और शब्दचित्र

लेखकों की दुनिया से बाहर निकल कर जो भी रेखाचित्र और शब्दचित्र सोबती ने मियाँ हशमत के माध्यम से रचे हैं, उनमें एक अलग तरह की उन्मुक्तता देखी जा सकती है। यथार्थ का पुनर्सृजन करते हुए कल्पना को उड़ान देने की छूट यहाँ आसानी से ले सकने के चलते यह संभव हुआ है।

'इंकलाब ख़्वाब नहीं' में भारतीय लोकतंत्र की सबसे छोटी और महत्त्वपूर्ण इकाई 'पंचायत' का वर्तमान स्वरूप उजागर होता है। यह चित्र पंचायत और गाँव की बदल रही आबोहवा का भी जायज़ा लेता है। यह परिवर्तन के ऐसे दौर को चित्रित करता है, जिसमें एक ओर दौलत और ताकत की ऐंठ है और दूसरी तरफ ग्रामीण स्तर पर दलितों का अपनी अस्मिता को लेकर जागरण। गाँव या पंचायत

के उत्थान के लिए आए फंड डकारने की भ्रष्ट नीयत के फलने-फूलने और आम जनता के माध्यम से उस पर सवाल उठाने की नई पहल भी यहाँ देखी जा सकती है। कुल मिला कर यह दृश्य जनतंत्र को उस मुहाने पर खड़ा देखता है जहाँ व्यवस्थागत ख़ामियाँ अपनी जगह मौजूद हैं तो उनके ख़िलाफ आवाज़ भी बुलंद हो रही है।

इससे पहले का संस्मरण 'ख़ाब भी देखा तो ऐसा' राजधानी दिल्ली की परिवहन व्यवस्था पर तीखा व्यंग्य है। स्वप्न में हशमत पच्चीस वर्ष बाद की दिल्ली में आला दर्जे की परिवहन-व्यवस्था देख कर दंग रह जाते हैं। उन्हें विश्वास ही नहीं होता कि वह इसी हिंदुस्तान में हैं। इक्कीसवीं सदी में जैसी व्यवस्था अपेक्षित थी वह स्वप्न ही बन कर रह गई है। स्वप्न के माध्यम से तीखे व्यंग्यात्मक रूप में सोबती ने इस विषय को उठाया है।

*'न पान की पीकें, न गंडेरियों के छिलके, न खँखार, न पेशाब की बदबू, न खंबों पर तेल की चिकनाहट। सच पूछिए तो हमें बार-बार यह शक हो कि क्या हम वाकई हिंदोस्तान में हैं...'*

*'क्या बसें थीं! क्या सफाई! क्या कंडक्टरों की जुबान की मिठास! क्या चमक-दमक पाँव के नीचे नाइनोलियम के फर्श-खिड़कियों के परदे-छत पर पंखे।*

*यह ख़ाब नहीं हो सकता, यह हकीकत है हकीकत...'*

आज़ादी के बाद ऐसी हकीकत की अपेक्षा लेखक की ही नहीं, हर जागरूक देशवासी की रही होगी, पर शहरों की परिवहन व्यवस्था का कुप्रबंधन देख कर लगता है कि लोग ऐसा सपना भी देखना भूल चुके हैं। हशमत मानो अपना फर्ज़ समझ कर आधुनिक भारत का ऐसा स्वप्न पाठकों को दिखाते हैं।

'सरदार जग्गा सिंह' भी एक निहायत दिलचस्प शब्दचित्र है। दिल्ली में पंजाब के टैक्सी चालक से साक्षात्कार के रूप में मियाँ नसीरुद्दीन की तरह ही जीवंत चित्रण। टैक्सी ड्राइवरों के जुमले और जीवन का खिलंदड़ापन इस शब्दचित्र में मुखर हुआ है। बहुत बारीक ब्योरे हैं, जिनके माध्यम से दिल्ली के आभिजात्यवादी जीवन के दोगलेपन के कई रोचक पहलू उभर कर सामने आते हैं। टैक्सी ड्राइवर का वास्ता ही पैसे वालों से पड़ता है तो उस ज़िंदगी के अनुभव उसके पास होंगे ही। हशमत के सरदार जग्गा सिंह से संवाद में नई धनाढ्य पीढ़ी और उसके आचरण का सहज वर्णन रोचक है। पाठक अपने अनुभव और कल्पना से स्थितियों की विकटता के सही-सही अनुमान लगा सकता है। कई सवालों का जवाब देने से इनकार करते हुए भी जग्गा सिंह की बातें पाठक के सामने सब कुछ स्पष्ट कर देती हैं।

*'खुलासा हो तो अच्छी बातों का। बुरी बातों का खुलासा क्यों करना! ढका ही रहने दो जी उन्हें।...फर्ज़ करो, हम देखने लगे सवारियों की करतूतें।*

*आप जानो सब किस्म की सवारियाँ मिलती हैं। या तो गाड़ी खड़ी करके उनको सड़क पर ठेल दें और या उन्हें ले जाएँ सीधे थाने। पर जी, हम क्यों करें ऐसा? जब पता चलता है यह 'लाइन' ही कुत्ती है।'*

पुलिस वालों से संबंधों पर भी कोई टिप्पणी देने से बचते हुए जग्गा सिंह का कहना है–

*'पुलिस का क्या पूछोगे हमसे जी, ड्राइवर और पुलिस का तो रिश्ता ही ऐसा है जैसे घर के मर्द और घरवाली का। अब जो भी एक-दूसरे के शिकवे शिकायतें हों वह दूसरों के सामने तो नहीं खुल सकते जी। समझे साहब। ये खुले और बात बिगड़ी।'*

इस अनकही के दोनों उद्धरणों में न कह कर भी सब कुछ कह दिया गया है और कह कर भी कुछ नहीं कहा गया। समाज के किसी भी वर्ग के शब्द, जुमले और फिकरे पकड़ने और उनके माध्यम से रोचकता के साथ विश्वसनीयता को कायम रखने में कृष्णा सोबती को महारत हासिल है। कहानी, उपन्यास से लेकर इन शब्दचित्रों तक में सोबती के लेखन के इस मुहावरे का सफल प्रयोग देखा जा सकता है। 'दावत में शिरकत' भी व्यंग्य के माध्यम से लेखक समाज की बारीक हरकतों पर चुटकी लेता है। ऐसा दृश्य प्रचलित संस्मरणात्मक ढाँचे में प्रस्तुत करना संभव नहीं।

इस तरह के शब्दचित्रों में जो लय है वह कुछ साहित्यिक संस्मरणों में देखने को नहीं मिल सकती। आलोचनात्मक पुट आ जाने से वहाँ बौद्धिकता हावी हो जाती है, यद्यपि जहाँ व्यंग्य की धार तेज़ है वहाँ संतुलन बना रहता है।

हशमत के दूसरे और तीसरे भाग में इस तरह के शब्दचित्र नहीं मिलते। पहले खंड के अंत में हशमत की सोबती से मुलाकात का चित्रण भी है। खुद को और खुद के लेखन को हशमत के नजरिये से जाँचने-परखने का अनूठा प्रयास। *'मिजाज़ इतना ग़रीब कि ग़रीबी का शक होने लगे। दिल इतना अमीर कि अमीरी महज एक सलीका बन कर रह जाए। गुस्सा इतना तेज़ कि पलक झपकते तेवर खनकने लगें। ठंडापन इतना कि सिर पर से तूफान गुज़र जाए और इस पथरीले चेहरे पर शिकन न आए।'*

'हम हशमत' के यह दोनों खंड इस दृष्टि से महत्त्वपूर्ण हैं कि पाठक को न केवल हिंदी साहित्य जगत के एक लंबे दौर से परिचित कराते हैं, बल्कि इस संसार के कुछ अनुत्तरित प्रश्नों पर तार्किक बहस भी प्रस्तुत करते हैं। यहाँ पाठक का साक्षात्कार कृष्णा सोबती के लेखन में मौजूद व्यंग्य की पैनी धार से होता है और उनकी गहरी आलोचनात्मक समझ से भी। हिंदी साहित्य जगत में यह अपनी तरह का पहला प्रयोगात्मक और रचनात्मक प्रयास है।

## बात अभी बाकी है : हम हशमत–3

साहित्य की दुनिया में विवादों का होना कोई नई बात नहीं है। विवाद वैचारिक भी रहे हैं, रचना की प्रासंगिकता पर भी होते रहे हैं और आलोचकीय दृष्टि की भिन्नता के चलते भी भिन्न मत सामने आते रहे हैं। लेकिन सूचना क्रांति के युग में सूचना में, चर्चा में बने रहने की मजबूरी से साहित्य जगत भी बच नहीं पाया है। बाज़ार में बने रहने और आगे बढ़ने के लिए ऐसे हथकंडे अपनाने से बहुत से लोगों को कोई गुरेज नहीं है। पिछले कुछ वर्षों में इसकी शुरुआत कुछ स्वीकारोक्तिनुमा संस्मरणों के प्रकाशन से मानी जा सकती है जहाँ कुछ लेखकों ने सनसनीखेज खुलासे करने शुरू कर दिए जो साहित्य जगत को तो कुछ भी रचनात्मक दे पाने की स्थिति में तो नहीं थे पर चटपटेपन के चलते पत्रिका की प्रसार संख्या बढ़ाने और दूसरों के जख़्म कुरेदने की दृष्टि से ज़रूर कारगर थे। धीरे–धीरे ऐसे रहस्योद्घाटनों का सिलसिला बढ़ा क्योंकि यह पाठक वर्ग को तात्कालिक रूप से आकर्षित करता था और व्यावसायिक दृष्टि से लाभप्रद नज़र आता था।

अब स्थिति यह है कि अनावश्यक विवाद धीरे–धीरे स्वीकार्य होने लगे हैं। लेखकों और पाठकों का एक वर्ग ऐसे किस्सों में मज़ा लेने लगा है। महुआ माझी विवाद इसका ताज़ा उदाहरण है। स्नोवा बार्नो नामक लेखिका को आलोचक और संपादक वर्ग द्वारा हाथों–हाथ लिया जाना और उसके अस्तित्व पर खोजी अभियान चलाया जाना 'सनसनीखेज' प्रस्तुत करने के दौर में बौद्धिक दिवालियेपन का एक और उदाहरण है। बेहतर होता कि उन कहानियों की प्रासंगिकता की जाँच होती। जब लेखक की दृष्टि रचना पर न होकर रचनाकार पर केंद्रित हो जाए तो साहित्य पर इस तरह के संकट पैदा होते हैं। खतरा यह है कि इस प्रवृत्ति को कहीं साहित्यिक विधा का ही कोई स्वरूप ही न मान लिया जाए। साहित्य की दुनिया में इस सिलसिले का मुखर विरोध भी कम ही नज़र आता है। इधर पाठकों के बजाय ग्राहकों को आकर्षित करने के लिए कुछ पत्रिकाओं के विशेषांक जिस तरह के नए बाज़ारवादी मुहावरों और विशेषण के तहत विज्ञापित किए गए हैं वह पाठक को मोहित करने की नई तरह की ब्रांडिंग का हिस्सा हैं। बाज़ार से निपटने की यह प्रवृत्ति किसी भी तरह से साहित्य के हित में नहीं हो सकती।

कृष्णा सोबती को शुरू से ही लेखकीय स्वाभिमान से कोई समझौता न करने के स्वभाव के चलते अक्खड़ और गुस्सैल लेखिका की नज़र से देखा जाने लगा था। एक ओर पुरुष वर्चस्ववादी मानसिकता का महिला लेखिका के प्रति नकार भाव और दूसरी ओर अपनी शर्तों पर जीवन जीने का माद्दा रखने वाले लेखक की ज़िद। सोबती को लेखकीय स्वाभिमान के सामने जो भी नागवार गुज़रा उन्होंने उसका विरोध किया, समझौता नहीं किया। अपने पक्ष के समर्थन में ही नहीं बल्कि साहित्यिक बिरादरी के पक्ष में मजबूती से खड़े होने में कभी कोई संकोच नहीं किया। 'हम

हशमत-3' की तासीर इसके पहले दो भागों से थोड़ी अलग है। यहाँ हशमत लेखकों के समाज को हल्केपन से देखने और बिना वजह विवादों को हवा देने वाले लेखकों-संपादकों को आईना दिखाने की मुद्रा में नज़र आते हैं। ऐसा करते हुए वह उनके द्वारा लिखे गए विवादास्पद लेखों को आधार बनाते हुए मानो आगाह करते हैं कि साहित्य की दुनिया सब्ज़ी मंडी नहीं है कि जिसकी चाहे जैसी बोली लगा लो। हाल ही के कुछ प्रकरण इस दृष्टि से देखे जा सकते हैं जिनसे असहमति और विरोध जताते संस्मरण 'हम हशमत-3' में संकलित हैं। विभूति नारायण राय, शम्भूनाथ, रवीन्द्र कालिया तथा विष्णु खरे पर आधारित संस्मरण उनके द्वारा लिखे गए किसी न किसी लेख या टिप्पणी के विरोध में उनकी शख़्सियत के एक पक्ष के साथ जुड़ते हैं। यह तो शुरू में ही स्पष्ट किया गया है कि सोबती हशमत के रूप में भी संस्मरण विधा का अतिक्रमण करती हैं।

'छह फुटिया हस्ती' शीर्षक से रवीन्द्र कालिया की छवि प्रस्तुत करता यह स्मृति चित्र साहित्यिक गलियारों को सचेत करता है कि लेखन और लेखक के स्वाभिमान से कभी समझौता न करने वाले वरिष्ठ लेखक को कमजोर समझ लेने की गलती नहीं करनी चाहिए। कृष्णा सोबती की तल्ख़ी यहाँ तथ्यों को तोड़-मरोड़ कर प्रस्तुत करने की बाज़ारवादी सोच से उभरे रवैये को लेकर है।

> *'उस्ताद, बाज़ार संस्कृति की आतंकवादी हलचलों के चलते मानहानि सिर्फ सुविधा संपन्न लोगों की नहीं होती। शब्द संस्कृति अपने जनतंत्र के लिए भी इस अधिकार को बनाए रखना चाहती है। गौरतलब यह भी कि कुछ अधिकार केवल संपादक के पास हैं, कुछ लेखक की मदद से भी बने रहें तो बुरा नहीं, क्योंकि इसका संबंध लेखक के नागरिक अधिकारों से भी है।' -166*

इस स्मृति चित्र के माध्यम से तथ्यहीन विवादों पर हशमत द्वारा तथ्य उपलब्ध कराए गए हैं। 'मयूर' पत्रिका के प्रकाशन से मेहनताने के चेक पर कैंची चला दिये जाने के प्रसंग को काल्पनिक करार देते हुए सोबती कहती हैं।

> *'रात मेज़ पर काम करते-करते वह ख़त फिर नज़र आया। पढ़ा और पैन से चैक पर क्रास मार दिया। और एक पंक्ति के ख़त के साथ चैक को नत्थी कर दिया-यह गुनगुनाते हुए कि बेजुबानी जुबाँ न हो जाए। ख़त की पंक्ति थी-'हशमत डिस्काउंट पर नहीं लिखते।'*
>
> *हुज़ूर आपने जिस कैंची की बात लिख दी वह तो सीन से गायब थी। हाँ, चैक पर हमारे क्रास चैक का असर देखिए! लौटती डाक से दुगुनी राशि का चैक आ गया।...' -154*

कृष्णा सोबती का उपन्यास 'चन्ना' भारती भंडार से छप रहा था जिसके प्रकाशन को उन्होंने बीच में ही रुकवा दिया। यह जानकारी साहित्य की दुनिया को

है कि इस उपन्यास का स्वरूप बाद में 'ज़िंदगीनामा' के रूप में उभरा। इस संदर्भ को जिन शब्दों में रवीन्द्र कालिया ने प्रस्तुत किया उन पंक्तियों को हशमत ने पुस्तक में उद्धृत किया है–

*'यह भी सुना गया कि देश की प्रख्यात प्रकाशन संस्था भारती भंडार ने उनके उपन्यास को प्रकाशित करने का जोखिम उठाया था, मगर पुस्तक के प्रस्तुतीकरण से हशमत इतने क्षुब्ध हुए कि उसका प्रकाशन रुक गया। कई रिम काग़ज़ बेकार हो गया!' –156*

कृष्णा सोबती वास्तविकता पर प्रकाश डालते हुए लिखती हैं :

*'...हकीकत ठीक इसके उल्टी! उसे दोहरने से कोई फायदा नहीं। क्योंकि हुज़ूर भी उससे बेख़बर नहीं। प्रूफ रीडर लल्लू लाल जी द्वारा हमारी भाषा का शुद्धिकरण किया गया था जो हमें मंजूर नहीं था। लगभग साढ़े तीन सौ पृष्ठ छाप चुके थे सो हमने पहले उपन्यास और लिखित के लिए प्रूफ रीडर साहब को सज़ा देना ठीक नहीं समझा और अपने तईं कागज प्रिंटिंग के खर्चे का निपटारा कर दिया। ऐसा करने से ही वाचस्पति पाठक जी, लीडर प्रेस के बिंदा प्रसाद ठाकुर और लल्लू लालजी को कोई खरोंच नहीं आई। और न ही हम लोगों के बीच कोई मन-मुटाव या गलत फ़हमी ही पैदा हुई।' –156*

कृष्णा सोबती के जीवन से जुड़ी कुछ घटनाओं को जिस तरह प्रस्तुत किया गया उनसे क्षुब्ध होकर 'छह फुटिया हस्ती' में सोबती स्थितियों की तह में पाठक को वापिस ले जाती हैं।

भारतीय भाषा परिषद के इलाहाबाद सम्मेलन में घटी घटना का ज़िक्र साहित्य समाज में आयोजनों के उस ढाँचे पर भी सवाल उठाता है जिसे हम आज तक ढोते चले आ रहे हैं। जहाँ साहित्येतर ताम-झाम में आयोजक साहित्यकारों की गरिमा का ख़याल रखना तक भूल जाते हैं। ऐसे में कोई एतराज जताए तो अक्खड़ क्यों न कहलाए। समय परिवर्तित हुआ, इस परिवर्तन को सचेत लेखकों के माध्यम से साहित्यिक विधाओं के रूप-विधान में भी चिन्हित किया गया लेकिन साहित्यिक आयोजन कमोबेश एक ही बने-बनाए ढाँचे को दोहराते रहे। आज जमा-जोड़ और खेमों में बँटे साहित्यिक आयोजन श्रोताओं की कमी का रोना रोते हैं। कहीं इसके पीछे आयोजनों का वह जड़ ढाँचा ही जिम्मेदार तो नहीं जहाँ दिखावा ज़्यादा है और श्रोताओं की सक्रिय भागीदारी नगण्य।

*'मंच ठसाठस भरा था। मंच मर्यादा के हिसाब से दर्शकों और श्रोताओं के निकट वरिष्ठ कवियों की उपस्थिति गौण लग रही थी। मंच पर उस दिन कार्यक्रम परिचय पत्र, उपहार चिन्ह और शाल बँटने लगे। और फिर आ गए नकदी के लिफाफे। सम्मानित होने वाले कवियों की अवज्ञा सी लग*

*रही थी। हमने लिफाफा (फेंका नहीं) मेज़ पर रख दिया और आयोजकों को संबोधित कर इस रीति रस्म का विरोध किया जो लेखक समाज के सांस्कृतिक शिष्टाचार को फीका करता दिखता था।' -158*

इस तरह का विरोध जताने के लिए लेखकीय ईमानदारी, प्रतिबद्धता और साहस का होना ज़रूरी है। कोई दूसरा रास्ता अपनाने के तर्कों के बावजूद ऐसा मुखर विरोध ही किसी परिवर्तन का मार्ग प्रशस्त कर सकता है।

एक अन्य घटना का ज़िक्र है। भारतीय उच्चाध्ययन संस्थान में जी. सी. पांडे अध्यक्ष बन कर आए थे। संगोष्ठी कक्ष में जब उन्होंने कहा कि यह स्थान रचनात्मक लेखकों के लिए नहीं है तो कृष्णा सोबती की ओर से हस्तक्षेप ज़रूरी था। यह उनका निजी हस्तक्षेप न होकर सभी रचनात्मक लेखकों के पक्ष में उठाई गई आवाज़ थी, इसलिए इस आवाज़ का सम्मान उसी दृष्टि से होना ज़रूरी है। लेखक होने के नाते अपने स्वाभिमान से समझौता न करना साहित्यिक समाज में इतना आसान भी नहीं, इसकी कीमत चुकाने के लिए एक रचनाकार को तैयार रहना पड़ता है।

'ज़िंदगीनामा' के शीर्षक की रक्षा को लेकर बीस वर्ष से ऊपर मुकदमेबाजी झेलना एक लेखक के लिए आसान काम नहीं। 'सोबती-वैद संवाद' में इस विषय पर बात हो चुकी है। 'मित्रो मरजानी' और 'यारों के यार' जैसी रचनाओं को लेकर भी सोबती को कम विवादों के दौर से नहीं गुज़रना पड़ा। भैरोप्रसाद गुप्त अपनी पत्रिका में 'मित्रो मरजानी' का प्रकाशन कर रहे थे, इस बीच कुछ कठिनाइयाँ पैदा हुईं जिनका संबंध 'सारिका' और चंद्रगुप्त विद्यालंकार से जुड़ता है। इसी स्मृति चित्र में भ्रम की स्थिति को स्पष्ट करते हुए सोबती ने स्पष्ट किया है-

*'नोटिस सारिका के नए संपादक चंद्रगुप्त विद्यालंकार साहिब को भेज दिया गया। हमारी माँग इतनी ही थी कि पत्रिका गलत बयानी के लिए लेखक से माफी माँग ले।*

*अगले अंक में माफी माँग ली गई और किस्सा ख़त्म हो गया।'*

*...'कलेजे पर हाथ रखकर कहिए कि इसे आप हमारे झगड़ालूपन की संज्ञा देंगे। क्या ऐसा न करके हमें कुल्हड़ लेकर दर-दर खटखटाना चाहिए था कि हुज़ूर हमारे साथ हमदर्दी कीजिए, हमारे साथ बेइंसाफी हुई है...।'-165*

इसी तरह की कुछ और भी घटनाएँ हैं जिनको लेकर रवींद्र कालिया के पक्ष से कृष्णा सोबती ने सख्त एतराज़ व्यक्त किया है। यह घटनाएँ विस्तार से इस संस्मरण के माध्यम से पाठक तक पहुँचती हैं। सोबती का यह संस्मरण पढ़ कर पाठक के सामने साहित्य की दुनिया के दो पक्ष उभरते हैं। रवींद्र कालिया का संस्मरण पढ़ने की जिज्ञासा भी पैदा होती है। इसके बाद पाठक अपनी राय स्वयं बना सकता है कि हशमत के माध्यम से सोबती की यह प्रतिक्रिया क्यों वाजिब है।

दिल्ली के लेखकों पर शम्भूनाथ के 'जनसत्ता' में प्रकाशित लेख को आधार बना कर कृष्णा सोबती ने उन पर संस्मरण लिखा है 'प्रभुपाद गुड़ गुलगुले महाराज'। कृष्णा सोबती की आपत्ति शम्भूनाथ द्वारा दिल्ली के हिंदी लेखकों को 'दिल्लीवादी' विशेषण के तहत किसी षड्यंत्रकारी खेमे में रख दिए जाने को लेकर है। एक ही चश्मे से किसी देश या प्रदेश के लेखक वर्ग को देखने जैसा साधारणीकरण किसी को भी अखर सकता है।

> *'क्या पते की धमक और धसक है गुलगुली पीढ़ी की? महाराज आप ही के शब्दों में दिल्ली के प्रभु संसार में पुरस्कार देने के चार आधार हैं। वृद्धावस्था, जातिवाद, राजनीतिक दल और दारुबाजी, बकौल आप के पुरस्कार चयन का कोई पाँचवाँ कारण नहीं होता।'*

संस्मरण में साहित्य अकादमी की कार्यप्रणाली पर भी चर्चा है। पहला सामसुंग-टैगोर साहित्य पुरस्कार प्राप्त करने वाली राजी सेठ का भी समर्थन इस संदर्भ में है कि उन्हें पुरस्कार मिलने का आधार उनकी रचनात्मक प्रतिभा रही है न कि शंभुनाथ जी द्वारा गिनाए गए चार कारण।

पिछले कुछ वर्षों में साहित्यिक मर्यादा के समर्थन में ही नहीं बल्कि सामाजिक विकृतियों को लेकर भी कृष्णा सोबती जैसी वरिष्ठ लेखिका का हस्तक्षेप सही मायने में लेखकीय प्रतिबद्धता का प्रतिबिंब है।

दरअसल संस्मरण विधा का जो स्वरूप 'हम हशमत-3' में उभरा है वह इस विधा का एक अलग रूप प्रस्तुत करता है। एक तरफ कुछ ऐसे व्यक्तित्व हैं जिन्हें हशमत करीब से पहचानते हैं और उनके व्यक्तित्व के मानवीय गुणों और लेखकीय अवदान के अछूते पहलुओं को रेखांकित करते चलते हैं। दूसरी ओर वह साहित्यिक हस्तियों में मौजूद ऐसी प्रवृत्तियों को भी रेखांकित करती हैं जिसके चलते साहित्य की दुनिया में भ्रामक विवाद पैदा करने का चलन शुरू हुआ। गहरी साहित्यिक समझ और साहस के साथ कृष्णा सोबती ने ऐसी प्रवृत्तियों का विरोध किया है। यह हशमत का भी नया रूप है जो इससे पहले के भागों में देखने को नहीं मिलता।

'बाज आए मुहब्बत से उठा लो पानदान अपना' शीर्षक शेर में हशमत की वैचारिक टकराहट विभूति नारायण राय से हुई है। नया ज्ञानोदय में प्रकाशित उनके इंटरव्यू में 'छिनाल' शब्द के प्रयोग से महिला लेखकों के प्रति-ध्वनित होते रवैये का साहित्यिक हलके में व्यापक विरोध हुआ। इसी पुरुषवादी मानसिकता को कठघरे में खड़ा करता यह संस्मरण पुनः एक रचनाकार की प्रतिबद्धता को रेखांकित करता है।

> *'हम आपको यकीन दिलाना चाहते हैं कि हमारी चिंता और विरोध आपके प्रति नहीं-मुख़ालफत मात्र 'छिनाल' शब्द के प्रति भी नहीं-उस अलोकतांत्रिक, वैचारिक, मानसिक और सांस्कृतिक रणनीति को लेकर है जो आज की*

*तारीख़ में 'बराबरी' के लोकमत के विपरीत जाती है। पूरे साहित्य समाज में मची इस खलबली का मतलब यह न जान लीजिए कि आपकी लेखक बिरादरी मदहोशी में आपका विरोध कर रही है।...'*

'छोटे उस्तादों के बड़े उस्ताद' शीर्षक से विष्णु खरे को नसीहत देता शब्द चित्र हिंदी के बड़े रचनाकारों को हल्केपन में लिए जाने की प्रतिक्रिया स्वरूप सामने आया है।

*'...तनिक अपने भाषायी मुहावरे पर तो ग़ौर करें आपके हास्यास्पद जुमले को क्या कहा जाए कि निर्मल वर्मा और अज्ञेय ज्ञानपीठ सम्मान ले उड़े। वाह साहिब वाह, जो भारत का उच्चतम साहित्यिक सम्मान होने का दर्जा अर्जित कर चुका है, उसे हमारे अज्ञेय और निर्मल वर्मा जैसे दो विशिष्ट लेखक ले उड़े।'*

साहित्यिक बिरादरी को इस तरह के हल्केपन में लेना हशमत साहब को कतई गवारा नहीं। हशमत का यह भाग बाज़ारवादी तेवर अपना चुके लेखकों को आगाह करता है कि आपकी इन हरकतों पर कृष्णा सोबती जैसा वरिष्ठ रचनाकार चुप्पी साधे नहीं बैठ सकता। कई तरह के जुगाड़ों और बाज़ार के दवाबों को महसूस करता लेखक समाज ऐसे मुद्दों को लेकर अधिकतर चुप्पी साधे रखना हितकर समझता है। आख़िर इन सब मुद्दों पर कलम चलाना संस्थानों-प्रतिष्ठानों की पदवियों, पुरस्कारों-सम्मानों आदि के गणित को कभी भी बिगाड़ सकता है। लाभ-हानि के गणित से मुक्त होकर ही कोई लेखक साहित्य की दुनिया में हशमत सा हस्तक्षेप कर सकता है।

आलोक मेहता के सम्मान समारोह के माध्यम से उभरा स्मृति चित्र भी साहित्य की दुनिया में उभर रहे बाज़ारवादी मुहावरों पर नकेल कसता है।

हि.प्र. विश्वविद्यालय में अंग्रेज़ी के प्राध्यापक रहे साहित्यकार जयदेव को उनके गुज़र जाने पर सोबती ने बहुत अपनेपन से याद किया है। जयदेव का निश्छल और निस्वार्थ व्यक्तित्व बहुत खूबी से उभरा है। इस तरह के लोग दुनिया में कम होते हैं जिनका बिछुड़ जाना जीवन में रिक्तता का बोध कराता है। समरहिल, बालूगंज, चौड़ा मैदान और भारतीय उच्चाध्ययन संस्थान भी मानो जयदेव की उपस्थिति के साथ ज़िंदा हो उठते हैं। एक अच्छे और सच्चे दोस्त को इससे बेहतर श्रद्धांजलि और क्या हो सकती है।

हशमत-तीन में सोबती ने एक बार फिर से निर्मल वर्मा जैसे भाषा के चित्रकार को याद किया है। उन्हें लगता है कि निर्मल के साहित्य का एकांत उन्हे भारतीय सामाजिक यथार्थ तक पूरी तरह पहुँचने नहीं देता।

*'वैचारिक स्तर पर निर्मल के गद्य ने हमारी भाषा को वह व्यक्ति दिया जो संयुक्त भारतीय परिवार के सदस्य के रूप में विलग हो अपना निज का*

*समय स्थित करता है और अकेलेपन में ही उसे जीना चाहता है। अज्ञेय सिर्फ रचित में अकेलापन बुनते ही नहीं उसे स्वीकार करते हैं, निर्मल का व्यक्ति भीड़ को छोड़कर पूरे दृश्य को लोप कर अकेलेपन की स्थितियाँ बुनता है।' -65*

साहित्य की दुनिया में लेन-देन के संबंधों पर आधारित जो समीक्षा संस्कृति पनपी है वह हमारी सामाजिक-राजनैतिक स्थितियों से अलग नहीं है। इसी संस्मरण में हशमत इस दलदल की ओर इशारा करते हैं। वह आलोचना की स्थिति पर निर्मल वर्मा के बहुमूल्य विचार उद्धृत करना नहीं भूलते।

*'जब किसी साहित्य में सार्थक, जीवंत और संयत समीक्षा पद्धति मुरझाने लगती है तो उसके साथ अनिवार्यतः एक परजीवी वर्ग, एक साहित्यिक माफिया पनपने लगता है।' -69*

जिन रचनाकारों को पुनः जाँचने का प्रयास सोबती ने हशमत के माध्यम से किया है उनमें निर्मल वर्मा के बाद जिस कवि-लेखक का नाम आता है वह अशोक वाजपेयी हैं। रश्मि वाजपेयी का चरित्र भी साथ उभरता है जिनके साथ और व्यक्तित्व के खुलेपन ने अशोक वाजपेयी की साहित्यिक दुनिया को उनके गिर्द फले-फूलने का भरपूर मौका दिया। एक कवि, आलोचक और विचारक के तौर पर अशोक वाजपेयी का आकलन करने में साहित्यविदों के सामने उनका ब्यूरोक्रेटिक व्यक्तित्व आड़े आता रहा। शब्द सत्ता पर अशोक वाजपेयी के विश्वास के चलते उनके लेखक को आलोचकों द्वारा एक खाँचे में बाँध कर देखा गया।

*लेकिन ग़ौर करें, अशोक वाजपेयी नीम प्रबुद्धों द्वारा कैसे देखे जाते रहे हैं। सुधीश पचौरी द्वारा संपादित 'पाठ कुपाठ' में 'वह मेरी ईर्ष्या' शीर्षक तले वाजपेयी का खाका किस तरह खींचा गया है।*

*'अशोक वाजपेयी एक ऐसा कल्चरल एक्टिविस्ट है जो पिछले तीस सालों से हिंदी वालों को हलकान-परेशान किए है।*

*वह रूपवादी है*
*वह कलावादी है*
*प्रतीकवादी है*
*वह सत्ता का प्रतीक है*
*वह नौकरशाह है*
*वह रीतिवादी है...'*

इस संस्मरण में अशोक वाजपेयी के चरित्र के अनेक कोणों को उभारते हुए और उनकी कविताओं का हवाला देते हुए हशमत पाठक के सामने इस कवि की व्यापक छवि प्रस्तुत करते हैं। कई बार पाठक किसी लेखक को ठीक से पढ़े-समझे बिना विद्वानों द्वारा प्रस्तुत की गई छवि को ही उसकी वास्तविक छवि समझ बैठता

है। कृष्णा सोबती पाठक के सामने एक नया कोण प्रस्तुत करती हैं जो आपको अशोक वाजपेयी को पढ़ने और उनके योगदान को समझने में मदद करता है।

> *'उनकी कविता पंक्तियों का सहज, वनीला कल्पना-लोक सुधि पाठक को उच्चारण कर दोहराने को उत्साहित करता है। इसलिए वह मात्र पांडित्य और वैराग्य की कविता नहीं। जीवन के तत्काल और यथार्थ का स्पर्श करती, शब्दों में लहराती भारतीयता के आत्मिक ध्वनि-संसार की तरंगें हैं। उनकी पंक्तियों का सहजपन आपके अंतर को ध्वनित करता है।' -72*

अशोक वाजपेयी की अफ़सर छवि के साथ उनके कवि के घालमेल को भी यह संस्मरण अलगाता है। यहाँ प्रशासनिक अधिकारी होने के नाते भारत भवन जैसी संस्था के स्वरूप को साकार करने के महत्त्व की पहचान की गई है और विश्व कविता तथा विभिन्न कलाओं की गहरी जानकारी होने के नाते साहित्य और कला के संसार को भी समृद्ध कर रहे उनके योगदान को सोबती ने रेखांकित किया है।

चौथे लेखक हैं सत्येन कुमार। 'सत्येन के घर की वह शाम और सुबह' शीर्षक से तीन महत्त्वपूर्ण लेखकों के मिलन के दृश्य के मध्य सत्येन का व्यक्तित्व उभरता है। मंजूर एहतेशाम और कृष्णा सोबती के बीच उभरे संवाद में गद्य लेखकों की रचना प्रक्रिया की बारीकियों को भी समझा जा सकता है। सत्येन का लेखन ही नहीं दिल भी अमीर है। उनके जैसे दोस्त का चले जाना किसी को भी अखरेगा।

> *'उस हिंदी लेखक के घर की चुपीती सी बरकत और गर्माहट ज़रूर रही होगी जहाँ मौजूद तीन लिखाड़ी उस शाम के बाद तीन अच्छे उपन्यास पेश कर सके-'छुट्टी का दिन','सूखा बरग़द' और 'दिलो दानिश।' -23*

विभाजन और विस्थापन की पीड़ा से गुज़रने वाली पीढ़ी में देवेंद्र इस्सर को याद किया है। संभवत: साहित्य ही है जो इस ऐतिहासिक दुर्घटना के आर-पार देख सकने की मानवीय दृष्टि किसी लेखक को देता है। इलाहाबाद की कुछ घटनाएँ, मंटो का जाना और मंटोनामा का आना, यह पूरा क्रम इस संस्मरण में उभरता है।

'हम हशमत' में निर्मला जैन की किताब 'शहर-दर-शहर' के बहाने दिल्ली की गंगा-जमुनी संस्कृति को फिर से हशमत ने ज़िंदा किया है। रोचक शिल्प में लिखी गई इस किताब की कई खूबियों की बारीकी को सोबती उतने ही रोचक तरीके से पकड़ती हैं। यहाँ कृष्णा सोबती का आलोचक एक बार पुन: उभरता है-

> *'बाद में 'शहर-दर-शहर' की व्यापक दृष्टि ने एक साथ घने बसे शाहजहानबाद और नई दिल्ली के विस्मयकारी खुले विस्तार को अपने कैमरे की रेंज में पकड़ने की ज़ुर्रत की है। पाठक होने के नाते इतना कहना होगा रचनात्मक स्तर पर दोनों, पुरानी दिल्ली और नई दिल्ली को एक ही जिल्द में बाँधने में दो अलग-अलग रसायन एक-दूसरे को चुनौती देते लगते हैं, एक स्तर पर एक-दूसरे के प्रभाव को कुछ क्षीण भी करते हैं।'*

गिरधर राठी के व्यक्तित्व और उनकी बहुमुखी प्रतिभा से पहचान कराता संस्मरण इस किताब में मौजूद है–'हसीनों की न दोस्ती अच्छी, न दुश्मनी।' इस संस्मरण में गिरधर राठी के कवि पक्ष के साथ उनका आलोचक, संपादक और वैचारिक पक्ष भी उभरता है। सोबती ने उनके लेखन के गहन अध्ययन पर आधारित संस्मरण में बारीकी से हर एक पक्ष को उकेरा है।

'हम हशमत' नामक किताब अपने तीसरे खंड तक आते-आते जो स्वरूप ग्रहण करती हैं वह अपनी अलग तासीर के बावजूद पहले दो खंडों का क्रमबद्ध विकास है। कृष्णा सोबती एक साहित्यिक व्यक्तित्व के किसी भी पहलू को लेकर बात कर सकती हैं। ऐसे पहलू जो उन्हें आकर्षित करते हों या फिर ऐसे पहलू जो उन्हें अखरते हों। जब वह किसी लेखक के रचनात्मक कौशल पर अधिकारपूर्वक बात करती हैं, तब वह गहरी आलोचनात्मक दृष्टि से लैस रहती हैं। इन सबसे आगे बढ़ कर वह अधिकारपूर्वक साहित्य की दुनिया में बाज़ार के प्रभाव से पनप रही प्रवृत्तियों और विकृतियों के विरोध में चट्टान की तरह अडिग खड़ी नज़र आती हैं।

# शब्दों से सोहबत और सोबती की ताकत

शब्दों के आलोक में

अनेक घटनाओं को स्मरण करती यह पुस्तक हर संस्मरण में 'सरवर' को संबोधित करते हुए शुरू होती है। सोबती शब्द सत्ता पर विश्वास करने वाली लेखिका हैं। उनका मानना है कि कोई भी रचना रचे जाने की प्रक्रिया में एक समय के बाद लेखक के हस्तक्षेप से बाहर हो जाती है और अपना स्वरूप स्वयं तय करती है। 'चन्ना' नाम का उपन्यास प्रेस में रोक लिया गया और सामने आया 'ज़िंदगीनामा'। 'ज़िंदगीनामा' का दूसरा भाग लिखा जाना था और शब्दों के बीच से जो अंकुर फूटा तो 'दिलो दानिश' उग आया। संभवतः 'हैलो सरवर' नाम से रचना लिखी जानी थी, लेकिन यह सम्बोधन मुखर हुआ 'शब्दों के आलोक में'। इस परिवर्तन के कारणों पर चर्चा अंत में, पहले बात किताब पर।

'हम हशमत' से अलग हट कर पुस्तक है यह। लेखिका को समझने की दृष्टि से बहुत ही महत्त्वपूर्ण। चार साक्षात्कारों और बहुत सी रोचक घटनाओं और संस्मरणों से जुड़ी यह पुस्तक लेखन के प्रति सोबती की प्रतिबद्धता को दर्शाती है। पाठक के लिए किसी लेखक को और उसकी रचना प्रक्रिया को जानना स्वाभाविक प्रवृत्ति होती है। पाठक की इस जिज्ञासा को भी यह पुस्तक दूर करती है। यहाँ कई प्रसंग ऐसे हैं जहाँ कई सारी घटनाएँ एक सूत्र में जुड़ जाती हैं।

आप किसी बहुत करीबी शख्सियत को ही बार-बार सम्बोधन में ला सकते हैं। 'सरवर' ऐसा ही नाम है। सोबती शिमला की एक सुबह का ज़िक्र करती अपने बचपन में जा पहुँचती हैं। अगले ही पल संगीत का ज़िक्र है। यहीं आप जान पाते हैं–

*'रणजीत मूवीटोन के मास्टर मूलराज से तीन बरस संगीत सीखा। जाने क्यों गंभीरता से अपने साथ बनाए नहीं रखा।'* भोपाल और शिमला का ज़िक्र करते हुए सोबती मानती हैं कि 'आपका शहर आपके अंदर ही उगने लगता है।' शिमला में बचपन बीता है इसीलिए शिमला उन्हें अपना-सा लगता है। इस क्रम को तोड़ती हुई लेखिका सरवर से लेखन के बारे में और फिर हरजीत गिल के घर पर हुए संवाद और विवाद का ज़िक्र करती हैं। भिन्न प्रसंगों में आवाज़ाही को जोड़ने वाला सूत्र सरवर है। अपने लेखन के बारे में ज़िक्र है–

> *'सरवर, एक लंबी कहानी का अंश लिख कर मैं उसे पढ़ने बैठ गई। लिख लेने के बाद मेरे लिए पढ़ना बहुत ज़रूरी है। लिखने के तनाव से बरी होकर लेखक उसे पढ़ते हुए स्वयं अपना पहला पाठक और आलोचक बनता है।'*

सरवर को संबोधित करते हुए कैसे इस लंबे वृत्तांत का ताना-बाना बुन दिया गया इसका ज़िक्र भी पहले ही वृत्तांत में मौजूद है। शिमला की बरसात और अंधेरे में सरवर का फोन आता है–

> *'हैलो, जीजी मौसी, मैं सरवर बोल रही हूँ।*
> *हैलो सरवर–*

*कुछ कहने-सुनने से पहले ही लाइन कट गई!*
*लगा आवाज़ बादलों की गर्जन-तर्जन में गुम हो गई है!*
*दुबारा कंबल ओढ़ लिया। लेटे-लेटे चुपचाप ही तुमसे बात करने लगी।*
*बस, यहीं मिल गया संकेत और बनने-गुँथने लगा एक लंबा वृत्तांत।'*

किताब का यह वृत्तांत शिमला से लेह लद्दाख, श्रीनगर, नैनीताल, दार्जिलिंग होता हुआ दिल्ली, भोपाल जैसे तमाम भू-खंडों को छूता है। जीवन और लेखन की कितनी ही परतों को खोलता है। पहाड़ लेखिका को बेतरह आकर्षित करते हैं, पर कुल मिला कर लेखक की रूह बसती है शिमला में ही। वहाँ बचपन में बिताए दिनों के चलते शिमला सोबती को अपना-सा लगता है।

किताब में किसी न किसी संदर्भ के चलते देश-विदेश के कितने ही कवियों की कविताएँ या उनकी पंक्तियाँ उद्धृत होती हैं। यह संदर्भ कृष्णा सोबती की कविता में समझ एवं रुचि के भी पर्याय हैं, जहाँ सरवर को संबोधित करते हुए सोबती कविता के माध्यम से अपनी बात कहती हैं। किसी पोलिश कवि की पंक्तियों से शुरू होकर यह सिलसिला नज़ीर, कात्यायनी, मदन कश्यप, फर्नांदो पैसोआ और रिकार्दो रईश (पुर्तगाली), लीलाधर जगूड़ी आदि तक जाता है।

एक जगह रिकार्दो रईश के कविता के प्रति विचारों से अपने विचारों का मेल देखकर सोबती चमत्कृत होती हैं और अचंभित भी-*'सरवर, चमत्कार लगता है कि दूर कहीं-एक दूसरे से बेखबर कोई दो आत्माएँ एक सा सोच रही हों। एक सा देख रही हों। सहज रूप से पंक्तियों में समेट रही हों। हज़ारों-हज़ार मील दूर, ज़मानों पहले कोई एक अनजान पाठक उन्हें दोहरा रहा हो-कुछ ऐसे जैसे स्वयं उसी ने लिखी हों।'*

इन पंक्तियों से सहज ही अर्थ लगाया जा सकता है कि लेखिका इसे अनायास नहीं मानतीं, संयोग भी नहीं, वरना 'समय सरगम' जैसा उपन्यास सामने नहीं आता। 'कृष्णा-बलदेव' संवाद पुस्तक में भी इस तथ्य की तसदीक होती है।

'बादलों के घेरे' से लेकर 'दिलो दानिश' लिखे जाने के पीछे की कहानी इस वृत्तांत में मौजूद है। 'बादलों के घेरे' सोबती का पहला कहानी संग्रह है। इसी शीर्षक की कहानी टीबी की मरीज मन्नो के इर्द-गिर्द घूमती है। सोबती का रानीखेत जाते हुए भुवाली में उतर जाना और वहाँ डाक बंगले के चौकीदार द्वारा टीबी की मरीज समझ लिया जाना फिर दिल्ली आकर इसी विषय पर पुनः बात होना कुछ ऐसे संयोग थे जो इस कहानी की पूर्वपीठिका निर्धारित करते थे। उन दिनों इस बीमारी का इलाज नहीं था। आज यह जानकर आश्चर्य हो सकता है, लेकिन कहानी जिस भावबोध से उपजी है वहाँ इस बीमारी से पैदा होने वाले मृत्युबोध के बारे में जान लेना आवश्यक है। कहानी में भुवाली की धुंध में जो

उदासी है वह मृत्युबोध से आक्रांत है। 'शब्दों के आलोक में' सोबती की लेखन प्रक्रिया को लेकर बहुत सी बातें स्पष्ट होती हैं, उनमें यह एक है।

इस पुस्तक में एक वृत्तांत 'आज़ादी के पचास वर्ष' विषय पर है। आधी सदी का लेखा-जोखा, क्या खोया क्या पाया। कहना ज़रूरी है कि यह आलेख, जो भारतीय उच्चाध्ययन संस्थान में पढ़ा गया था, लेखिका की गहरी राजनीतिक और सामाजिक समझ का भी परिचायक है। आज़ादी के बाद हुए परिवर्तनों को वह बारीकी से रेखांकित करती हैं। भले ही मुख्य घटनाओं के ब्योरे इस आलेख में तारीख़बद्ध नहीं हैं फिर भी इसका महत्त्व भारतीय लोक की बदलती सोच और राजनीतिक स्वरूप के खोखलेपन को उद्घाटित करने की दृष्टि से अलग है। शुरू में ही लेखिका स्पष्ट करती हैं–*'एक साधारण नागरिक की हैसियत से अपने देश का लेखा-जोखा प्रस्तुत किया। जानती हूँ बारीकियों की कमी थी। बोल्ड ब्रश का ही काम था।'*

भले ही ब्रश बोल्ड रहा हो, पर है एक सधे हुए कलाकार का ही। उसके अंदर की बारीकियाँ ठीक से चिन्हित की जा सकती हैं। यहाँ कुछ उद्धरणों के माध्यम से इस बात की तसदीक की जा सकती है–

> *'...यूँ कहा जाए कि राजनीतिक सवर्णों से सत्ता की सुविधा असवर्णों की ओर मुड़ी है तो गलत न होगा।'*

इस एक पंक्ति में वर्तमान भारतीय राजनीति का सत्य छिपा हुआ है, जो इस बात का भी प्रमाण है कि दलित चेतना का उभार सामाजिक परिप्रेक्ष्य में सदियों से शोषित जनता के पक्ष में एक बड़ा परिवर्तन था किंतु राजनीतिक परिप्रेक्ष्य में वह अधिकतर सत्ता हथियाने और सुविधाभोगी होने का औजार भी था। परिवर्तन के इस दौर में राजनीतिक दल अपनी रोटियाँ सेंकने के लिए हर तरह के गठजोड़ करते रहे,बावजूद इसके दलितों को अपनी अस्मिता का, अपनी ताकत का अहसास हुआ है, यह भी एक सत्य है।

और इन पंक्तियों का संकेत किस ओर है ज़रा देखें–

> *'...फिलहाल आरक्षण के विवादी प्रसंग को कुछ देर के लिए छोड़ देते हैं और इतना जोड़ लेते हैं कि देश के सुखराम और दुखराम चुनौती में आमने-सामने खड़े हैं। गिनती ज़्यादा दुखरामियों की है। अब वह प्राचीन सुदामा नहीं है। उन शोषित बहुसंख्यकों की पुरानी ठंडी हिंसा जो तप गई है उन अधिकारों से, जो उन्हें देश के विधान से मिले हुए हैं, अपने पक्ष में वह कोई भी अतिक्रमण करने को तैयार हैं।'*

अधिकारों से वंचित समाज को अपने अधिकारों के लिए संघर्ष करते हम देख ही रहे हैं, यह संघर्ष समाज की दिशा बदलेगा और शोषण करने वाले मुखौटे भी अपना रूप बदलेंगे लेकिन इस संघर्ष में किसी भी पिछड़े समुदाय को उसके

अधिकारों से वंचित नहीं रखा जा सकता। कृष्णा सोबती शिक्षा को जागरूकता और परिवर्तन का हथियार मानती हैं तथा भारतीय राजनीति और मानस में आ रहे इन परिवर्तनों को लेकर आशान्वित नज़र आती हैं।

सामाजिक उत्थान के लिए राजनीतिक इच्छा शक्ति की कमी के पूरक के रूप में न्यायपालिका के हस्तक्षेप और जनहित याचिकाओं की भूमिका को सोबती रेखांकित करती हैं। वह साहित्य की समाज में भूमिका के समक्ष मीडिया, शिक्षा के तकनीकी प्रारूप और बाज़ार आधारित व्यवस्था को चुनौती के रूप में देखती हैं। देश की दशा और दिशा बदलने में शिक्षा के प्रसार और स्त्री के आर्थिक रूप से जागरूक होने को वह महत्त्वपूर्ण परिवर्तन मानती हैं तो जनसंख्या विस्फोट को इसकी राह में खतरा।

आज़ादी के पचास वर्षों का लेखा-जोखा प्रस्तुत करते हुए सोबती की दृष्टि राजनीतिक भ्रष्टाचार, नौकरशाही तथा लेन-देन के संबंधों पर जाती है तो खेतिहर किसान, सामाजिक संस्थाओं के योगदान और नई पीढ़ी के द्वारा निभाई जाने वाली भूमिका को लेकर वह आशान्वित नज़र आती हैं। इन आशावादी स्वरों के पीछे हमारी लोकतांत्रिक व्यवस्था में समय-समय पर मिल रहे परिवर्तन के ठोस संकेत शामिल हैं जो व्यवस्था को ढह जाने से बचाए हुए हैं।

यह पुस्तक कृष्णा सोबती के व्यक्तित्व के विकास को जानने का भी माध्यम है। सरवर को संबोधित करते हुए सोबती बार-बार अपने बचपन की ओर लौटती हैं। उनका वह परिवेश, जिसमें वह पली-बढ़ीं, जिसने उन्हें एक लेखक के रूप में विकसित करने में अदृश्य भूमिका निभाई, इन संस्मरणों में मौजूद हैं। ऐसे ही एक प्रसंग के माध्यम से उनके माता-पिता के स्वभाव का भी पता चलता है। उनकी माँ का व्यक्तित्व रोबीला था और पिता नम्र स्वभाव के, अध्ययनशील। सोबती के अपने व्यक्तित्व में उनकी छाप देखी जा सकती है।

## जन्मदिन की वह शाम

पुस्तक में एक रोचक संस्मरण कृष्णा सोबती के छात्रावास के दिनों का है। खर्च के लिए हर महीने आने वाले मनीआर्डर में जन्मदिन मनाने के लिए पचास रुपए काफी थे। नए कपड़े ख़रीदने के लिए। सोबती बजाय कपड़े ख़रीदने के एक अनूठी पार्टी की तैयारी करती हैं। अपने व्यावहारिक कौशल से स्कूल प्रिंसिपल को भी साथ चलने के लिए तैयार करती हैं। मित्र छात्राओं से उपहार के बदले रावी नदी के तट पर कॉलेज की बस से जाने की व्यवस्था प्रिंसिपल को प्रभावित करती है। वहाँ नाव पलट जाने और कुछ लड़कों द्वारा छात्राओं को सुरक्षित निकाल लिए जाने की घटना खासी रोमांचक है। यहाँ एक नामी रेस्तराँ से वैन में चाय और अन्य चीजें आती हैं और आयोजन में मददगार लड़कों को भी शामिल कर लिया जाता है।

## फिराक और निराला

फिराक और निराला को एक संस्मरण के माध्यम से इस किताब में याद किया गया है। 1938 का वाकया है। हिंदी साहित्य सम्मेलन का अधिवेशन शिमला में था। सोबती का जन्म 1926 का है। लगभग बारह वर्ष की उम्र रही होगी। लिखती हैं–

> *'आपको यह बताना ज़रूरी है कि उस वक़्त हमारी टोली अपने लेखकों और कवियों के नामों से वाकिफ़ थी। बड़ा रौब था उन दिनों हम पर आदिबों का।...सरकारी समाज के बच्चे होने के बावजूद इस बात का तीखा एहसास था कि ये सब लोग हमारे हैं, अंग्रेज़ सरकार के नहीं।'*

इन विद्वानों को देखने और उन्हें फूल भेंट करने के लिए कृष्णा सोबती और बाकी बच्चे वहाँ मौजूद थे। यहाँ सोबती ने निराला द्वारा 'जागो फिर एक बार' कविता पढ़े जाने की घटना का भी वर्णन किया है।

निराला की ही तरह ज़िंदगी में एक ही बार मिले फिराक से जुड़ी घटना को भी वह स्मरण करती हैं।

अगले ही पन्ने में वह धर्मवीर भारती को याद करती हैं। भारती जी ने सोबती की कहानी 'डार से बिछुड़ी' निकष में विशेष रचना के रूप में प्रस्तुत की थी। सोबती का मानना है कि यदि धर्मवीर भारती धर्मयुग के संपादन के लिए इलाहाबाद से मुंबई न जाते तो लेखक के रूप में अपने समय को और अधिक समृद्ध करते, साथ ही साथ वह धर्मयुग के ऐतिहासिक महत्त्व को भी रेखांकित करती हैं।

## नागरिक के नाते

1 जनवरी, 2013 को जनसत्ता के मुख्य पृष्ठ पर कृष्णा सोबती का देश के राष्ट्रपति को संबोधित करते हुए एक पत्र प्रकाशित हुआ है। देश को हिला देने वाली दिल्ली की सामूहिक बलात्कार की घटना और दीमक लग चुकी व्यवस्था को लेकर एक जागरूक-जिम्मेदार लेखक का आक्रोश इस संबोधन में दिखाई देता है। पर यह पहली बार नहीं है। कृष्णा सोबती बतौर लेखक देश की सामाजिक-राजनैतिक व्यवस्था को लेकर हमेशा संवेदनशील रही हैं। सरकार के संवेदनहीन निर्णय उन्हें हमेशा आहत करते रहे हैं। 'शब्दों के आलोक में' भी एक ऐसा ही पत्र मौजूद है। सरकार के सरदार सरोवर बाँध बनाने के निर्णय से हजारों मूल आदिवासी विस्थापन की पीड़ा झेलने वाले थे। हमारे देश में बड़ी जल विद्युत परियोजनाओं के निर्माण को लेकर संघर्ष का लंबा इतिहास रहा है। एक लेखक होने के नाते अपना विरोध दर्ज कराने से कृष्णा सोबती ने अपनी जिम्मेदारी से कभी मुँह नहीं मोड़ा। उस दौरान भी कृष्णा सोबती ने अपनी भावनाओं को व्यक्त करने के लिए राष्ट्रपति को चिट्ठी लिखी थी। यह तो सभी जानते हैं कि इस तरह के सार्वजनिक विद्रोही तेवर पुरस्कारों के गणित को भी बिगाड़ सकते हैं, पर कृष्णा सोबती ने देश का नागरिक होने की

अपनी नैतिक जिम्मेदारी को पूरी संवेदनशीलता से समझा है। वैसे भी स्वाभिमान की खातिर सम्मान को ठुकराने वाला लेखक क्यों किसी जमा-जोड़ की परवाह करेगा। शब्द कृष्णा सोबती की ताकत रहे हैं और उनके विरोध का औजार भी। यह जानना महत्त्वपूर्ण है कि केवल रचनात्मक लेखन में नहीं, बल्कि पत्र तक प्रेषित करने के मामले में वह शब्दों की ताकत और उनके चयन को लेकर सजग रही हैं। सरदार सरोवर बाँध के संदर्भ में महामहिम को संबोधित पत्र में उन्होंने कविता के ढाँचे को अपनाया है। उनकी संवेदनशीलता और सजगता का अंदाज़ा उनकी इन पंक्तियों से लगाया जा सकता है–

*'...बरसों बाद विभाजन के दर्द को फिर से झेला। फिर से देखा। उसी भयावह स्पंदन को अपने अंदर महसूस किया। एक तीखी पीड़ा के साथ। बिना किसी परेशानी के लिखा गया। इसके भी वही तीन ड्राफ्ट। एक-दो दिन मेज़ पर पड़ा रहा। भेजने से पहले मृणाल साहिब को सुनाया तो आश्वस्त हुई। फिर भी लगा, पढ़ने को लेकर कुछ ज़्यादा ही सतर्क हूँ–सो इसकी लिखित में कुछ झोल निकल आना नामुमकिन नहीं। एक दिन और रख लिया। सरवर...किसी भी टुकड़े को मेज़ से अलग करने से पहले लंबा खींचे जाती हूँ।'*

यह लंबा पत्र आदिवासियों के माध्यम से राष्ट्रपति को संबोधन है जो इस बात का भी परिचायक है कि किस तरह से एक लेखक की संवेदना आदिवासियों की तकलीफ के साथ जुड़ जाती है। कुछ पंक्तियाँ इस पत्र से–

महामहिम

*राष्ट्र की कोटि-कोटि संतानों के पुरोधा*

*हम नर्मदा माई के किनारे के आदिवासी आप से इतना ही अर्ज करना चाहते हैं कि–हम नर्मदा के अन्न-जल से पले-बढ़े बच्चे अपनी धरती की उस छाँह से हमेशा-हमेशा के लिए विस्थापित किए जा रहे हैं, महामहिम, अपनी अंतिम पुकार लेकर हम आप के सामने खड़े हैं, हमें हमारी पुण्यवती धरती से न उखाड़िए। हम आदिवासियों के प्राण मान नर्मदा के हरे-भरे में बसते हैं। इन्ही घनेरे वनों और वनस्पतियों में हम जीवों के प्राण रसते हैं। माँ नर्मदा हमारी जननी है, गाढ़े गूँथे प्राचीन जंगल हमारे जनक हैं।*

महामहिम...

एक लेखक द्वारा अपने समाज में हस्तक्षेप की बेचैनी को 6 जनवरी की जनसत्ता में अखबार के संपादक ओम थानवी के कालम 'अनंतर' की यह पंक्तियाँ पढ़ कर समझा जा सकता है।

*'ऐसे में राजपथ पर पुलिस के हिंसक रवैये पर कृष्णा सोबती का फोन पर व्यथा प्रकट करना मेरे लिए मार्मिक क्षण था। और 31 दिसंबर को उनका यह कहना कि, कुछ लिखा है, अगर जनसत्ता में प्रकाशित करना चाहें।...90*

*वर्ष की उम्र को छूते हुए और गर्दन की पीड़ा से जूझते हुए वे आँखों पर बहुत बड़ा चश्मा लगाती हैं, खुर्दबीन के सहारे पढ़ती हैं और स्केच पेन से बड़े-बड़े हर्फों में लिखती हैं।*

*लेकिन स्वाधीन राष्ट्र की संप्रभुता के प्रतीक राष्ट्रपति के नाम उन्होंने पत्र की शक्ल में अपनी पीड़ा, फिक्र और सरोकारों को अपने धारदार गद्य में जिस तरह पिरोया, उसने मुझे एक अजीब खालीपन के एहसास से उबरने में बड़ी मदद की...।'*

बुद्धिजीवी वर्ग की नैतिकता, प्रतिबद्धता और अवसरवादिता की पहचान ऐसे ही मौकों पर होती है। आपकी संवेदनशीलता व्यवस्था के आगे धराशायी हो जाती है या फिर मुखर विरोध व्यक्त करती है यह एक ज़रूरी सवाल है।

## विभाजन से साक्षात्कार

किताब में चार साक्षात्कार हैं। पर देश के विभाजन की त्रासदी को समझने के लिए आलोक भल्ला द्वारा किया गया साक्षात्कार बहुत महत्त्वपूर्ण है। हालाँकि यह अंग्रेज़ी से मुकेश कुमार द्वारा अनूदित है, पर अविभाजित पंजाब में हिंदू-मुस्लिम संबंधों की, उनकी साझा संस्कृति की बारीकी से पड़ताल करता है। भिन्न धार्मिक विश्वासों और मान्यताओं के बावजूद बहुत से हिंदू-मुस्लिम संत फकीरों में दोनों समुदायों की गहरी आस्था थी। फिर भी ऐसा क्या था, जिसने इस समृद्ध सामाजिक भाईचारे को खंडित कर दिया। क्या अविभाजित भारत में दोनों समुदायों के बीच नज़र आने वाली साझा संस्कृति के कमजोर होने के कारण आर्थिक ग़ैर-बराबरी और राजनैतिक जागरूकता में भी निहित थे? विभाजन की घटना को एक प्रक्रिया के रूप में समझने की दृष्टि से यह साक्षात्कार महत्त्वपूर्ण है।

> *'...एक बार लोग यदि अपनी पहचान और जीने के ढंग को लेकर सचेत हो जाते हैं तो उनकी उम्मीदें भी बदल जाती हैं...राजनैतिक जागृति के साथ-साथ मुसलमान और हिंदुओं के संबंधों में बहुत बड़ा बदलाव आया। एक समय इन शब्दों को परिभाषित करने का एक स्वीकृत और पारंपरिक तरीका था। अब राजनीतिक जागृति अपने साथ नई उम्मीदें और नई चुनौतियाँ लाई। इसने हमारी वंशानुगत मान्यताओं को लेकर भी सवाल खड़े किए।'*

विभाजन की विभीषिका दो संप्रदायों ने तो झेली ही थी, पर स्त्री ने जिस रूप में इस अत्याचार को झेला वह और भी भयानक था। उनके पुनर्वास की समस्या ज़्यादा बड़ी थी, क्योंकि वह इस बात पर निर्भर थी कि एक बार हिंसा का शिकार हो जाने के बाद उनके परिवार उन्हें अपनाते हैं या नहीं। अमानवीयता का नंगा नाच जब हो रहा था तो भी कुछ लोग मानवीय संवेदनाएँ सहेजे हुए थे। इसी दौर से जुड़ी बूटा सिंह की मार्मिक घटना का ज़िक्र कृष्ण सोबती ने इस साक्षात्कार में किया है।

दंगे के दौरान एक मुस्लिम युवती को वह शरण देता है। लोग सवाल करते हैं तो वह उस युवती की रजामंदी से शादी कर लेता है। मुसीबत का पहाड़ उस पर तब टूटता है जब लड़की के परिजन पुलिस की मदद से उसे वापिस ले जाते हैं। बूटा सिंह को लड़की से प्यार हो गया था, वह उसे पाने पाकिस्तान जा पहुँचता है, पर उसे हासिल नहीं कर पाता।

## कुछ ज़रूरी प्रसंग

हिमाचल प्रदेश से कृष्णा सोबती का काफी जुड़ाव रहा है। बचपन के बाद भारतीय उच्चाध्ययन संस्थान में रहकर काफी कार्य किया। यह पुस्तक भी ऐसे ही एक दौर का हिस्सा है। हि.प्र. विश्वविद्यालय में अंग्रेज़ी के प्राध्यापक रहे जयदेव को कृष्णा सोबती ने याद किया है। जयदेव नहीं रहे पर उनसे जुड़ी यादों को सोबती ने इस किताब में साझा किया है। स्मृतियों में जयदेव ही नहीं, समरहिल और वहाँ का वीरान रेलवे स्टेशन भी कृष्णा सोबती के शब्दों में ज़िंदा हो गया है। यह एक मित्र के प्रति सोबती जैसे लेखक की सच्ची श्रद्धांजलि भी है। यह संस्मरण कई सारे प्रसंगों को जीवित करता है, जिनमें भारतीय उच्चाध्ययन संस्थान की गोष्ठियाँ, कृष्ण बलदेव वैद और भीष्म साहनी की शिरकत, सोबती की रचनाओं और उनके अनुवाद पर जयदेव से गंभीर चर्चा के संदर्भ शामिल हैं। उन्होंने बहुत करीबी मित्र की तरह जयदेव को याद किया है।

राष्ट्रीय नाट्य विद्यालय ने 'श्रुति' नामक कार्यक्रम का आरंभ कृष्णा सोबती से ही किया था। इस घटना का ज़िक्र उन्होंने इस पुस्तक में किया है और 'ज़िंदगीनामा' के जिस हिस्से के पाठ का चयन उन्होंने श्रुति के लिए किया वह भी इसी में प्रकाशित है। 'ज़िंदगीनामा' का वह हिस्सा 'श्रुति' को ध्यान में रखते हुए लिखा गया था। उस हिस्से का पाठ करने के बाद ही आप अंदाज़ा लगा सकते हैं कि वह चयन कितना उपयुक्त था। मामला चाहे लिखने का हो या फिर किसी आयोजन में पाठ करने का, सोबती पूरी सजगता और गंभीरता से काम करती हैं–

> *'अपने 'लिखित' में से बहुत से पन्ने पलटे। कौन से अंश का चुनाव करूँ। कुछ ऐसा हो जिसका पाठ ढंग से हो। सांस के नियंत्रण में दिक्कत न हो। जो श्रोतागण सुनने आएँ, वह इत्मीनान से बैठे रहें और कार्यक्रम के बाद यह कहते न सुने जाएँ कि वक़्त बेकार हुआ। जानती हूँ दिल्ली में 'वक़्त' ज़रा ज़्यादा ही कीमती है। किसी भी कार्यक्रम को शुरू करने से पहले इस तरह के नुक्ते खासे परेशान करने वाले होते हैं। हाँ पढ़ने का चुनाव मुश्किल था। आख़िर कुछ नया लिखने का मन बना लिया।'*

श्रुति के बहाने 'ज़िंदगीनामा' के ये पन्ने पाठक को बाँध लेते हैं। शाह जी घोड़े पर आ रहे हैं। नदी में पानी चढ़ जाता है और घोड़ा तथा सवार दोनों ही अचानक

आई बाढ़ में बह जाते हैं। शाह जी से उम्र में छोटी राब्याँ की सूरत और सीरत में कुछ ऐसा है कि वह शाहजी के दिल की गहराइयों में उतरती चली जाती है। जैसे ही वह शाहजी को नदी की लहरों की चपेट में आते देखती है नदी में कूद पड़ती है। खबर लगते ही खोज शुरू हो जाती है और बेसुध हालत में दोनों का इलाज शुरू होता है। हकीम जी हार मान लेते हैं और कह देते हैं कि शाहजी कि सांस राब्याँ में अटकी हुई है। शाहजी की पत्नी के सामने पति के जीवन को बचाने के लिए राब्याँ को स्वीकार करने के सिवाय दूसरा चारा नहीं है। वह बड़प्पन से काम लेती है। यह प्रसंग जिसके मूल में प्रेम की भावना है, बहुत ही रोचक बन पड़ा है। 'श्रुति' में इस प्रसंग का पाठ निश्चित ही शानदार रहा होगा।

सरवर से किया गया अगला ज़िक्र कलकत्ता के भारतीय भाषा सभागार में गणतंत्र दिवस पर पढ़े गए व्याख्यान का है। इस व्याख्यान में सोबती लेखन की शर्तों और लेखन प्रक्रिया पर विस्तार से बात करती हैं। वह भारतीय गणतंत्र में घर कर गए अवसरवाद, भ्रष्टाचार के साथ धर्म, क्षेत्रवाद और वर्ग के आधार पर बढ़ती खाई को लोक के लिए खतरा मानती हैं। राजनीतिक रंग में रँगी हुई इन प्रवृत्तियों की साहित्य के क्षेत्र में घुसपैठ से भी सोबती खासी नाराज़ नज़र आती हैं।

आज़ादी के बाद दिल्ली में लेखकों की जो पीढ़ी सक्रिय थी कनाट प्लेस का इलाका उनकी बहसों का गवाह था। काफी हाउस, गेलार्ड और वोल्गा जैसे ठिकाने सुविधानुसार लेखक मंडलियों के वैचारिक आदान-प्रदान के गवाह बनते थे। इसी दौर को ज़िंदा करते हुए छह टुकड़े इस किताब के उत्तरार्ध में मौजूद हैं।

इस किताब को संभवत: 'हैलो सरवर' के नाम से आना था। कैसे यह 'शब्दों के आलोक में' हुआ इस पर किताब के अंतिम पन्ने पर दर्ज ये हैं पंक्तियाँ–

> *'इस कृति के नामकरण को 'हैलो सरवर' से 'शब्दों के आलोक में' तक पहुँचाने के लिए जिन धुरंधरी दादाओं ने हाथ की सफाई दिखाई, उन्हें एक साथ धन्यवाद और बधाई। जो महालेखक अपनी महाकलम से रचित महान कृति का शीर्षक चुनने में असमर्थ हों और दूसरे के शीर्षक मुखड़ों की नोचा-नाची कर उसे अपनी कृति पर चस्पाँ करें, ऐसे प्रभावशाली लेखक को किस नाम से पुकारा जाए, ये आप ही तय करें।'*

गौरतलब है कि कृष्णा सोबती के उपन्यास 'ज़िंदगीनामा' के शीर्षक को लेकर भी विवाद रहा, सोबती को एक लंबी कानूनी लड़ाई लड़नी पड़ी थी जिसका ज़िक्र पीछे के अध्याय में भी है। यह मामला जब लेखक की स्वतंत्रता के अधिकार और आत्मसम्मान से जुड़ा हो तो तकलीफ भी गहरी होती है। ऐसे बहुत सारे मुद्दों को लेकर भी एक लेखक का दृष्टिकोण जानने के नजरिये से भी यह किताब महत्त्वपूर्ण है।

# सपनों के देश में

बुद्धम शरणं गच्छामि

बुद्ध का कमंडल लद्दाख

आप कोई चित्र देखें और अनायास मन उस स्थान को देखने के लिए उमड़ पड़े। कुछ ऐसा ही हुआ कृष्णा सोबती के साथ मदनजीत सिंह के कैमरे के चित्र 'हिमालयन आर्ट' नामक पुस्तक में देख कर। पुस्तक पढ़ना छोड़ अपने अनुभव से लद्दाख को जानने का फैसला लेकर सोबती ने लद्दाख यात्रा का हवाई टिकट कटा लिया। इसी यात्रा पर पाठक को यह किताब ले जाती है एक अनूठे अंदाज़ में जहाँ कृष्णा सोबती की चित्रात्मक भाषा के साथ लय बैठाते सिद्धार्थ और सर्वजीत सिंह बावरा के छाया चित्र एक अनूठे रस का संचार पाठक के मन में करते हैं। साज-सज्जा के लिहाज से देखें तो अंग्रेज़ी में ऐसी पुस्तकों की परंपरा रही है पर हिंदी में ऐसा प्रयोग पाठकों के मन में एक नई अनुभूति जगाता है। ए फोर आकार की लैंडस्केप सज्जा में सुसज्जित इस पुस्तक के हर पृष्ठ पर चित्र हैं और सोबती की नज़र से देखे गए लद्दाख को मोटे फॉन्ट के अक्षरों में उकेरा गया है।

अद्भुत दृश्य हैं। हिमालय में प्रकृति भोर की स्वर्णिम आभा बिखेर रही है, स्वर्ण मंडित पहाड़ की तलहटी में दूर तक विस्तार पाते मैदान में नीली सड़क किसी नदी सी जान पड़ती है। ऐसे जादू जगाते छाया चित्रों के मध्य सूर्योदय का दृश्य सोबती के शब्दों में आकार पाकर पाठक के मन में भी उजास फैलाता है–

> *'...पूर्व दिशा पर एकाग्र करती हूँ अपने को, जहाँ से उदय होते ही सूर्य की किरणें शिखरों को अलंकृत करेंगी यह सोचते ही आँखें झपकीं और लद्दाख का निथरा निर्मल आकाश उजले प्रकाश से सींच दिया गया।' –23*

जीवन में कुछ ऐसा भी घटित होता है जिनके सामने आपके बुद्धिवादी तर्क काम नहीं करते। आप तड़के स्वप्न में कुछ अंकों की संख्याएँ देखें और ठीक उन्हीं संख्याओं का रहस्य दिन के उजाले में आपके सामने खुल जाए तो आप इसे क्या कहेंगे। संयोग भी नहीं कह सकते क्योंकि संख्याएँ संयोग की संभावना से इनकार करती हैं। यह संख्याएँ हैं–8848, 8578, 8114, 7817, 7755, 8615। आगे चल कर यह संख्याएँ सोबती को टूरिस्ट सेंटर के नक्शे पर अंकित नज़र आती हैं। यह संख्याएँ क्रमशः माउंट एवरेस्ट,कंचनजंगा,नंदा देवी और नामचे बरखा नामक शिख़रों की हैं।

> *'हैरान हूँ कि चोटियों की इन ऊँचाइयों ने मुझे घेरे रखा। मैं नक्शे पर ढूँढ़ने लगती हूँ उस चोटी को जिसका नाम अंग्रेज़ी में 'वन-लैस' 'एक कम' है। उसकी ऊँचाई सही करना चाहती हूँ, पर ढूँढ़ नहीं पाई।' –43*

इस किताब में लद्दाख के जन जीवन, भूगोल और इतिहास के बारे में जानकारी मौजूद है। 'लद्दाख के भित्ति चित्र' शीर्षक से एक अध्याय है। इस अध्याय में यहाँ के इतिहास की रोचक घटनाएँ मौजूद हैं। किताब में राजवंशों और योद्धाओं सहित शासन में मौजूद रही पंचायत व्यवस्था पर लेहमहल और लेह के किले की यात्रा के दौरान किए गए वर्णन न केवल पठनीय हैं बल्कि एक सैलानी की नज़र से आगे

जाकर महत्त्वपूर्ण दस्तावेज़ी तथ्य भी प्रस्तुत करते हैं, यहीं कृष्णा सोबती की वैचारिक दृष्टि भी स्पष्ट होती है। उनकी यही दृष्टि किताब को पर्यटन निर्देशिका से अलग हटकर विशिष्ट स्थान प्रदान करती है।

> *'दुनिया में कहीं भी, कोई भी देश हो-पूर्व, पश्चिम, उत्तर, दक्षिण-शासक सत्ता और जन साधारण के अलग-अलग धड़े राजनीतिक प्रक्रिया में एक-दूसरे पर हावी होने की क्षमता जुटा लेते हैं। यह लोकतंत्र की साख है। कभी-कभार क्रांति कर सकते हैं। कभी उलझ कर पीछे हटते हैं और कभी दुबारा वार करते हैं। एक-दूसरे पर हावी हो जाते हैं। इतिहास के लंबे गलियारे और कुदरत के विशाल मंच की भला तुलना भी क्या! लेह-लद्दाख में मेरे नायक तो हिमालय हैं जिन्हें देख रही हूँ।'*

फियांग, हैमिसगोम्पा का बौद्ध विहार, लामायूरुतथा आलचीगोम्पा जैसे कितने ही अद्भुत स्थान पाठक की जानकारी का हिस्सा बनते हैं। जहाँ-जहाँ ऐतिहासिक तथ्यों पर आधारित वर्णन दिलचस्पी पैदा करते हैं छायाचित्रों की संख्या अपेक्षाकृत कम होती जाती है। शब्द चित्रों का सा जादू जगाने लगते हैं और पाठक ऐतिहासिक कालखंड में पीछे लौट जाता है। लेह में मौजूद मस्जिद के साथ जुड़ी इतिहास की घटना और जनश्रुति हिमालय के लोगों की धार्मिक सद्भावना के प्रमाण के रूप में उपस्थित होती है जो संभवत: बौद्ध धर्म के मूल में मौजूद मानवता और हिमालय की दृढ़ता में मौजूद प्रकृति की कोमलता से उपजी होगी। अलीमीर ने लद्दाख पर धावा बोल कर वहाँ के शासक नमगियाल को बंदी बना लिया था। एक दिन अलीमीर ने एक सपना देखा जिसके सांकेतिक अर्थ ग्रहण करते हुए उसने नमगियाल को मुक्त कर दिया और अपनी बेटी से विवाह का प्रस्ताव उसके सामने रखा।

> *'...नमगियाल ने इसे स्वीकार किया और लद्दाख के महाराज के रूप में, महारानी के साथ अपने राज्य लौटे। कहा जाता है कि लेह की मस्जिद नमगियाल के बेटे ने अपनी माँ अलीमीर की बेटी के लिए बनवाई थी। यह है सीमांत की बौद्ध सद्भावना का उदाहरण और सत्ता में शक्ति शास्त्र का राजनीतिक उपाय भी।' -101*

इसी तरह लद्दाख में एक गुरुद्वारे का भी उल्लेख है। यह वर्णन कठोर दिखने वाले हिमालय की सहृदयता और सद्भावना के भी प्रतीक हैं और प्राचीन भारतीय सामंजस्य की संस्कृति के भी।

सोबती का नदी की धारा के प्रति गहरा राग मनुष्य और प्रकृति के ऐसे गहरे रिश्ते की ओर संकेत है जो सांसारिकता से इतर किसी दूसरे पक्ष की ओर संकेत करता है। नदी की निर्मलता, गहराई और वेग उन्हें आकर्षित करते हैं। लद्दाख में सड़क से दूर नदी तक पहुँचना आसान नहीं है। आखिर नदी में नहाने की चाह पूरी होती है ससपोल में।

*'...यही, यही, यही मेरी चाहत थी कि नहा सकूँ-नदी में, सिंध में। एक बार फिर नदी में उतरती हूँ। बाल टावल से पोंछ-पोंछकर। चट्टान पर लेटी हूँ। धूप चमक रही है। पास नदी बह रही है। ऊपर आसमान है-कुछ और भी चाहिए क्या? मैं आँखें बंद करती हूँ।' -155*

थिकसे विहार का एक चित्र है जहाँ छोटे-छोटे बौद्ध भिक्षु मंत्रोचारण कर रहे हैं। वहीं एक छोटे भिक्षु पर बाकी के बालकों का ध्यान केंद्रित है। पता चलता है उसके पास खिलौना रेलगाड़ी है। बाल सुलभ जिज्ञासा अन्य बालकों को उसकी ओर आकर्षित करती है। बौद्ध अनुयायी अपने एक बच्चे को लामा बनने के लिए विहारों में छोड़ने की परंपरा का पालन करते हैं। सोबती की लेखकीय दृष्टि इस नए आए छोटे लामा की भावनाओं को महसूस करती है। सदियों पुरानी परंपरा, बाल मनोविज्ञान और लेखक की आँख-

*'...बच्चा भरी आँखों से शिक्षक की गोद में जा झुका। मानो जान गया हो कि गोम्पा में अनुपस्थित माता-पिता नहीं, शिक्षक ही उसके संरक्षक हैं। शिक्षक का मौन संकेत था शिष्यों के लिए और निब्रो से आए छोटे से बच्चे को उन्होने थपथपा भर दिया! बच्चे का संयम अद्‌भुत लगा। पुरानी गुरु शिष्य परंपरा से बच्चे का रुलाई रोकना और गुरु के पास जा खड़े होना-इतना भर ही नहीं, कुछ और भी।'*

लद्‌दाख में सोने की खानें अब भी हैं। किताब बताती है कि सिंध नदी की रेत से सोना छानने की कला लद्‌दाखी खूब जानते थे। यहाँ के राजा संपन्न थे। महाराजा स्नैगेनामग्याल द्वारा तिब्बत के गोम्पा को भेजी गई उपहार सूची का वर्णन इस संपन्नता का द्योतक है। चीन, तिब्बत, इरान और यारकंद आदि के मध्य व्यापार का महत्त्वपूर्ण मार्ग तो यह था ही। सोबती ने यहाँ के दर्रों के व्यापारिक महत्त्व की तुलना आज के दौर की सड़कों और हवाई अड्डों से की है। हालाँकि यहाँ के कठिन सुनसान रास्तों से गुज़रने वाले व्यापारियों के कारवाँ को सुरक्षा प्रदान की जाती थी पर प्रकृति के कोप से बच पाना सुरक्षाकर्मियों के लिए भी संभव नहीं था। कठिन भौगोलिक स्थितियों में दर्रों से गुज़रते हुए व्यापार करने वाले लोग बर्फीले तूफानों की चपेट में आकर मारे भी जाते थे। इस सिलसिले में सोबती ने सुल्तान चुसकू और दौलत बेग के कारवाँ का ज़िक्र किया है। सोबती का कथाकार चुंगीघर के सामने कल्पना में उस समय को जी लेता है जब घोड़े और खच्चरों के कारवाँ टैक्स जमा कराने के लिए वहाँ रुकते होंगे। इस दृष्टि से यह केवल सूचनापरक किताब नहीं है बल्कि एक कथाकार की दृष्टि भी इसमें मौजूद है जो पाठ को रोचक बनाती है और पाठक को विचित्र कल्पनालोक में प्रवेश करने का मौका भी देती है।

किताब का मध्य भाग पढ़ने-देखने के बाद बड़े आकार के छाया चित्रों की संख्या पुन : बढ़ने लगती है। दर्रे और धूसर पहाड़, कहीं सूरज के ताप से स्वर्ण की

तरह चमकते, कहीं बादलों के साये में धूप-छाँह का खेल खेलते। दर्रों से गुज़रते खच्चर सामान से लदे हुए भी और रंग-बिरंगी लटकनों से सजे हुए भी। लद्दाख के मुखोटा उत्सव का एक खूबसूरत छाया चित्र इन्हीं चित्रों के बीच अलग सा प्रभाव पैदा करता है। लद्दाख के वास्तु शिल्प और कला के नमूने भी सिद्धार्थ और सर्वजीतसिंह बावरा के कलात्मक छाया चित्रों में देखे जा सकते हैं। यह चित्र दुर्गम घाटियों के विस्तार और हिमालय की विराटता का अद्भुत सामंजस्य प्रस्तुत करते हैं और मानसरोवर की शीतलता का आभास भी कराते हैं। इन चित्रों में हरियाली केवल फियांग से गुज़रते हुए ही दिखाई देती है। पाठक के अंतर में इस हरियाली का भाव जगाते सोबती के शब्द उतने ही जीवंत हैं।

> *'लद्दाख के पथरीले विस्तार में फियांग पहुँचते ही आँखें भाव-भीनी तरावट में ऐसी ठंडक महसूस करती हैं-जैसे तरल मुखड़े दिख गए हों। पहाड़-बर्फ का चमचमाता धवल श्वेत ग्लेशियर और हरित क्यारियाँ-देखो, देखो-देखते रहो-यह नर्म-सा, मर्म-सा दृश्य भी यहाँ है। यहीं लद्दाख में ही। सिर्फ चट्टानें ही नहीं।' -73*

सोबती लद्दाख को बुद्ध का देश कहती हैं। बौद्ध धर्म की महान परंपरा पर उनकी नज़र बराबर रहती है। गोम्पाओं के स्थापत्य पर ही नहीं इस धर्म के दर्शन पर भी। संघ की परंपरा में अटूट आस्था के प्रतीक गोम्पा यहाँ की जीवन शैली का अभिन्न हिस्सा हैं। यह जीवन शैली अहिंसा, प्रेम और धर्म में विश्वास रखने वाली शैली है।

बीच में कश्मीर का ज़िक्र भी आता है। लेकिन लद्दाख के सौंदर्य से सोबती कश्मीर की तुलना नहीं करतीं बल्कि दोनों की भिन्नता में वह हिमालय की पूर्णता को देखती हैं। बीच में लद्दाख से कारगिल यात्रा का वर्णन भी है जो कश्मीरी सहयात्रियों की जुबान से मौखिक और लिखित इतिहास के रोचक ब्यौरे प्रस्तुत करता है।

लद्दाख की युवा पीढ़ी का परंपरा से जुड़े रहकर लेखन और कलाओं में प्रयोगरत रहने का भाव सोबती को सुकून देता है। नई जागरूक पीढ़ी अपनी समृद्ध लोक परंपरा से जुड़ी हुई है। बच्चे पढ़-लिख कर अच्छे पदों पर विराजमान हैं।

लद्दाख में पहले-पहल आकर बसने वाले कबीलों में मोन और दरद जातियों का उल्लेख करते हुए सोबती दरद जाति के उस अनोखे त्यौहार का वर्णन करती हैं जो मौखिक परंपरा में अपने पुरखों के इतिहास को गाती है, दोहराती है।

> *'विस्थापन और देशांतरण की त्रासदी द्वारा पीढ़ी दर पीढ़ी, शताब्दियों तक अपने अपरिवर्तनीय अतीत को गाते चले जाना ही शायद मानवीय इतिहास लिखने की शुरुआत होगी।' -166*

लेह के सर्किट हॉउस की अंतिम रात। समय की गति अब उस ओर इशारा करती है जहाँ से लेखिका को दिल्ली लौट जाना है। लौटने की सुबह साढ़े तीन बजे चाँदनी की छटा बिखरी हुई है। सोबती बाहर निकल पड़ती हैं, मानो दिल्ली जाने से पहले यहाँ की अलौकिक ऊर्जा से सराबोर हो जाना चाहती हों। बुद्ध के भाव से– *'जो भी देखो, ऐसे देखो जैसे जीवन में पहली बार देख रहे हो–फिर ऐसे देखो जैसे जीवन में अंतिम बार देख रहे हो।'* –170

लद्दाख के भूगोल, इतिहास, लोक संस्कृति और प्रकृति के रहस्य को शब्द-चित्रों के माध्यम से पाठक तक पहुँचाने वाली यह किताब उसे लेह-लद्दाख आने का आमंत्रण देती है। फिलहाल तो मैंने किताब पढ़कर जुलाई में लद्दाख जाने की योजना को व्यावहारिक रूप देना शुरू कर दिया है। हिमालय में जन्म लेकर बुद्ध के कमंडल के रहस्य को अब तक न जानना कितनी बड़ी भूल थी।

# जैनी मेह्रबान मित्रो परेशान

जैनी मेहरबान सिंह : एक पटकथा

सिनेमाई दुनिया की संभावनाओं ने हमेशा साहित्य की दुनिया को आकर्षित किया है। प्रेमचंद से लेकर रेणु तक और कृष्णा सोबती से लेकर उदय प्रकाश तक। यानी बहुत से रचनाकारों ने सिनेमा को एक बड़ी संभावना माना। इसीलिए बार-बार कथाकार सिनेमा की ओर मुड़ता रहा। वृहत्तर वर्ग तक अपनी बात ले जाने के लिए।

सिनेमा का एक बड़ा दर्शक वर्ग रहा है। यथार्थपरक फिल्में भी हमेशा से बनती रही हैं, लेकिन व्यावसायिक सिनेमा जैसी सफलता उन्हें मिली हो इसके उदाहरण कम हैं। बहुत बड़ा दर्शक वर्ग अपने आप को भुलाने और बहलाने के लिए सिनेमा का रुख करता है, फिर भी स्वप्निल दुनिया के बरक्स यथार्थवादी सिनेमा की धारा विकसित करने के प्रयास रुके नहीं हैं। प्रयोग भी जारी हैं और कई जगह आशातीत सफलता मिली भी है।

इसी तरह एक बार कृष्णा सोबती को 'मित्रो मरजानी' पर फिल्म बनाने का आमंत्रण मिला। कहानी का फिल्म में बिना किसी समझौते के रूपांतरण संभव हो पाया होता तो एक बेहतर फिल्म तैयार होती। अधिकतर दिक्कत यह पेश आती है कि फिल्म का व्यावसायिक पक्ष संवेदनशील नहीं होने के कारण कई बार रचनात्मक कृति के साथ अनावश्यक छेड़छाड़ करना चाहता है। मित्रों को बिकनी पहन कर नदी में तैरते दिखाना चाहते थे फिल्मकार। लेखक के गले कैसे यह बात उतरती। यहीं जन्म हुआ जैनी का। जैनी मेहरबान सिंह। फिल्म तो नहीं बन पाई, पर फिल्म के लिए कहानी गढ़ दी गई, जो पुस्तकाकार प्रकाशित हुई है। मित्रों को बचाने के फेर में जैनी की कथा दो रातों और एक दिन में लिख दी गई। इस चलचित्रीय पटकथा को संभवत: फिल्म निर्माता की व्यावसायिकता को ध्यान में रख कर लिखा गया कि निर्माता की माँग भी पूरी हो जाए और मित्रों पर आया संकट भी टल जाए। ठंडे बस्ते में जा चुकी इस पटकथा के प्रकाशन का निर्णय सोबती ने प्रकाशक पर छोड़ दिया और राजकमल ने इसे प्रकाशित करने का निर्णय लिया। यद्यपि कहानी पूरी तरह से फिल्म निर्माता की ज़रूरत के अनुसार लिखी गई है, फिर भी इस चलचित्र कथा का महत्त्व इसकी भाषा और संवादों में है। गाँव के वातावरण में विदेश से आई भारतीय मूल की लड़की और त्रिकोणीय प्रेम का कथानक पाठक को बाँधते हैं, बशर्ते आप यह भ्रम पाल कर न चलें कि सोबती की साहित्यिक कृति पढ़ने जा रहे हैं।

किताब की भूमिका में ही सोबती ने स्पष्ट किया है कि निर्माता द्वारा 'मित्रों मरजानी' की जिस छवि की चाह बढ़ती जा रही थी उससे लेखिका की परेशानी बढ़ती जा रही थी। मित्रों की छवि पर आ रहे संकट के दबाव से उबरने के लिए यह स्क्रिप्ट लिख दी गई। किस्सा कोताह यह कि सोबती ने मित्रों पर बातचीत आगे बढ़ाने से इनकार कर दिया और निर्माता ने जैनी में उत्साह नहीं दिखाया। इतनी ही कहानी है 'जैनी मेहरबान सिंह' लिखे जाने की।

# साक्षात्कार-1

## शब्दों के आलोक में कृष्णा सोबती

## निरंजन देव शर्मा की बातचीत

आधी सदी से ऊपर का वक़्त गुज़र गया कृष्णा सोबती को लिखते हुए। आज भी उनके रचनात्मक लेखन में वही धार, वही प्रयोगशीलता, वही संयम मौजूद है। आज भी उनकी रचनाओं पर उसी तरह से शोध हो रहा है, लिखा जा रहा है। उनके पाठकों को इंतज़ार रहता है उनकी नई रचना का; किंतु कृष्णा सोबती की कोई भी कृति लंबे इंतजार के बाद सामने आती है। क्योंकि वह होती है एक लेखक की ऐसी ईमानदार अभिव्यक्ति जिसके हर पक्ष को लेखक के अंदर का पाठक जाँचता है। 'मित्रो-मरजानी' आज भी उतनी ही प्रासंगिक है जितनी 1967 में थी। 'यारों के यार' की भाषा तथा दफ्तरी बाबुओं की कुंठा एवं भड़ास तब तक वैसी ही रहेगी जब तक व्यवस्था का स्वरूप ही बदल नहीं जाता।

ऐसे लेखक के लेखन को ही नहीं बल्कि लेखक के व्यक्तित्व को भी जानने की आकांक्षा पाठक की रहती ही है। जिज्ञासा रहती है लेखक के अतीत और वर्तमान को जानने की, उनके दौर में लिखे गए साहित्य पर लेखक के विचार जानने की।

इतनी सारी बातें हैं और इन्हें जानने का तरीका एक, जो सबसे ज़्यादा उपयुक्त है-लेखक से साक्षात्कार।

प्रस्तुत साक्षात्कार सोबती जी से तीन मुलाकातों में हुई बातीचत पर आधारित है। कृष्णा सोबती जैसे रचनाकार से बात करने की संभावना सदा उत्सुकता जगाती है। जितना उन्हें जाना है, वह लेखकीय मुद्रा को भूलकर पाठक से पाठक का संवाद करती हैं।

किसी भी लेखक का बचपन भावनाओं का संस्कारी बिंदु होता है। जिसमें झाँकना ही कुछ न कुछ अनोखा पाना है। सोचा कि सोबती जी के इस खजाने से कुछ मोती मैं भी चुरा लूँ।

**सोबतीजी, अपने बचपन के बारे में कुछ बताइए, कुछ ऐसी स्मृतियाँ जो आज भी आपको अपने बचपन में लौटा ले जाती हों।**

पीछे लौटूँ तो बचपन छोटी-बड़ी खुशियों से गुँजान रहा। पिछली सदी के ऐन पच्चीसवें साल जन्म लेने का निर्णय तो भला मेरा कहाँ रहा होगा। वैसे मुझे अपना जन्म समय निर्धारित करने की छूट होती तो मैं सन् 2025 में पैदा होती और इस सदी की ग्लोबल दुनिया को जी भर-भर कर जीती। अपने काम-धंधे को किसी विज्ञापन ऐजेंसी को सौंप दूसरों को उखाड़ने-पछाड़ने पर लग जाती। इसकी निंदा, उसकी बदखोई, इसे खदेड़, उसे उधेड़! फिर कार्यकारी तमगे इकट्ठा करके ऐसे हल्कों में दाखिल हो जाती जहाँ सिर्फ चिकनी मुस्कराहट कारगर होती है।

अपना सफर बिना तीरंदाजियों के कुछ धीमा और रूखा ही रहा। पिछली शती की रफ्तार ही धीमी थी। अपनी चाल भी किसी तेज-तर्रार घोड़े की सरपट चाल नहीं

थी। हाँ, घोड़े की तरह चाल समतल ज़रूर थी। ढीठ सवार! पाँव तले ज़मीन सपाट हो या ऊबड़-ख़ाबड़, चढ़ाई हो या उतराई, राहें कच्ची हों या पक्की भलेमानस बिगड़ैल की तरह डट के चलती रही। अपने मस्तमौला स्वभाव की अच्छाई-बुराई, साधारण और विशेष सबको एक साथ पैरों में ढालकर आगे बढ़ती चली। यह गई शताब्दी की बदौलत था कि बचपन भाई-बहनों के लिए नज़ारों पर नज़ारे खोलता चला गया। मुझसे बड़ी बहन राज दीदी और मुझ से छोटे भाई जगदीश और मैं बीच में। हम तीनों के बीच चार-चार बरस का अंतर रहा! सबसे छोटी बहन सुषी को परिवार में पहुँचने को अभी देर थी। मैंने अपने भाई-बहनों को लेकर कभी प्रताड़ित महसूस नहीं किया। मैं मैं थी और वह वह थे।

यह खूबी मेरी नहीं थी। इसके जिम्मेदार थे हमारे माता-पिता और घर का अनुशासन। हम बच्चों को अपनी बात कहने की खुली छूट थी। एक बात को बार-बार कहने-मनाने की रीति-नीति नहीं थी। हमें इतना विश्वास था कि जो बात ठीक होगी वह मान ली जाएगी। अनुशासन न तो इतना कड़ा था कि हम मन ही मन कुढ़ते रहे और न ही लाड़-प्यार से बिगड़ जाएँ। बड़ों की ओर से कुछ ऐसा सिखाया गया कि एकल परिवार की चौखट में हममें सही और गलत को जान लेने की तमीज़ हो। और इसकी तालीम भी कि हर बार सही वही नहीं होगा जो बड़े कहते हैं, सही वह भी होगा जो बच्चे कहते हैं। इसके साथ ही हममें यह पहचान पुख़्ता हुई कि सोच की लचक ही सही फैसलों को ठीक मुखड़ा दे सकती है। निर्णय छोटे हों या बड़े, अपनी-अपनी बात कहने की हमें पूरी आज़ादी थी। इस बराबरी को संतुलन से थामे रहता घर का अनुशासन।

गुजरात के ऐतिहासिक शहर के सर्राफे के साथ लगी सोबतियों की पुरानी हवेली। पीतल की कीलों से जड़ा लकड़ी का ऊँचा फाटक। बड़ा-सा सहन और सहन के बने पक्के चबूतरे पर सजी कूईं। कुएँ पर लगी लोहे की चरखड़ी और उस पर लटकती पीतल की बाल्टी।

सामने खुलती छोटी-बड़ी ड्योढ़ियाँ-पैड़ियाँ-परकोटे-बैठकें और कमरों की लंबी कतारें, चोर दरवाज़े, तहख़ानों की ओर उतरती सीढ़ियाँ। हवेली के दाहिने पिछवाड़े फैली रसोइयाँ और रसोइयों की कोठरियाँ। डाइनिंग-रूम की क्राकरी पर दादा साहिब का नाम खुदा रहता। जाने क्या था कि उस पुरानी हवेली में हम बच्चों को न कुछ नया लगता और न कुछ पुराना। मुझे अपने को देखने पर भी कुछ ऐसा ही लगता है। हाँ जितनी बार हम वहाँ छुट्टियों में पहुँचते, धीरे-धीरे कटलरी कम होती जाती। हवेली की एक चोरी का सुराग पुलिस को एक ढाबे पर मिला जहाँ टरकिश-तौलिये तंदूर पर इस्तेमाल किए जा रहे थे।

ऐसी घटनाओं को माथे पर के ख़ामोश तेवरों के साथ मंजूर कर लिया जाता शायद यह सोचकर कि हवेली के बाशिन्दे जब नौकरियों पर रहेंगे तो वहाँ के सामान

को चोरी से कैसे बचा सकते हैं। पुरानी हवेलियों की जितनी खूबियाँ और जितनी ख़ामियाँ होती हैं वह काफी हद तक मैं अपने में देखती हूँ। जो कमरे बैठकें इस्तेमाल होते थे वह थे उत्तर खंड के और बंद पड़े थे दक्खिन खंड के। दोनों के बीच के परकोटों पर हम खेलते कौड़ियाँ-पिट्‌ठू, गिट्‌टे-खेनू-कोलड़ा, छपाकी और ऊँची फलाँग!

गाँव में पहुँचते तो नज़ारा बदल जाता। हवेली जो गुजरात की हवेली से अलग दीखती थी। हवेली से लगा तबेला। घोड़े, गाय, भैंसें। हरे-भरे खेत, अनाज से भरे भंडार-छोटी-बड़ी बैठकें, पसार सर्दखाने। वहाँ हम गोटियाँ खेलते। दरिया में डुबकियाँ मारते, घोड़े दौड़ाते, रहट पर छप्प-छप्प कपड़े धोते। चौके में आसनों पर बैठकर खाना खाते!

दिल्ली-शिमला का रंग और ही निराला। कल्पना करो निरंजन, मैं तालकटोरा गार्डन में हाकी खेलती रही हूँ। भोली भटियारन के तालाब पर पिकनिक का मज़ा उठाए हुए हूँ। शिमला के रिज पर हाईलैंडरस बैंड का लुत्फ ही निराला होता। गर्म चैक स्कर्ट यूनीफॉर्म की फबन भी अनोखी। मुझे वहाँ होना बहुत भाता।

शिमला रिज की शाम की तो बात ही क्या है! हर पहाड़ की चोटी की अपनी शाम सूरज ढलने पर। कोई शिख़र डूबते सूरज की धूप में चमक रहा है। कोई बादल की छाँव तले गहरा रहा है। कोई बत्तियों से जगमगा रहा है। कोई अपनी उतराई के बल पर सड़क के किनारे रोशनी की झालर टाँक रहा है। और शिमला की ऊँचाइयों को आकार देता गिरजाघर। आसमान पर सितारे और नीचे झिलमिलाती बत्तियाँ। मैं शिमला के रिज पर फिदा हूँ। दूसरा नम्बर दोपहर में दार्जिलिंग का चौरस्ता। जिधर देखो जहाँ से देखो बर्फीली महारानी कंचनजंगा। पहाड़ हमारे वजूद पर ही नहीं आत्मा पर छा जाते हैं। हम कुछ और हो उठते हैं। नीचे मैदानों से कहीं ज़्यादा पारदर्शी, आत्मीय और गरमीले।

**आपके लेखन में बचपन के जो चित्र हैं—अनोखे हैं और आपकी ममता और वात्सल्य को दर्शाते हैं?**

ठीक कह रहे हैं निरंजन, मुझे समझदार मगर शरारती बच्चे पसंद हैं। शरारती चौकन्ने मगर बदतमीज नहीं। जानती हूँ यह अनुशासन का पुराना मानदंड है। बच्चे कभी-कभार पन्नों पर नज़र आएँ तो मैं उन्हें बराबरी का भाव देती हूँ और उनसे संवाद करती हूँ।

'टीलो ही टीलो' शिमला के दिनों की कहानी है। बहुत पहले लिखी थी। लगता है 'टीलो टीलो' खेल पहाड़ों का खेल है। मैं जब लद्‌दाख गई तो वहाँ पत्थरों की फसलें देखकर लगा टीलो खेलने के लिए लद्‌दाख बिलकुल सही जगह है। टीलो की दोनों टोलियाँ मीलों तक रेखाएँ खींच सकती हैं और एक दूसरे के करतब ढूँढ़ने

के लिए अपनी-अपनी दिशा से खो भी सकती हैं। रास्ता भूल सकती हैं। लद्दाख का विस्तार अपने आप में अनोखा। एक ऐसी भूल-भुलैया जहाँ आप मीलों चलते जाएँ और आपको सबकुछ एक सा नज़र आए। 'ज़िंदगीनामा' का लालीशाह जब पहली बार शाला में पाँव रखने को है तो उसे सात घरों से भिक्षा माँगनी है। ऐसे में उसकी प्रतिक्रियाएँ मुझे बेहद भाईं।

'दिलो दानिश' में जब बदरू और मासूमा रज्जो की सालगिरह पर वकील साहिब के घर जाते हैं और वकील साहिब की बीवी का गाना सुनते हैं, तो अपनी माँ महकबानो की ग़ज़ल पर रीझने लगते हैं। वकील साहिब का छोटा बेटा दम्मो बदरू के गाल पर जोर से एक चपत देता है।

बदरू कैसे गाल पर हाथ रखे अब्बू से इसकी शिकायत करते हैं—और अपनी समझ-बूझ से वकील साहिब की हमदर्दी और प्यार बटोर लेते हैं। मैंने इसका मज़ा लिया—अपने बाप वकील कृपानारायण की तरह की दलीलबाजी और अक्लबाजी बदरू ने ली। गाल पर चपत के निशान पर हाथ रखे मैंने बदरू को साक्षात देखा और मन ही मन लाड़ से कहा— बदमाश कहीं का।

'दिलो दानिश' में 'रीछ का बच्चा' और सालगिरह का प्रसंग मैं काफी गरमाहट से पढ़ती हूँ। बच्चों में ऐसी दिलचस्पियाँ रखते हुए भी मैं ऐसे प्रसंगों को तटस्थता से समभाव से लिख सकती हूँ, शायद इसलिए कि मेरे पास अपने बच्चों की 'विशेष-श्रेणी' ग़ैरहाज़िर रही है जिनकी तरफ़दारी में अक्सर माता-पिता दूसरी संतति की विशेषताएँ नहीं देख पाते।

**'उमरावजान' और 'डार से बिछुड़ी' के पात्रों का दर-दर भटकना कुछ एक-सा ही लगता है। इस पर कुछ कहें!**

निरंजन, इसके पहले कि हम 'उमरावजान' और 'डार से बिछुड़ी' की बात करें—आपको यह बताना ज़रूरी है कि 'डार से बिछुड़ी' जब 'निकष' में विशेष कृति के रूप में छपी तो मुझे लेखन के आरंभिक दिनों का विशेष चाव नहीं हुआ। इतना ही लगा कि संपादक ने जिस निगाह से पाठ को देखा, लगभग वही लिखते हुए मेरी परिधि में थी। फिर भी कहना चाहूँगी कि 'उमरावजान' और 'डार से बिछुड़ी' की तुलना करने में मुझे संकोच होगा। हाल ही में 'डार से बिछुड़ी' को नए संस्करण के लिए प्रेस में भेजने से पहले पढ़ा तो इसकी भाषा को लेकर कुछ कौतूहल हुआ! सोचने लगी इस उपन्यास के सीधे-सादे कथ्य को उसी की तरह का भाषा मुखड़ा मिला! उस वक़्त की ऐतिहासिक और सामाजिक स्थितियों से ही उघड़ी होगी यह संक्षिप्त नुकीली भाषा। हाँ 'उमरावजान' एक ऐसा सरल दिखनेवाला पाठ है जिससे कोई भी लेखक बहुत कुछ सीख सकता है। उमरावजान और पाशो अलग-अलग दीखते परिवेशों से, परिवारों से बाहर हो जाती हैं। एक को अगवा कर लिया जाता

है, दूसरी डरकर ननिहाल की देहरी लाँघ कर अपनी माँ और शेख़जी की हवेली पहुँच जाती है।

दो नाबालिग भारतीय बालिकाएँ बिना किसी शिक्षा और पारिवारिक अधिकार के अर्जित किए असुरक्षा के कगारों पर खड़ी हो जाती हैं। कभी इसके हाथ लगतीं हैं कभी उसके। वह जो कुछ जोड़ती हैं स्थितियाँ उसे तोड़ती हैं और नई उलझनों से जूझने के लिए तैयार हो जाती हैं।

कथ्य के विभिन्न तेवर लिये दोनों जैसे भी उघड़ी हों कपोल-कल्पित नहीं हैं। साहित्यिक आलोचना ही लंबी कहानी और उपन्यासिका का फर्क निर्धारित कर सकेगी। उसके बाहर खड़े होकर इतना ही कहूँगी कि हर रचना रचनाकार के हाथ का खिलौना नहीं। उसके आरंभ में ही उसका अंत निहित रहता है। पन्ने पर उभरते पाठ की स्वतंत्र सत्ता पहचानने की आँख लेखक के पास होनी चाहिए। अपने तईं मैं पन्नों पर उभरते पाठ में मनमाना हस्तक्षेप नहीं करती। हर लेखक कृति की पहली पंक्ति और अंतिम के बीच की दूरी और निकटता को साधकर ही कड़ी परीक्षा की तैयारी करता है।

आप क्या कहना चाहते थे और रचना क्या बयान करना चाहती थी–इतना ही खेल है। शिल्प की गुत्थियों के बावजूद रस्सी पर चलते हुए विपरीत दिशा से एक दूसरे का सामना करते कथ्य और कथानक लेखक के संतुलन पर ही टिकते हैं। जब तक स्वयं पाठ में विलीन नहीं हो जाते और कृति की समग्रता में नया स्वरूप धारण नहीं कर लेती।

**आप सोबती और हशमत के बीच की दूरी या नज़दीकी को कैसे बयान करेंगी?**

हम और हशमत जब 'हम हशमत' होकर मेरी स्टडी में स्थित हो गए तो मुझे अपने में बौद्धिक विस्तार का अहसास जगा। हशमत मेरे निकट अनजान नहीं थे। उनका लहजा और मुहावरा मैं बेआहट अपने में सुनती रही थी। वह मेरी वैचारिक मित्रता के करीब थे और अपने वाचन में एक मनचले दिखनेवाले मगर गंभीरता के कायल थे। उनकी तीखी छींटाकशी मैं खुद अपने में सुनती रही थी। यह ज़रूर एक ही व्यक्ति में से उठी दो आवाज़ें थीं।

मुझे यह जानना था कि वह एक दूसरे से कितनी अलग थीं। इसके पेशतर कि मैं हशमत के नाम का खाता खोलूँ इसकी शिनाख्त भी ज़रूरी थी कि सोबती की आवाज़ में और हशमत के अंदाज़ में दो मुख़्तलिफ रंग ही नहीं अलग-अलग कोण और नैरेटिव के उठान भी मौजूद हों। इतना फर्क भी हो कि दो शख्सियतें अपनी-अपनी स्पेस से एक दूसरे का सामना कर सकें। व्याकरण के अनुसार यह सिर्फ 'ई' और 'आ' का अंतर नहीं था। दोनों आवाज़ें मेरी थीं और दोनों अलग-अलग थीं।

इसमें से एक को पुरुष का पाठ कहेंगे और दूसरे को अपुरुष या स्त्री पाठ–इस पर मुझे सोचना नहीं था क्योंकि दोनों के साथ मुझे कोई परेशानी नहीं थी। रचनात्मक स्तर पर कोई दिक्कत नहीं हुई। जिस सहज सहूलियत से यह मुमकिन हुआ उसने ही हशमत के अस्तित्व को सुरक्षित किया। दोनों अपनी–अपनी जगह पर तैनात हैं, अपने–अपने मुहावरे और निगहबानी के साथ। हशमत की आमद कुछ इस तरह से हुई। हुआ यूँ कि एक शाम किसी पार्टी में शिरकत की। अजब मंजर था उस भाँति–भाँति की भीड़ का। मेहमान कुछ मुस्करा रहे हैं, कुछ विनम्रता में सराबोर खीसें निपोर रहे हैं, कुछ अपनी रचनात्मक सफलताओं पर इतरा रहे हैं। कई गर्जमन्द दूसरों के अहम के खाली पैमाने भर रहे हैं। मील भर की दूरी से संस्थान की प्रशंसा और बखान की प्रविष्टियाँ भर रहे हैं। ज़िक्र इतना मुलायम कि मानपत्र ठीक जगह जा टँगे। सांस्कृतिक–साहित्यिक दादाजन अनुकम्पा भाव से मंद–मंद मुस्करा रहे हैं।

खिलाई–पिलाई शुरू हुई। भिन्न–भिन्न रुचियों के मिष्ठान! पारंपरिक और शालीन। अतिथि और आतिथ्य का सुमंगल कार्यक्रम संपन्न हुआ और साहित्य का सत्कार आगे बढ़ा।

घर लौटकर पहले हँसी फिर तबीयत उखड़ गई! इतने सजीले मगर खाली आयोजन में पार्टी का जादू कैसे गायब था! क्यों लोगों की मौजूदगी में भी सब कुछ खोखला था। कुछ था जो ग़ैरहाजिर था! निरंजन, यहाँ इस मौके पर दरवाज़े पर खटखटाहट हुई, देखा हशमत मियाँ खड़े हैं। इस घटना के घटित होने में उस खाली सी शाम का जितना भी हाथ हो–इसके वजूद में आने की वजह ग़ैर–मामूली ही होगी।

किसी एक संज्ञा में, व्यक्ति में सिर्फ एक ही नामधारी मौजूद हो, यह स्वाभाविक है, मगर दो भी हों यह असंभव नहीं। हम सभी के दिल–दिमाग़ में कभी इकहरे और कभी दोहरे स्वभावों वाले टुकड़े भी उगे रहते हैं। ऐसे भी कि व्यवहार में कोमल स्त्री छवि या पुरुषोचित गुणों की अभिव्यक्ति हो। एक दूसरे के प्रभावों का मिश्रण हो।

बस, चल निकला यह सिलसिला। मेरी स्टडी में तो यह समझना मुश्किल न था कि यह बौद्धिक मुद्राएँ लेखक के लिए एक साथ महत्त्वपूर्ण और खतरनाक हैं। कड़े संयम और खरेपन की माँग करती हैं।

पाठकों और आलोचकों को हशमत ने निराश नहीं किया। इसके लिए उस शाम का शुक्रिया करना होगा जहाँ से 'हशमत' की शख्सियत अदबी हलकों और लेखकों की ट्रांसपेरेंसीज़ उठाने लगीं।

**हशमत 'हम हशमत' का तीसरा भाग भी लिखना चाहेंगे?**

निरंजन हशमत 'हम हशमत' का तीसरा खंड भी क्यों न लिखना चाहेंगे। चशमेबद्दूर अपनी बिरादरी में नायक खलनायक उस्तादों और प्यादों की कोई कमी

नहीं। सब से बड़ी बात कि वही हशमत की कलम दोस्ती और दुश्मनी में ज़्यादा फर्क नहीं करती! दुआ करिए कि हशमत एक और जिल्द पेश कर सके। शर्त सिर्फ वक़्त की है।

**सोबती जी, आप अपनी रचनाओं में किस हद तक आत्मकथ्य और निजी अनुभव को स्वीकारती हैं?**

निरंजन, साहित्यक विवेक से किसी भी अच्छे टैक्स्ट की, पाठ की आलोचकीय पड़ताल करें तो जानेंगे कि उसमें से झाँकती अभिव्यक्ति का स्रोत न मात्र व्यक्तिगत अनुभव है, न भोगा हुआ यथार्थ और न ही सिर्फ पात्रों का अनुभूत और अकादमिक जानकारियाँ। लेखक का अंतर्मन जिस आंतरिकता को विचार और भाषा से रचता है और जिस निकटता से व्यक्ति के रूप में परिवार और समाज के संबंधों को संतुलन में देखता है, लगभग वही दृष्टि उसके रचनात्मक धरातल को प्रतिबिंबित करती है। पात्रों के परिवेश में प्रस्तुत होती है। सतही घटनाओं पर शिल्प के बल पर कथानक का झीना परिधान ही नहीं–पात्रों की मांस मज्जा, देहभाषा, स्वभाव, संवाद और उनके आंतरिक की विश्वसनीयता सभी मिलकर एक अच्छे पाठ का रचाव करने में सफल होते हैं। यह घुलनशील मिश्रण एक लंबी प्रक्रिया से लेखक की मानसिकता से छनता है। स्थूल से सूक्ष्म की ओर बढ़ता है। यही सूक्ष्म अंतर्दृष्टि लेखक के गहन चिंतन की अनिवार्यता है। वह बरसों-बरसों इसके घटित होने से अनभिज्ञ रह सकता है और कभी अचानक एक क्षण में उसके किसी एक बिंदु से, एक कोण से अंश की झलक पा लेता है। उससे साक्षात्कार करने की मानवीय जिज्ञासा से भाव और विचार की गहनता और गोपनीयता को प्रत्यक्ष करने को भाषा की मदद से पाठ को गूँथ लेने का जोखिम उठाता है।

हर नई रचना रचनाकार का इम्तिहान है। विषयवस्तु की अल्पज्ञता और व्यक्ति और समाज के अंतर्द्वंद्व, टकराहट अगर लेखक की टटोल से बाहर रह जाते हैं तो शिल्प के दबाव के बावजूद यह असमर्थता सबसे पहले रचना के 'पाठ' को खटकती है। एक अच्छे पाठ की सर्जना बहुत से संयोगों पर निर्भर होती है। लेखकीय संयम और रचना की मौलिक परिकल्पना रचना का मूलभूत स्वरूप तय करते हैं। मैं गहरे तक विश्वास करती हूँ कि किसी भी अच्छे पाठ की संरचना मात्र लेखक की निजता की ही अभिव्यक्ति नहीं–रचना का कथ्य, कथानक, भाषा उन पात्रों की भी देन होती है जिनके बिना एक सुगठित पाठ की संरचना मुमकिन नहीं। आत्मविमुग्ध, आत्मकेंद्रित और आत्मविजड़ित रोजमर्रा लिखे जाने वाले डायरियों का रोमान और रोमांस इनके बाहर पड़ता है।

एक साथ अपने पर नियंत्रण और पात्रों के कथ्य को जरखेज ज़मीन में उगने और पनपने देने की छूट के साथ ही लेखक की कलात्मक क्षमताओं का संचार

होता है। इसी के द्वारा पाठ की अपनी नैतिकता प्रस्फुटित होती है जो पाठ की विश्वसनीयता बनती है।

**सोबती जी 'यारों के यार' पर आपके इंटरव्यू का एक वाक्य याद आ रहा है कि भाषायी संस्कार में गालियों की अपनी सत्ता है? इसको लेकर लंबा साहित्यिक विवाद भी उठा?**

गालियाँ भी भाषायी संस्कृति और सभ्याचार का एक महत्त्वपूर्ण हिस्सा हैं। मुझे नहीं मालूम कि इसके इस्तेमाल पर हमें इतना नाक-मुँह क्यों सिकोड़ना चाहिए। गालियाँ समाज के विद्रूप और विसंगतियों को ही प्रकट करती हैं। गालियों की अपनी सत्ता है। हिंसा, विरोध, घृणा, धिक्कार, रोष, तिलमिलाहट या उत्पीड़न और शोषण के खिलाफ अपने घावों को खोल देने को ही कर्कश सटीक आवाज़ें इंसानी सहनशक्ति को फाड़कर फूट पड़ी होंगी। हिंसा-प्रतिहिंसा को उभारती छोटी-बड़ी वज़नी गालियाँ अपने भाषायी अधिकार से विश्व की तमाम भाषाओं में अपनी जगह सुरक्षित किए हैं। उन्हें किसी भी संहिता के अनुसार मानवीय शब्दावली से बाहर नहीं किया जा सकता! यह 'यारों के यार' में गालियाँ इस्तेमाल करने की सफाई नहीं उनके होने का ही सामाजिक दबाव है। संवाद छोटे-बड़े स्थानीय दफ्तरों में जहाँ नियमों से बँधी कार्यकारी दिनचर्या है, फाइलें हैं-ड्राफ्ट की जाँच-पड़ताल और 'इन्टरप्रेटेशन' के तनाव हैं वहाँ इस एकरसता को बदलने, तोड़ने का एक हथियार यह भी है। निरंजन, जब कहानी ने पहली बार मेरे जहन को खटखटाया तो दफ्तरी संवाद के यह साधारण बोल ही मेरे कानों में गूँजे। जो तकिया कलाम हर दिन, सुबह, दोपहर, शाम इस्तेमाल होता है, उसे उसकी जगह से उठाकर बाहर कर, दफ्तर को सजीव करना असंभव ही होनेवाला था। दफ्तर के अनुशासित शोर के साथ भी गालियों के इस तकियाकलाम को एक लय होना है। संवाद के दफ्तरी व्याकरण को इसके बिना पाठ में स्थित करना मुझे मुश्किल लगता था। इस वाचन को पंक्चर करना मेरे भाषायी विवेक के निकट गलत था। गलियों, नुक्कड़ों, टोलियों बाज़ारों में इन गालियों से कोई परहेज नहीं था और वह लगातार सुन पड़ती थीं और एक घने सामाजिक शोर का हिस्सा थीं।

सो जब 'यारों के यार' की पहली पंक्ति पन्ने पर लिखी गई तो इस मसले को लेकर मुझे कोई दुविधा नहीं थी। कथ्य और संवाद दोनों पटरी पर थे और यह ध्वनियाँ दफ्तर के वातावरण और टैक्स्ट की टोनल स्थिति को गाढ़ा करती थीं। किसी भी दफ्तर का माहौल लगभग एक-सा ही रहता है। हम मंत्रालयों में नहीं छोटे स्थानीय दफ्तरों की बात कर रहे हैं। शायद यही वजह थी कि यह गालियाँ लगातार फ़ाइलों के ढेर में बेरंग फर्नीचर और लगातार, पुराने पड़ते चेहरों से उभरती हैं और दूसरों को छूती हुई ब्रांच में तैर जाती हैं।

इनके हक में या इनके खिलाफ कुछ भी कहना कहानी के लेखक का मकसद नहीं था! यह उस फ़ाइलों की दुनिया के वातावरण में मौखिक संकेत थे जो दफ्तरी व्यवहार को कभी उकसाते हैं–कभी उभारते हैं और कभी ड्राफ्ट की नुक्ता-चीनी में बॉस के बहाने अपने को फटकारते हैं। या बुड़बुड़ाकर चुप हो जाते हैं। ब्रांच का परिवार इन संकेतों की भाषा को समझता है। फ़ाइल खुलती है, बंद होती है और दफ्तरी कार्य पद्धति से फ़ाइल पर कार्य क्षमताओं का अच्छा-बुरा सामने आता है। कहानी के प्रकाशन के बाद यारों के यार की भाषा को लेकर काफी बहसें हुईं। पाठकों और लेखकों की दुनिया से मुख्य रूप से दो पक्ष उभरे। एक यह कि गालियों का प्रयोग अश्लील है और दूसरा शील और अश्लील का प्रश्न मात्र गालियों से नहीं। अगर ऐसा करना कहानी की माँग है तो यह लेखक का अपना निर्णय है। विवाद खासा लंबा चला था, राजकमल की ओर से एक गोष्ठी आयोजित की गई। इसमें उपस्थित थे जाने-माने आलोचक और लेखक। जैनेन्द्र जी, नामवर सिंह, निर्मला जैन, नेमिचंद जैन और जर्मन विद्वान लोठार लुत्से। पत्रिका के अंक में इसका ब्यौरा छपा। परिणामस्वरूप शील और अशलील की बहस से खासी धुंध छँटी। यह भी साफ हुआ कि साहित्य अपनी रचनात्मक नैतिक संहिता में धर्म शिक्षा नहीं। जीवन में जो कुछ भी है साहित्य उसका दर्पण है। लेखक के संदर्भ में इतना ही कि उसके रचनात्मक संयम और शिल्प शैली के विस्तार उसके विवेक से जुड़े हैं। टैक्स्ट की अपनी नैतिकता प्रस्फुटित है। उसी की माँग पर परंपरा में कुछ नया जोड़ते हुए, कुछ तोड़ते हुए ही आगे बढ़ा जा सकता है। बखान के लिए नहीं वृत्तांत और संवाद की प्रामाणिकता के लिए लेखक उसे बुनता है। चिकनी मुलायम और शब्दकोश की शील भाषा की तुलना में खुरदरी गालियों को तरजीह देने के लिए नहीं।

**लेखक-प्रकाशक-संबंधों पर कुछ कहना चाहेंगी?**

इतनी पुरानी हूँ कि लेखक की कलम पिटारी के सगुण शास्त्र और धौंसपट्टी को समझती हूँ।

लेखकीय अभिमान, स्वाभिमान को प्रकाशक द्वारा जिन निगाहों से देखा जाता है उससे हम लेखकगण परिचित हैं। प्रकाशकीय अहंकार की तो बात ही मत कीजिए–सामाजिक स्तर पर लेखक जितना बिचारा हो उतना ही प्रकाशन गृह के लिए अच्छा साबित होगा! प्रकाशक भी आईलैम्प की तेज़ रोशनी में जगमगाता नज़र आना चाहिए! क्यों–इसे लेकर प्रकाशक अपने तख्ते ताऊस पर बैठा मुगालते का शिकार नहीं कापीराइट के किसी झमेले में भला उसे क्यों पड़ना है। उसे विश्वास है कि मुलायम संस्कृति की साधन-संपन्नता किसी भी लेखकीय प्रतिभा को यतीमखाने में भेज सकती है। नैतिक संहिता के अनुसार ऐसा कदम उठाने के अधिकार का

उपयोग सिर्फ प्रकाशक ही कर सकता है। प्रकाशक की नज़र में कापी-राइट उल्लंघन भारी जुर्म नहीं है। मगर लेखक का कचहरी पहुँचना कत्ल के गुनाह से भी बड़ा गुनाह है!

बेचारा हिंदी लेखक-

बलहीनों का बलराम कहलानेवाले में दम की कमी नहीं। दम्भ ज़रूर है।

**सोबतीजी, आपके नाम के साथ कुछ विशेषण जोड़ दिए जाते हैं-बोल्ड, विवादास्पद! पढ़कर आपकी कैसी प्रतिक्रिया होती है!**

निरंजन, इसको लेकर मेरी प्रतिक्रिया करीब-करीब 'न' के ही बराबर। बोल्ड और विवादास्पद यानी-विवादग्रस्त और झगड़ापरस्त! सच तो यह है न मैं बोल्ड हूँ और न झगड़ालू! मैं जितनी सुरक्षा अपने अधिकार की करना चाहती हूँ, उतनी ही दूसरों के अधिकार में हस्तक्षेप नहीं करना चाहती। न मैं बेवजह किसी को दबाना चाहती हूँ और न अकारण ही दूसरों से दबना चाहती हूँ। वैसे मैं शिकायतें, उलाहने और मनसूबे करने में इतनी आलसी हूँ कि जब तक आँख से न देख लूँ-समझ न लूँ मैं किसी की भी सुनी-सुनाई पर यकीन नहीं करती। जब मुझी पर निशाना साधा जाए तो मेरी ओर से प्रतिक्रिया लाज़मी है। कह सकती हूँ कि मेरे यहाँ 'बोल्ड' नहीं, 'भीरु' ग़ैरहाज़िर है।

हाँ, विवाद तब उठते हैं जब कहीं न कहीं अनुशासन की चूल ढीली होती है। साहित्यिक मामलों में रीति-नीति-नियम और कायदे-कानून भंग किए जाते हैं। मिसाल के तौर पर अगर लेखक ने किसी कृति को लेकर प्रकाशक से अनुबंध न किया हो-उससे कोई एडवांस न लिया हो तो उसकी अधलिखी अप्रकाशित रचना का किसी भी तरह का विज्ञापन करने का अधिकार प्रकाशक को नहीं है। चाहे वह प्रकाशक देश में हो या विदेश में। विदेश में जमे हिंदी प्रकाशक अगर गलत होते हुए भी हिंदी लेखकीय हैसियत को अपने अमरीकी उच्चारण से धराशायी करना चाहें तो आप क्या करेंगे! विरोध। विरोधहीन असहयोग आन्दोलन नहीं। हमारे साहित्यिक संस्कृति संस्कार में किसी किस्म के विरोध और असहमति को झगड़े का नाम दिया जाता है। लेखक जिस बात पर ऐतराज कर रहा है, समझने की कोशिश के बिना ही उसे गर्जमन्द समझकर बता दिया जाता है कि हम पर उँगली उठाने का मतलब हम ही तुम्हें समझाएँगे!

**सोबतीजी, यह भी कहा जाता है कि आप दोस्तों को भी नहीं बख्शतीं?**

बिलकुल गलत है। जानती हूँ आप किधर इशारा कर रहे हैं!

नरेश मेहता मेरे अच्छे मित्र थे। दिल्ली के साहित्यकारों का यह वह मौसम था जब निर्मल वर्मा, भीष्म साहनी, श्रीकान्त, नरेश मेहता, प्रबोध कुमार, प्रयाग शुक्ल,

अशोक सेकसरिया कहीं न कहीं मिलते ही रहते। जो वहाँ नहीं भी मौजूद होते वह भी बातचीत में उपस्थित रहते।

स्ट्रेटेजिक कारणों से उनमें से किसी को लेकर भी यह कहा जाए कि अमुक न मेरा हमदम है न दोस्त–वह एक अपरिभाषित बंधु या बाँधवी है तो कैसा लगेगा।

अगर मैं आपकी दोस्त नहीं हूँ–हमदम नहीं हूँ–तो अपरिभाषित बाँधवी क्या हूँ!

आप मुझे दोस्त बुलाइए या हमदम, मुझे ऐतराज क्यों होने लगा! नरेश की नितांत भलेमानस मगर अटपटी भंगिमाओं को ध्यान में रखते हुए भी ऐसे शाब्दिक प्रयोग को सहानुभूति से समझना मेरे लिए मुश्किल था। वाक्य की शुरुआत ही गलत थी! अगर मैं आपकी दोस्त हूँ तो कहिए–दोस्त हूँ नहीं तो कहिए परिचिता हूँ। कहीं कोई परेशानी न होती।

'मेरा हमदम मेरा दोस्त' उन दिनों यह फिकरा मोहन राकेश, राजेन्द्र यादव और कमलेश्वर त्रयी के साथ जोड़ा जाता था। 'वह अपरिभाषित बाँधवी है', ऐसा जुमला मैंने पहले कहीं नहीं पढ़ा था।

इस तथाकथित बंगला शब्द बंधु से 'बाँधवी' को अपरिभाषित से जोड़ने के लिए नरेश के पास कोई तर्क नहीं था! मुझे बेहद नागवार गुज़रा। उन्हें उससे भी ज़्यादा क्योंकि ऐसा करने और इसका कारण बताने के लिए मैंने जवाबतलब किया। उन्होंने लिखित में दुःख प्रकट किया। उसके बाद जब भी मिलते रहे कोई कड़वाहट नहीं थी पर कहीं कुछ था जो सहज होने के आड़े आता था।

अंतिम बार जब मैं उन्हें इंदौर एन.बी.टी. के पुस्तक मेले में मिली तो लगा पुरानी रंजिश छँट-सी गई है! इधर-उधर की बातें होती रहीं! दोस्त, मित्रों के लिखने-पढ़ने की सूचनाएँ! एकाएक नरेश ने गंभीरता से कहा–उस प्रसंग पर सोचता रहा हूँ। अपरिभाषित बाँधवी आपके लिए शब्द का उचित प्रयोग नहीं था। क्षमा-प्रार्थी हूँ।

मैंने नरेश से भी ज़्यादा गंभीरता से मगर हँसते हुए कहा–अगर कथन के पहले दो टुकड़े न होते तो भी शायद चल निकलता–लंबी खाँसी के बाद नरेश देर तक हँसते रहे, इतने बरसों बाद भी आपके मिजाज़ में कोई फर्क नहीं पड़ा।

इसीलिए तो सुमनजी का कहना है कि सोबती विकट महिला हैं।

नहीं-नहीं, मानिए, वह ऐसा नहीं कह सकते।

अगर वह कहें भी तो भी क्या हर्ज़ है। मध्य प्रदेशी बौद्धिक दस्ता किसी का भी चालान कर सकता है।

महिमा की इलायची वाली चाय पर खूब समा बँधा। हम तीनों मिलकर देर तक हँसते रहे।

अगली शाम काव्य समारोह में नरेश मेहता कविता पाठ करने वाले थे। खासी भीड़ थी। पंडाल खचाखच भरा था! कविता पाठ शुरू हो चुका था। श्रोता मुग्ध थे।

घड़ी देखी। मुझे कहीं और पहुँचना था! मंच पर जाकर नरेश से इजाज़त ली–और हाथ मिलाया और दो पुराने दोस्तों ने गर्मजोशी से एक दूसरे से विदा ली।

हमारी वह आखिरी मुलाकात थी। कहीं कुछ भी अपरिभाषित नहीं था। मैं हमदम होने की गलतफहमी कभी नहीं पालती–मगर दोस्त ज़रूर होती हूँ। और रहती हूँ।

**नए लेखन के प्रति हिंदी आलोचकों की उदासीनता को लेकर बहुत कुछ कहा, सुना और लिखा जाता रहा है। क्या सचमुच ऐसा है?**

निरंजन, शिकायत क्या है? क्या आलोचक की तेज़ निगाह अच्छी रचना तक पहुँचने में बहुत लंबा वक़्त लगाती है। क्या अच्छी रचना को सिर्फ इसलिए अनदेखा किया जाता है कि वह आलोचकीय मापदंडों पर खरी नहीं उतरती! रचना को पढ़ने–परखने और उस पर कुछ लिखने का अधिकार आलोचक का है। लेखक उनके वक़्त के साथ जबरदस्ती नहीं कर सकते। प्रकाशित जिल्दों के ढेर में से वह क्या उठाते हैं यह उनकी निगाहबानी का मामला है। अंग्रेज़ी प्रकाशनों के रिव्यू और आलोचना आलेखों की श्रृंखला व्यापारिक पद्धति के अनुरूप सुव्यवस्थित हो चुकी है। हिंदी संसार को यह सुविधा मुहैया नहीं। हमें कुछ देर और इंतजार करना पड़ेगा।

फिर भी विश्वास के साथ कहा जा सकता है कि अच्छी रचना हिंदी आलोचना के बाहर पड़ी नहीं रहती। देर–सबेर उसे पहचान लेने की तौफीक और तालीम हिंदी आलोचना के पास ज़रूर है। निरंजन, आलोचक की महत्ता और उसके द्वारा कृति के पढ़ लिए ज़ाने की महत्त्वाकांक्षा से हम सभी नए पुराने लेखक परिचित हैं। लेकिन साहित्यिक–संहिता के अनुसार आप आलोचक समाज पर जोर–जबरदस्ती नहीं कर सकते। सिर्फ आपको इंतज़ार करना होता है। कभी कम कभी ज़्यादा।

धड़ाधड़ औसत दर के उपन्यास और कहानी–संग्रह प्रस्तुत कर हम चाहें कि आलोचक विशेषण के रूप में उसे मनचाहा विशिष्ट स्थान दें तो इसकी संभावना कम है। इस गलतफहमी और खुशफहमी से छुटकारा पाना ज़रूरी होगा। जो तत्त्व रचना में हैं नहीं उन्हें आलोचकगण कहाँ से ढूँढ लाएँगे। आलोचकीय विश्लेषण और सीमा–संधियों पर भी ग़ौर करना ज़रूरी होगा।

कुछ ढपोरशंखी आलोचक अपनी एकपक्षीय दृष्टि और तथाकथित 'वैचारिक दृष्टिकोण' से अनजाने में ही अपनी सीमाओं को स्थानीय मानदंडों से सजा–भिड़ा कर रचनाओं की अरख–परख करते हैं तो यह भूल जाते हैं कि हिंदी संसार अब इतना छोटा नहीं कि जिसे आप अपने ही भौगोलिक तराजू में तौलते रहें। ऐसी सँकरी दृष्टि का 'अनुमान' निःसंदेह आलोचना के विरुद्ध जाता है। खास तौर पर यह भंगिमा कि भाषा का मानक विन्यास उन्हीं के पास है।

जब हिंदी जैसी कोई भी विकासशील भाषा अपने विस्तार में प्रादेशिक और भौगोलिक सीमाओं का अतिक्रमण कर रही हो तो उसकी दिन-ब-दिन बढ़ती संपदा को रोकने के प्रयत्न उसके हक में नहीं।

निरंजन, आप 'ज़िंदगीनामा' की भाषा पर कुछ कहना चाह रहे थे कि हिंदी पाठक के लिए उसके पाठ में कुछ ऐसे शब्द और ध्वनियाँ हैं जो पठनीयता को लेकर परेशान करनेवाली हैं। कुछ भी कहने से पहले मैं दशकों पहले लिखा गया रेणु का उपन्यास 'मैला आँचल' का ज़िक्र करूँगी।

जब पहली बार पढ़ा तो कुछ ध्वनियों और शब्दों की गति से अनजान रही। दूसरी बार सस्वर पढ़ा तो शब्दों की लय को पकड़ पाई। जो 'मैला आँचल' को दुरूह समझकर नहीं पढ़ पाया वह कितने मूल्यवान पाठ से वंचित रहा होगा-कहने की ज़रूरत नहीं।

हाँ 'ज़िंदगीनामा' की ओर लौटती हूँ। एक विद्वान आलोचक ने उन शब्दों पर टिप्पणी की जो हिंदी पाठक को समझ नहीं आ सकती।

उनके ख़याल से पढ़ने में उसे कठिनाई होती है।

निरंजन, इन शब्दों पर ग़ौर करें-

शरद पुण्या की रात-पुण्या की जगह पूनम या पूर्णमासी होना चाहिए था।

मनुक्खों के साथ-मनुष्यों के साथ होना चाहिए था।

घोड़े पर की डाची पर-डाची शब्द से क्या सचमुच हम परिचित नहीं।

ऊपर थल्ले से-थल्ले-थल क्या इसे अशुद्ध समझा जाएगा।

शाहनी ने ठंडा हौका भरा-शाहनी ने आह भरी या निःश्वास लिया।

पौ फटने से पहले का सुच्चा अँधेरा-क्या सचमुच यह प्रयोग समझ के बाहर है।

पैड़ियों से नीचे उतर गई-क्या पैड़ियों से सीढ़ियों की ध्वनि नहीं आती।

शाहनी बूझ गई। शाहजी को माँ याद आई है।-'बूझ' शब्द तो अबूझ भी बूझ लेगा।

नवाब ने पैरीपौना बुला दिया।

क्या पैरीपौना की जगह चरण छुए जाएँगे।

कुछ नामों की ओर ग़ौर करें-लंडीकोतल-चाची उसकी पलटन लंडी कोतल में है।

होती मरदान-शहर का नाम हैं-कैसे अनुवाद होगा इसका।

जाफर, बोस्ताँ, हस्सा-गोमा-शम्सी सुल्तान माच्छी-संज्ञाएँ क्या स्वयं नहीं बतातीं कि यह लोगों के नाम हैं।

शब्दों की ध्वनियाँ भी उनके अर्थों की ओर संकेत करती हैं।

आलोचक की जानकारियाँ इतनी सीमित हों तो लेखक-पाठक दोनों सिर धुनेंगे! क्या कहेंगे इसे आप, क्षेत्रीय पूर्वग्रह?

पराहुनाचारी-इसे क्या ज़रूरी तौर पर अतिथि से ही समझा जा सकता है।

निक्के नथाने–वाक्य में बाल–गोपाल वहाँ कहाँ ठीक जँचता।

सयानफ–रिजक–शाहों के यहाँ से लडिक्की आई है।

लडिक्की, लाडो, लड़की का नाम है। क्या सिर्फ 'लाडली' समझ आएगा।

निरंजन, हमें अंग्रेज़ी जैसी घनत्वमयी भाषा से बहुत कुछ सीखना होगा। हमारे लिए भी अब वह विदेशी भाषा नहीं है। भारतीय भाषा परिवार की एक भाषा है।

अंग्रेज़ी में लिखने वाले भारतीय उपन्यासकार भारतीय जीवन के संस्कारी और सांस्कृतिक शब्दों के असंख्य मुखड़े अपने पाठ में गूँथ रहे हैं। ध्वनियों को अंकित कर रहे हैं। भारतीय जीवन के कोलाहल को मूल शब्दों से अंकित कर रहे हैं। क्या विश्व भर के अंग्रेज़ी पाठकों को उस पर नाक–मुँह सिकोड़ना चाहिए। कोई भी भाषा बोलियों और दूसरी भाषाओं के आदान–प्रदान से नुकीली बनती है।

'ज़िंदगीनामा' एक ऐसे कालखंड और भू–खंड का पाठ है जो विभाजन के फलस्वरूप पीछे छूट गए वतन की उसके शोर की कोलाहल की स्मृति मात्र है। कोई भी भाषा आपको भिन्न–भिन्न प्रदेशों में कितनी ही कर्कश क्यों न लगे उसके ऐतिहासिक और भौगोलिक संदर्भों को अहंकारी मुद्रा में नकारना अच्छी आलोचना का गुण नहीं।

आलोचक की जानकारियों पर लेखक भरोसा करते हैं।

लेखकों को मूढ़ और अनपढ़ समझना भी विद्वत्ता की संपन्नता की निशानी नहीं। लेखक किसी टैंडर के अंर्तगत ठेके पर नहीं लिख रहे।

शब्दों को लेकर इस तरह की भाषायी खीज को प्रकट करना स्थानीय गुण हो सकता है। मुख्यधारा जो हिंदी के सभी क्षेत्रों को समेटती है, उसे इतना संकुचित और सिकुड़ा हुआ मत समझिए।

**आप नई पीढ़ी के लेखकों को क्या संदेश देना चाहेंगी?**

निरंजन, किसी के लिए संदेश देने वाली दमक और समझ मैं अपनी रचनात्मक हैसियत में नहीं देखती। अपनी लेखकीय सीमाओं के साथ जो कुछ भी हूँ, आत्ममुग्ध नहीं हूँ। साहित्य का विशाल बौद्धिक परिवार विभिन्न कलात्मक दीर्घाओं में से अलग–अलग चेष्टाओं से प्रवाहित होता रहता है। लेखकों की पीढ़ियाँ बदलतीं हैं–पाठकों की भी। उनके साथ–साथ शिल्प और शैली के भी मुखड़े बदल जाते हैं फिर भी साहित्य अपनी बौद्धिक प्रखरता और प्रगाढ़ घनत्व में निरन्तर ऊर्जावान बना रहता है। ऐसे में अपने को विशेष समझना खामख़याली ही है। लेखक को अपने अहम को लेकर इतना समझना भी ज़रूरी है कि कोई भी प्रतिभा अपने में केंद्रित होकर सिकुड़ जाती है। अपने से हटकर दूसरों की रचनात्मक संपदा को खुले नज़रिए से न देख पाने, उसे ग्रहण न करने में स्वयं अपने से भी पिछड़ जाती है। आप सोचते हैं आप विशेष हैं और आपका लेखन विशिष्ट है।

इतने में कोई दूसरा प्रतिभावान आपसे बेहतर रचना प्रस्तुत करने में सफल हो जाता है। सच तो यह कि साहित्य ही वह विशाल परिवार है जहाँ अच्छा लिखकर कोई घमंड से सिर ऊँचा नहीं उठाता और कमतर लिखकर आँखें नहीं चुराता। प्रतिस्पर्धा के इस युग में यही एक ऐसी हकीकत है जो अपनी धुरी पर टिकी रहती है। लेखक के निकट रचना को पाठ में गूँथ लेना ही उसका पुरस्कार है। अनेकों रचनाएँ हैं जो किसी न किसी कारण से वजूद धारण नहीं करतीं। लिखीं नहीं जातीं। लेखक द्वारा लिखे जाने पर ही रचना सफल नहीं होती। प्रकाशन के साथ ही वह लेखक से अलग व्यक्तित्व ग्रहण करती है। इसी अस्तित्व में उसकी मुखामुखी बेशुमार वृत्तियों से मुकाबला करती है।

अपनी लेखकीय प्रतीति की बात करूँ तो पाठक की उपस्थिति ही मेरे पाठ को निगाह देती है। मेरे शब्दों के अर्थ को विस्तार देती है। इसे ही मैं रचना का विस्तार समझती हूँ। रचना लेखक के लिखे जाने भर से ही सफल होने का दावा नहीं कर सकती। नई पीढ़ी अपने-अपने समय को जीती है, जीएगी। आख्यान बुनेगी। समय के आर-पार देखेगी। लेखक की जिज्ञासा समय और संसार को समझने की समझ और जन्मजात प्रतिभा ही उसके लेखन की चतुराई या गहराई को तय करेगी।

रचनात्मक स्तर पर मैं लेखकीय चतुराई को गहराई से अलग करके देखती हूँ। बुद्धि और भावना का सम्मिश्रण ही एक अच्छे पाठ का ताना-बाना बुनने में सफल होता है। एक अच्छे हाथ में टैक्स्ट की अपनी स्थितियाँ, परिस्थितियाँ उभरतीं हैं। इसके साथ ही उसकी नैतिकता भी। अपने लेखक की बात कर रही हूँ कि मैं इसमें अपनी ओर से भरसक हस्तक्षेप नहीं करती। टैक्स्ट का आंतरिक स्वभाव समझने के लिए लेखक को अतिरिक्त सजग होना होता है। लेखक और पाठ के बीच की निकटता और दूरी दोनों का स्थापत्य और सक्रियता ही रचना की गुणा है।

निरंजन, यह मैं अपनी स्वभावगत वृत्तियों-गुंजल और सीमाओं और क्षमताओं को ध्यान में रखकर कह रही हूँ। किसी दूसरी सक्षम कलम के लिए यह ज़रूरी तौर पर कारगर नहीं भी हो सकता। लेखक के जाने-अनजाने ही उसकी खूबियाँ, खामियाँ पाठ में घुल जाती हैं। और यहीं महत्त्वपूर्ण हो उठती हैं आलोचक की जाँच पड़ताल और बौद्धिक सरगर्मियाँ जो लेखक को उसकी अगली कृति के लिए सावधान करती हैं।

# नई कहानी का नया पक्ष

बादलों के घेरे

नई कहानी आंदोलन का वक़्त जब इतिहास के पन्नों में दर्ज हो चुका है तो बेहतर तरीके से कहानी के नएपन को परखा जा सकता है कि उसके मूल्य लगभग एक से कथ्य और शैली को लेकर कहानी लिखने वाली 'त्रयी' में निहित थे या फिर कहीं उससे बाहर पुष्पित-पल्लवित हो रहे थे। हिंदी कहानी की विकासगाथा को कहानी के उस नएपन में परखना आवश्यक है, जिसमें वह अपने भाषागत ढाँचे के माध्यम से अपनी काया को कथ्य की नवीनता में प्रकट कर रही थी।

कृष्णा सोबती की 'बादलों के घेरे' और बाद की लंबी कहानियों में भाषागत प्रयोगों के माध्यम से नए भावबोध की विविधता को परखना रुचिकर होगा। सजग रचनाकार परिवेश के अनुरूप भाषागत मुहावरा गढ़ता है और जब वह परिवेश के अनुकूल भाषागत ढाँचा गढ़ने में सफल हो जाता है तो बेहतर रचना का निर्माण होता है। शर्त यह है कि वह ऊपरी बदलाव को नहीं, बल्कि बदले हुए परिवेश की बारीकियों को पकड़ ले। यह परिवर्तन मानवीय मूल्यों में, उसकी प्रवृत्तियों में और उनसे निर्मित सामाजिक संरचना में लक्षित होता है।

कृष्णा सोबती की 'बादलों के घेरे' की कुछ कहानियों और लंबी कहानी 'तिन पहाड़' में पाएँगे कि रूमानी परिवेश के चलते भाषा में भी प्रांजलता और भावुकता है। किंतु 'यारों के यार' की भाषा देखेंगे तो हैरत में पड़ जाएँगे कि किसी परिवेश को भाषा की जीवंतता में कैसे उभारा जा सकता है। 'मित्रो मरजानी' पढ़ेंगे तो पाएँगे कि 'पंजाबीपन की छौंक' से आगे बढ़ कर उसमें बहुत कुछ ऐसा है जिसे लेकर चर्चा की ज़रूरत है। हम ऐसी महत्त्वपूर्ण रचनाओं को सीमित संज्ञाओं में नहीं बाँध सकते, जिनकी भाषा तथा शिल्पगत विशेषता यथार्थ को और बेहतर तरीके से जानने का औजार रही हों।

यही कारण है कि कृष्णा सोबती की हर रचना नएपन के साथ सामने आती है। दोहराव इसलिए नहीं है, क्योंकि कथ्य, परिवेश तथा स्थितियाँ हर जगह भिन्न हैं।

कृष्णा सोबती की शुरुआती कहानियाँ 'बादलों के घेरे' नामक संग्रह में प्रकाशित हैं। स्त्री-पुरुष के भावनात्मक संबंधों पर आधारित ये कहानियाँ संवेदना के घनीभूत क्षणों की तीव्रता को व्यक्त करने वाली कहानियाँ हैं। इन कहानियों की सघन भाषा पाठक को उस परिवेश से बाँधती है।

कृष्णा सोबती के इस पहले कहानी संग्रह का अपना महत्त्व है। उनकी कथा-यात्रा के बीज इसी संग्रह में मौजूद हैं। विभाजन की गंध और विस्थापन की पीड़ा से उपजा द्वन्द्व भी इस संग्रह की कहानियों में देखा जा सकता है। 'सिक्का बदल गया' कहानी में ही कहीं न कहीं 'ज़िंदगीनामा' जैसे वृहद उपन्यास के बीज मौजूद हैं।

बीसवीं शताब्दी के पाँचवें दशक में कृष्णा सोबती अपने कथा-साहित्य के माध्यम से भारतीय सामाजिक परिदृश्य पर दस्तक देती हैं और कुछ मानवीय संवेदनाओं और घटनाओं को अपनी रचनाओं के माध्यम से अभिव्यक्ति प्रदान करती हैं। उनका

अनुभव क्षेत्र विस्तृत है और उसे व्यक्त करने वाली भाषा गहरे रचनात्मक अनुशासन की उपज। यह एक दीगर मामला है कि उन्होंने कुछ ऐसी समस्याओं को उठाया, जिन्हें या तो हिंदी कहानीकार उठाने से कतराते रहे या फिर वे समस्याएँ उनके अनुभव और संवेदना क्षेत्र से बाहर रहीं। कृष्णा सोबती में वह चैकन्नापन और सूक्ष्म दृष्टि है जो अंदर–बाहर की दुनिया पर पैनी नज़र रखती है। जहाँ तक स्त्री जीवन का सवाल है भारतीय परिवेश तथा संस्कारों से जूझती हुई उनकी कहानियाँ यहाँ के सामाजिक परिदृश्य में नारी की स्थिति पर तटस्थ रूप से विचार करती हैं। इन सबसे अलग सूक्ष्म मानसिक ग्रंथियों के कारण बनी मानसिकता का चित्रण कृष्णा सोबती की सामाजिक अनुभवों से उपजी दृष्टि को बहुकोणीय बनाता है। समाज को व्याख्यायित करते हुए उनकी रचनाओं में कालबोध मौजूद रहता है जो किसी भी रचना को लंबे समय तक प्रासंगिक बनाए रखने के लिए आवश्यक है। ऐसी रचनाओं में से वे रचनाएँ भी सामने आती हैं जिनकी प्रासंगिकता कालगत फासले को पाटते हुए लंबे समय तक बनी रहती है। कृष्णा सोबती की रचनाधर्मिता में कालबोध किस सीमा तक मौजूद है तथा कितना प्रासंगिक है यह उनके कथा–साहित्य को भारतीय समाज के परिप्रेक्ष्य मे जाँच कर ही जाना जा सकता है।

विश्वनाथ त्रिपाठी 'पूर्वग्रह' के अंक–38 में कृष्णा सोबती पर लिखते हुए कहते हैं, *''कालबोध जो कचोट उत्पन्न करता है, वैसी तड़प मानवीय चेतना को और कोई बोध उत्पन्न नहीं कर सकता।...सफल प्रबंधात्मक रचनाओं में गतिशीलता से कालबोध ज़रूर मौजूद होता है–कालबोध यानी कालगत फासले का बोध कालातीतता का बोध नहीं।''*

यही कचोट रचनाओं के स्थायित्व का पैमाना होती हैं। इसलिए रचना में निहित विषय–वस्तु के कालखंड से अधिक महत्त्वपूर्ण कालबोध हो जाता है। ऐसे में रचना का समाज से संबंध स्थापित करते हुए, उसकी गहराई को मापते हुए कथावस्तु की नवीनता या पुरातनता पर नहीं, बल्कि रचना के लेखनकाल की सामाजिक स्थितियों पर ध्यान देना चाहिए। कृष्णा सोबती की कुछ रचनाओं का समाज पंजाबी परिवेश से संबद्ध है किंतु उनकी चेतना प्रांतीय नहीं है। यह कहानियाँ परिवेश के फासले को लाँघती हुई मानवीय चेतना की कहानियाँ हैं। उन्हें पंजाबी परिवेश तक ही सीमित कर देना उचित नहीं। नंदकिशोर नवल भी 'पूर्वग्रह' के इसी अंक में लिखते हैं, *''कृष्णा सोबती हिंदी में अपने नए कथा–साहित्य में अपनी दो विशेषताओं के चलते प्रसिद्ध रही हैं–वर्जित प्रसंगों के साहसिकतापूर्ण वर्णन के लिए और फिर अपने पंजाबी लहजे के लिए।''*

हालाँकि वह 'ज़िंदगीनामा' को उनके कथा साहित्य का उत्कर्ष मानते हैं फिर भी यदि इससे पहले के कथा साहित्य को इन्हीं विशेषताओं के आधार पर आँका जाता तो यह नाम हिंदी साहित्य पटल पर इतना महत्त्वपूर्ण न होता, जितना कि आज

है। ज़रूरत हर रचना को गहराई से परखने तथा उसमें मौजूद चेतना को समझने की है। यदि रचनाकार ने ऐसे प्रसंगों को साहित्य का माध्यम बनाया है तो उनकी रचनात्मकता की जाँच आवश्यक है। यह जानना ज़रूरी है कि वर्जित प्रसंगों का चित्रण करके मात्र सनसनी फैलाना लेखक का उद्देश्य रहा है या फिर सामाजिक दबावों और तनाव की अभिव्यक्ति करना लेखक की प्राथमिकता है। पंजाबी परिवेश तथा पंजाबी लहजे का होना अभिव्यक्ति के माध्यम का चुनाव है। यह चुनाव लेखक का होता है, किंतु इस लहजे से व्यक्त होने वाली चेतना पंजाबी समाज तक ही सीमित नहीं है यह अधिक महत्त्वपूर्ण है। सोबती के कथा-साहित्य को पूर्वग्रहमुक्त होकर जाँचने की आवश्यकता है। पंजाबी परिवेश तथा समाज के विश्लेषण में व्यापक मानवीय चेतना भी निहित है। इन सबमें निहित सामाजिक तत्त्वों की पड़ताल ज़रूरी है, जो किसी न किसी धरातल पर लेखक के दृष्टिकोण को स्थापित करते हैं। उनकी कहानियों पर बात करते हुए 'बादलों के घेरे' की कहानियों तथा बाद की लंबी कहानियों को दो भागों में बाँटा जा सकता है।

'बादलों के घेरे' की कहानियों का रचनाकाल 'नफिसा' (जनवरी 1944) से आरंभ होकर 'बादलों के घेरे' (जनवरी 1955) में आकर थमता है, इसके बाद की भी एक कहानी-'दो राहें, दो बाँहें' (1959) इस संग्रह में है। यह लेखिका के शुरुआती दौर की कहानियाँ हैं, जो पात्रों के आंतरिक द्वंद्व की पेचीदगियों से जूझती हैं तथा विभिन्न सामाजिक समस्याओं से भी जूझती हैं। कुछ कहानियाँ रचनात्मकता के स्तर पर अपने समय के सामाजिक सत्यों से टकराती हैं।

'बादलों के घेरे' संग्रह के बाद की कहानियाँ, लंबी कहानियाँ हैं। कहीं-कहीं तो औपन्यासिक तत्त्वों को अपने में समेटे हुए, 'डार से बिछुड़ी' (1958), 'मित्रो मरजानी' (1966), 'यारों के यार', 'तिन पहाड़' (1968) तथा 'ऐ लड़की' (1991) इसी तरह की कहानियाँ हैं। इन लंबी कहानियों की प्रासंगिकता की जाँच करने से पहले 'बादलों के घेरे' की कहानियों पर चर्चा करनी होगी जो लेखिका के शुरुआती दौर की कहानियाँ हैं।

इस संग्रह की चौबीस कहानियाँ 1944 से 1959 के बीच लिखी गईं। यह वह दौर था जब देश शताब्दी के सर्वाधिक महत्त्वपूर्ण परिवर्तन से गुज़र रहा था। इसी दौर में देश स्वतंत्रता प्राप्ति के पहले की तथा स्वतंत्रता प्राप्ति के बाद की व्यथा झेलता है। एक ओर देश परिवर्तन के दौर से गुज़र रहा था तो दूसरी ओर देश की जनता के विभिन्न वर्ग अलग-अलग प्रकार के अनुभवों और परिवर्तनों से गुज़र रहे थे। देश विभाजन ने गाँवों और शहरों को उजाड़ दिया था, परिचय अपरिचय में बदल गया था, संबंधों में दरारें पैदा हो गई थीं-भारतीय साहित्य पर भी इस परिवर्तन का प्रभाव पड़ा। किसी भी रचनाकार पर उसके परिवेश, परंपरा और संस्कृति का प्रभाव पड़ता ही है, कृष्णा सोबती पर भी अविभाजित पंजाब के परिवेश का प्रभाव है, साथ ही शिमला तथा उत्तर प्रदेश के पहाड़ी इलाकों से लेकर संस्कृति की भिन्नता

में समग्रता को व्यक्त करती देश की राजधानी दिल्ली का भी प्रभाव है। इतने सारे सामाजिक अनुभवों के साथ ही परिवार के संस्कारों का प्रभाव भी उनके लेखन में है। हर लेखक के लेखन में होता है। कृष्णा सोबती की कहानियों का विश्लेषण करते हुए इस प्रक्रिया से भी गुज़रा जा सकता है। साहित्य अकादमी तथा इंडिया इंटरनेशनल द्वारा कृष्णा सोबती के 1992 में प्रकाशित परिचय में यह जान लेना ज़रूरी होगा कि *'ज़मीनदार अफ़सर परिवार में जन्म, शिमला, लाहौर और दिल्ली में शिक्षा, भारत के विभाजन के बाद सिरोही (आबू) के महाराज तेजसिंह के लिए गवर्नेस के रूप में दो वर्ष काटे, दिल्ली में कई जगह अध्यापन और दिल्ली प्रशासन प्रौढ़ शिक्षा कार्यक्रम के संपादक के रूप में 1980 तक कार्य और तब से स्वतंत्र पूर्णकालिक लेखन संक्षेप में कृष्णा सोबती की जीवनी रही है।'*

इस तरह देखें तो ज़िंदगी के अनुभव कम नहीं हैं, किंतु इस तरह के आँकड़े जुटा कर किसी लेखक के संदर्भ में उनकी व्याख्या करना एक तरह का सरलीकरण है। जब लेखक किसी महत्त्वपूर्ण रचना का सृजन करता है तो इस तरह के संदर्भ प्रभावी साबित नहीं होते। ऐसे बिंदु पर पहुँच कर लेखक निर्विकार ढंग से तटस्थ रहकर समाज की बाहरी तथा अंदरूनी धड़कनों को अपनी रचनाओं के माध्यम से पकड़ता है। बहरहाल 'बादलों के घेरे' की आरंभिक कहानियाँ कथाकार के रूप में सोबती के विकास क्रम को ध्यान में रख कर भी पढ़ी जानी ज़रूरी हैं।

देश की स्वाधीनता और विभाजन ऐसी घटनाएँ थीं जिन्होंने कई अंतर्विरोधों को जन्म दिया। स्वाधीनता के लंबे संघर्ष और असंख्य देशभक्तों के बलिदान के फलस्वरूप विभाजन की त्रासदी भी देश को झेलनी पड़ी, जिसकी कड़वाहट वर्षों बाद भी बनी रही। विभाजन की प्रक्रिया में बहुत कुछ बदला। भौगोलिक स्थितियाँ बदलीं, सामाजिक संबंध बदले, मानसिकताएँ बदलीं। बदले हुए परिदृश्य में जो कुछ घटा वह अप्रत्याशित था। करीब से एक-दूसरे को समझने वाले दो समुदायों की मानसिकता बदले की भावना तथा अवसरवादिता से ग्रस्त हो गई। कुल मिलाकर सामाजिक विखंडन की सी स्थिति थी। 'बादलों के घेरे' कहानी संग्रह की 'सिक्का बदल गया', 'आज़ादी शम्मो जान की', 'डरो मत, मैं तुम्हारी रक्षा करूँगा', 'खम्माघणी अन्नदाता' तथा 'मेरी माँ कहाँ' जैसी कहानियाँ स्वाधीनता तथा विभाजन के द्वैत से उत्पन्न सामाजिक अंतर्विरोधों के परिणाम स्वरूप सामने आई हैं।

बदलाव के इस दौर में ज़मींदारों तथा सामन्तों की जड़ें भी अपनी ज़मीन से उखड़ गईं। उन्हीं के अपने लोग पराए हो गए। 'सिक्का बदल गया' राज बदल जाने पर लोगों की आस्थाओं में परिवर्तन आ जाने की कहानी है। देश के विभाजन से नई सीमाएँ खिंच गईं और सत्ता नए लोगों के हाथ आ गई। विभाजन के इस सैलाब में इंसानी रिश्ते चरमरा कर टूट गए। जिस शेरा को शाहनी ने बेटे-सा प्यार दिया था वही शाहनी के विरुद्ध रचे गए कुचक्र में शामिल हो गया। थानेदार दाऊद खाँ

और पूरा इलाका जो कभी शाहनी के हुक्म की तामील करता था वही बगावत पर उतारू हो गया। जिस इलाके में शाहनी रहती है वह शाहों के वर्चस्व वाला क्षेत्र रहा है किंतु देश के विभाजन से पैदा होने वाली स्थितियों के चलते मजबूत रिश्ते साम्प्रदायिकता की आग में कमजोर पड़ जाते हैं और शाहनी के अपने ही लोग उसके विरोध में षडयंत्र करते हैं। शाहनी को जी कड़ा करके सब कुछ छोड़ना पड़ता है। भावनात्मक राग-संबंध टूट जाते हैं, यथार्थ को पहचानते हुए मदद करने वाले लोग भी कुछ नहीं कर पाते।

जब समाज में अमानवीयता का ही बोलबाला हो तो मानवीय संवेदनाएँ भी उसी कोलाहल में घुट कर रह जाती हैं। शेरा भी आंतरिक द्वंद्व से गुज़र कर अवसरवादी ताकतों के साथ मिल जाता है। वह सोचता है-

> *'आखिर शाहनी ने क्या बिगाड़ा है हमारा। शाहजी की बातें शाहजी के साथ गईं, वह शाहनी को ज़रूर बचाएगा। लेकिन कल रात वाला मशवरा! वह कैसे मान गया था फिरोज़े की बात? सब कुछ ठीक हो जाएगा...सामान बाँट लिया जाएगा।'*

यह कहानी विभाजन के परिणामस्वरूप विभाजित हुए जनमानस की विभाजित मानसिकता को चित्रित करती है। देश विभाजन की पृष्ठभूमि में नाते-रिश्तों के एक-एक कर बदल जाने और झूठ पकड़े जाने की पीड़ा को प्रकट करने वाली संवेदनशील कहानी है। इसी बदली हुई संवेदना को कहानी में विश्वसनीय बना कर उतारना किसी रचनाकार को महत्त्वपूर्ण बनाता है।

'डरो मत, मैं तुम्हारी रक्षा करूँगा' विभाजन की वीभत्सता और अमानवीयता के बीच भी मानवीय स्वर को ध्वनि देती है, किंतु अमानवीयता का तांडव इतना विध्वंसक है कि रक्षा करने वाली बाँहें रक्षा नहीं कर पातीं, बल्कि काट दी जाती हैं। 'मेरी माँ कहाँ...' भी इसी संवेदना से उपजी कहानी है। विभाजन के परिणामस्वरूप दंगों की नृशंसता के बीच यूनस खाँ छोटी हिंदू लड़की की मासूमियत से प्रभावित होता है, उसकी आँखों में उसे अपनी बच्ची नूरन का चेहरा नज़र आता है तथा वह उस बच्ची के प्रति मानवीय हो जाता है। लेकिन एक छोटी-सी बच्ची के अंतर्मन पर भी धर्मांधता का आतंक इस कदर है कि वह यूनस खाँ की हमदर्दी स्वीकार नहीं करती बल्कि उसे-'तुम मुसलमान हो-तुम...' कह कर धिक्कारती है।

स्वाधीनता प्राप्ति के पश्चात् राजसत्ता, जनसत्ता में बदल गई थी। सरदार पटेल के प्रयत्नों के फलस्वरूप देसी रियासतों को प्रजातांत्रिक भारत में मिला लिया गया, यह सामाजिक परिदृश्य का एक पक्ष था। एक दूसरा पक्ष उस राजसत्ता को त्याग देने की पीड़ा, विवशता तथा त्याग से भी जुड़ा हुआ था। 'खम्माघणी अन्नदाता' इसी पक्ष की विडंबना से जुड़ी कहानी है। महाराज के सामने दूसरा कोई रास्ता भी नहीं, अपनी ही प्रजा के सामने उन्हें अपना देवत्व त्याग देना पड़ता है। यह प्रजातंत्र का शुभारंभ था।

वैसे तो देश-विभाजन की घटना भारत के इतिहास में बहुत बड़ी घटना थी किंतु कृष्णा सोबती के कथा साहित्य में भारतीय समाज का यह त्रासद पहलू बहुत उभर कर सामने नहीं आ सका। इन्हीं छोटी-छोटी कहानियों के माध्यम से रचनाकार अपनी बात कर पाया है। लगता यह है कि स्वाधीनता और विभाजन के द्वैत से उत्पन्न यह सामाजिक उथल-पुथल का दौर इतना जटिल और पेचीदा था कि रचनाकार संवेदनाओं को पूर्वग्रह मुक्त होकर संप्रेषित कर सकने की स्थिति में नहीं था। यशपाल के 'झूठा सच' (1958 तथा 1960) तथा भीष्म साहनी का 'तमस' (1973) में प्रकाशित हुआ। उसमें भी 'झूठा सच' की उत्कृष्टता पर विवाद है। कृष्णा सोबती ने इसी घटना पर आधारित 'चन्ना' नामक उपन्यास रचनाकार के तौर पर उसके स्वरूप से असंतुष्ट होकर रोक दिया था। 'ज़िंदगीनामा' के रूप में उस दौर का भारतीय सामाजिक परिदृश्य का व्यापक चित्र खींचा गया है जिसका पहला भाग शताब्दी के पहले दो दशकों तक ही सीमित है। वह अविभाजित भारत की खेतिहर जनसंख्या की मानसिकता में धीमे-धीमे आने वाले बदलाव के कारणों की पड़ताल करता है जो आगे चल कर विभाजन जैसी बड़ी घटना को जन्म देने और स्वीकार कर सकने का कारण बने। इस बात का ज़िक्र शुरू में किया जा चुका है कि इस वृहद उपन्यास के बीज भी 'सिक्का बदल गया' कहानी में से निकल कर सामने आते हैं।

'बादलों के घेरे' संग्रह की कुछ कहानियों में समाज में व्याप्त कुरीतियों तथा विसंगतियों की झलक भी मिलती है। मानसिक रूप से विकलाँग लोगों की मन:स्थिति को, उनकी विवशता को समाज के लोग समझना नहीं चाहते। उनकी बावली हरकतों को समाज मनोरंजन का साधन मानता है। उन्हें सहानुभूति नहीं बल्कि व्यंग्य, उपहास और हिकारत की दृष्टि से देखा जाता है। समाज में व्याप्त इस कुरीति की विडंबना 'भोले बादशाह' नामक कहानी में लक्षित होती है। भोला का बड़ा भाई तथा भाभी भी उसके प्रति लापरवाह हैं किंतु माँ के लिए तो पिछड़ा हुआ बेटा ही अधिक प्यारा होता है। भोला की माँ अंतिम समय तक बेटे को लेकर व्यथित रहती है, किंतु उसे बचा नहीं पाती। समाज ऐसे भोलों को हिकारत की दृष्टि से देखता है। उनकी समस्या को, उनके दर्द को समझने की संवेदनशीलता उनमें नहीं।

'गुलाब जल गंडेरियाँ' तथा 'आज़ादी शम्मोजान की' अलग तरह से ढकी-छिपी सामाजिक कुरीतियों की विकराल विडंबना को प्रकट करती हैं। दोनों कहानियाँ वेश्यालयों की दीन-हीन स्थिति से जुड़ी हुई हैं। धन्नो गर्मी की तपती दोपहर में गन्ने के रस की कामना करती है पर उसके फूटे घड़े में पानी की एक बूँद तक नहीं। विवशता में रसीले जामुनों की कल्पना करते हुए वह प्राण त्याग देती है। ढलती उम्र की वेश्याओं की दीन-हीन स्थिति के प्रति वही समाज आँखें मूँद लेता है जो रात के अँधेरों में कोठों के उजाले पा लेना चाहता है। 'आज़ादी शम्मो जान की' कहानी वेश्याओं के जीवन की त्रासदी को भारत की स्वाधीनता के उल्लास तथा उमंग के

परिप्रेक्ष्य में और भी विडंबनापूर्ण बना देती है। कोठों में जीवन जीती हुई वेश्याओं के लिए स्वाधीनता के मायने कभी के समाप्त हो चुके थे तथा वे अपनी-अपनी आज़ादी बाँटती चली आ रही थीं। शम्मो जान की पीड़ा का भावबोध और भी गहरा एवं तीव्र है। वेश्यालयों में घृणित जीवन व्यतीत करने वाली वेश्याओं को समाज के दलाल बहला-फुसला कर ले आते हैं, उन्हें स्वतंत्र एवं अच्छा जीवन जीने के सपने दिखा कर, विवाह का झाँसा देकर वेश्यालयों में पहुँचा देते हैं। नारी इसी सभ्य कहलाने वाले समाज से उस घृणित समाज में पहुँचती है। शम्मोजान तथा अन्य वेश्याओं के लिए आज़ादी का अर्थ उसी दिन धुंधला होकर मिट गया था जब उन्हें आज़ादी के सपने दिखा कर ग़ुलामी की बेड़ियों में जकड़ दिया गया। इस प्रकार कृष्णा सोबती की कहानियों में सामाजिक विसंगतियों के जो रूप सामने आते हैं वह पाठक को गहराई तक संवेदित करने की क्षमता रखते हैं।

अधिकतर महिला लेखन नारी संसार के सत्य को मुखरता से सामने लाने का औजार रहा है किंतु कृष्णा सोबती के कथा साहित्य को हम अपवाद स्वरूप ले सकते हैं। इनका रचना संसार पुरुष और महिला लेखन की सीमाओं को तोड़ता हुआ आगे निकल जाता है। यहाँ रचना आगे निकल जाती है और महिला या पुरुष लेखन का मुहावरा पीछे छूट जाता है। फिर भी जिन रचनाओं में नारी संसार मुखर हुआ है उन्हें हम इस आधार पर परख सकते हैं। 'बादलों के घेरे' संग्रह में 'दादी अम्मा', 'बहनें', 'सिक्का बदल गया', 'आज़ादी शम्मोजान की', 'नफ़ीसा' आदि कहानियों में नारी संसार की भाषा का सर्जनात्मक प्रयोग हुआ है। 'दादी अम्मा' कहानी में सास-बहू के संवाद नारी जीवन के इस अनूठे संबंध का यथार्थ बयान करते हैं।

> *...राह में बेटे के कमरे का द्वार खुला देखा तो बोली, 'जिस बेटे को मैंने दूध पिलाकर पाला, आज उसे देखे मुझे महीनों बीत जाते हैं, उससे इतना नहीं हो पाता कि बूढ़ी अम्मा की सुधि ले।''*
>
> *...पति के लिए सास का यह उलाहना सुनकर रहा न गया। दूर से ही बोली-''अम्मा मेरी बात छोड़ो पराए घर की हूँ, पर जिस बेटे को घर भर से सबसे अधिक तुम्हारा ध्यान है, उसके लिए यह कहते तुम्हें झिझक नहीं आती? फिर कौन माँ है, जो बच्चों को पालती पोसती नहीं?''*

सोबती के यहाँ संवाद गूँजते हैं और परिवेश मुखर हो उठता है। ऐसे कई उदाहरण दिए जा सकते हैं, 'बहनें' कहानी की अंतिम पंक्तियाँ स्त्री संसार के कितने ही मार्मिक सत्यों का उद्‌घाटन करती हैं।

> *''वर्षों का लंबा बिछोह तीनों बहनों के सिर पर झूल रहा था। एक माँ की बेटियाँ, पर अब वे एक नहीं उनके घर एक नहीं, उनके प्यार के नाते एक नहीं। वे तो जैसे एक ही घर आँगन से उठकर अलग-अलग किनारे जा लगी हैं।''*

'तीन बहनें' कहानी में व्यक्त ब्याहता बहनों के जीवन का सच हर दौर की विवाहित बहनों का सच है। एक ही घर में पली-बढ़ी बहनों की ज़िंदगी विवाह के बाद अलग-अलग घरों की ज़िंदगी हो जाती है। ज़िंदगी की प्राथमिकताएँ बदल जाती हैं। पुश्तैनी संपत्ति का बँटवारा सामान्यत: उनके बीच नहीं आता इसीलिए सगे रिश्ते की डोर उन्हें भावनात्मक स्तर पर गहरे तक जोड़े रखती है,अन्यथा सोबती के साहित्य में लेन-देन की डोर से बंधे रिश्तों के खोखलेपन पर भी खुलकर बात हुई है।

'बादलों के घेरे' शीर्षक कहानी की नायिका मन्नो अपने असाध्य रोग के चलते अकेले रहने की पीड़ा भोगने के लिए विवश है। इस पीड़ा ने उसे एक ठंडी सहनशीलता दी है। कथा नायक का संवेदनशील स्वभाव उसे मन्नो तक तो पहुँचाता है, किंतु मन्नो उसे अपने एकाकीपन की निजी दुनिया में घुसने से रोकती है। स्वाभिमान सहानुभूति के आगे झुक नहीं पाता। स्त्री का यही रूप 'तिन पहाड़' में भी देखा जा सकता है। कुछ अन्य कहानियों की चर्चा भी इस संदर्भ में की जा सकती है, क्योंकि इन कहानियों की संवेदना का स्तर लगभग समान ही है। 'तिन पहाड़' की जया जीवन में अपमान तथा सहानुभूति के द्वैत में जीने की अपेक्षा जीवन से पलायन कर जाने का कठोर निर्णय लेती है। भागती, उलझन भरी ज़िंदगी में कुछ मधुर क्षण पकड़ लेने की आकांक्षा लिये इंसान भागता है, पर मुकाम पर पहुँचने से पहले ही गाड़ी छूट जाती है। असफल प्रेम या टूट चुके प्यार को न पकड़ पाने की व्यथा इन कहानियों का मूल स्वर है, जहाँ नारी अपने जीवन के निर्णय लेते हुए स्वाभिमान को डिगने नहीं देती। 'बदली बरस गई' की कल्याणी का अपनी माँ से विद्रोह करके आश्रम के जीवन से मुक्त होती है। यह कहानी जीवन के विपरीत ध्रुवों पर खड़ी नारी की अलग-अलग सामाजिक विवशताओं पर प्रकाश डालती है। 'अभी उसी दिन ही तो', 'दोहरी साँझ', 'पहाड़ों के साए तले', 'न गुल था न चमन था' तथा 'दो राहें दो बाँहें' इसी तरह की कहानियाँ हैं।

'बादलों के घेरे' में क्षय रोग से ग्रस्त मन्नो जीवन के एकाकीपन से जूझ रही है। रवि से उस भावनात्मक जुड़ाव के सूत्र टटोलता उसका मन भुवाली काटेज के चक्कर काटता है किंतु मन्नो का अपनी बीमारी की वजह से पैदा हुआ एकाकीपन और तटस्थ भाव उसे अपने करीब आने से रोकता है। ऊपरी तौर पर रोमांटिक दिखने वाली इस कहानी की मन्नो अपनी बीमारी तथा अकेलेपन के बावजूद अपनी भावनाओं को प्रकट नहीं करती, क्योंकि वह जानती है कि रवि का उसके प्रति आकर्षण संभवत: जीवन के यथार्थ से मेल नहीं रखता। अपनी इन स्थितियों में वह किसी की जीवन संगिनी नहीं बन सकती। उसकी यथार्थ जीवन दृष्टि तथा नियंत्रण रवि को आगे बढ़ने से रोकते हैं। रवि की बुआ अपने जीवन अनुभव के आधार पर रवि के असमंजस को समझ लेती है तथा बड़ी यथार्थपूर्ण राय देती है। '*रवि जिसे*

*तुम झेल नहीं सकते, उसके लिए हाथ न बढ़ाओ।'* रवि हाथ तो रोक लेता है किंतु मीरा से विवाह के दस वर्ष पश्चात भी उसे ढूँढ़ने पर वह नहीं मिलता जिसे उसने कभी मन्नो में पाया था। मन्नो का निर्णय जीवन के प्रति नकार नहीं बल्कि जीवन के प्रति यथार्थपूर्ण दृष्टि है। कोरी भावनाओं के ऊपर सोचने की ताकत उसे संभवतः जीवन के एकाकीपन तथा अपनों के अलगाव से ही मिलती है।

'कुछ नहीं–कोई नहीं' में प्रेम की प्राप्ति के लिए नैतिक मूल्यों को तोड़ते हुए शिवा अपने पति रूप को छोड़ कर आनंद के साथ रहने का निर्णय करती है। परिवार को छोड़ने का उसका यह निर्णय भावनाओं से प्रभावित है जब तक उसे इस बात का अहसास होता है रूप तथा परिवार बहुत दूर छूट चुके होते हैं। आनंद भी भावुकता में लिए गए निर्णय को वास्तविकता में नहीं बदल पाता। वह उसे कभी एक होटल में रखता है तो कभी दूसरे होटल में। उसके लिए अलग घर की भी व्यवस्था करता है जो घर न होकर शिवा के लिए होटल का ही कमरा है। आनंद की जीवन लीला समाप्त होने के पश्चात् वह उसके बच्चों द्वारा त्रस्त रहती है। एक पत्र के माध्यम से विकसित होने वाली इस कहानी में वह जीवन में लिए गए निर्णय का आकलन करते हुए कहती है–

> *''अब आनंद नहीं मैं ही रह गई हूँ। अब न कभी वो दो आँखें मेरी यह आँखें देखेंगी, और न कभी वे बाँहें इन बाँहों को छुएँगी, न कभी मीठी देह मुझ पर प्यार बरसाएगी जिसके लिए तन–मन का पानी उतार कर मैं एक दिन तुम्हारी गृहस्थी लाँघ आई थी।''*

सामाजिक स्वीकृति न मिल पाने के कारण वह शेष जीवन न तो पूरी तरह से आनंद की हो पाती है न ही रूप की। रूप केवल एक स्मृति बनकर रह जाता है। जीवन के जिस क्षण में पत्र लिख कर शिवा अपने जीवन का विश्लेषण करती है वह प्रेम के लिए घर की सीमाएँ, परिवार की मर्यादाएँ लाँघने से उत्पन्न परिस्थितियों का परिणाम है।

भावनात्मक प्रेम के प्रति जब तक शिवा का मोह भंग होता है तब तक बहुत देर हो चुकी होती है। इसके विपरीत 'बादलों के घेरे' की मन्नो का समय रहते लिया गया निर्णय उसे शेष जीवन के कटु अनुभवों से बचा लेता है। इस प्रकार से सोबती की कहानियों के पात्र जीवन की निर्णायक स्थितियों में दो तरह से निर्णय लेते हैं। एक भावनात्मक स्तर पर तथा दूसरे व्यावहारिक धरातल पर।

यह दूसरी तरह के नारी पात्र एक अलग तरह की भूमिका निभाते हैं। निर्णायक परिस्थितियों में यह पात्र भावनाओं पर नियंत्रण रखते हुए व्यावहारिक निर्णय लेते नज़र आते हैं। ऐसे क्षणों में जब लगता है कि बाजी हाथ से निकलने वाली है यह पात्र ज़िंदगी की घड़ी की सुई अपनी दिशा में घुमा लेते हैं। भावनात्मक वातावरण में जया का तटस्थ व्यवहार उसे बेशक अकेला छोड़ देता है, किंतु यही उसकी

नियति है। 'बदली बरस गई' की कल्याणी अपनी साध्वी माँ के जीवन के खोखलेपन को जानकर फिर से उसी घर में जाने का निर्णय लेती है जहाँ माँ, दादी, चाची आदि के उलाहने हैं और इन सबसे जूझते हुए भविष्य की संभावनाएँ भी हैं।

दूसरी ओर 'सिक्का बदल गया' की शाहनी का धैर्य, खानदानी मर्यादा एवं त्याग। 'जिगरा की बात' की अनारो की बेटे के प्रति ममता तथा कठिन समय में ही साहस से काम लेने का 'जिगरा' नारी को नया स्वरूप प्रदान करता है। भारतीय कथा साहित्य के इस दौर में इस तरह की नारी का चित्रण कम ही देखने को मिलता है। कृष्णा सोबती के यहाँ नारी समाज द्वारा बनाई गई सीमाएँ तोड़ती है। जिस समाज में नारी परिवार की आर्थिक गाड़ी समान रूप से खींचती है वहाँ स्वाभाविक रूप से उसके हिस्से में स्वतंत्रता आ ही जाती है। इसके विपरीत जहाँ नारी घर की चारदीवारी में कैद है वहाँ ग़ुलामी की बेड़ियाँ हैं। पूरी तरह पुरुष प्रधान समाज पर आश्रित नारी परिवार और परिवार के बाहर भी शोषित ही होती है। 'डार से बिछुड़ी' की नारी समाज के इसी पक्ष को अभिव्यक्त करती है। 'डार से बिछुड़ी' को छोड़कर अन्य कहानियों में नारी की मुखरता अधिक स्पष्ट होकर उभरी है।

कृष्णा सोबती की लंबी कहानियाँ 'मित्रो मरजानी' तथा 'ऐ लड़की' की चर्चा करें तो समाज में नारी की भूमिका के भिन्न पक्षों को सामने रखते हुए परिवार नामक संस्था का भी जबरदस्त समर्थन करती हैं। ऐसा लगता है कि 'मित्रो मरजानी' को देखने का नज़रिया उसकी दैहिक प्यास तथा मुखर स्वाभाव तक ही सिमट कर रह गया है। बहुत कम आलोचक इस कहानी के मर्म को पूरी तरह पकड़ पाए हैं।

'मित्रो मरजानी' केवल मित्रो की नहीं, बल्कि भरे-पूरे संयुक्त परिवार की कहानी है। परिवार में माँ-बाप के अतिरिक्त तीन बेटों तथा बहुओं के साथ यह कहानी तीन पीढ़ियों को जीवंत करती है। भूत, वर्तमान और भविष्य साकार हो उठते हैं। कहानी में संयुक्त परिवारों की खींचा-तान के बीच मित्रो उभर कर सामने आती है। वह समाज द्वारा बनाई गई सीमाओं को लाँघना चाहती है तथा स्वभाव में विद्रोही तेवर तथा दैहिक प्यास उसके वजूद को अलग बनाते हैं। बावजूद इसके कहानी के अंत में वह देह और परिवार में से परिवार को चुनती है।

'ऐ लड़की' का कथ्य भिन्न है किंतु यहाँ भी पुरुष प्रधान समाज में नारी अपनी स्थिति पर मानो विचार करती है। इस पीढ़ी और उस पीढ़ी में सोच के अंतर को स्पष्ट करती है। अम्मू परिवार में जिये जीवन का मानो आकलन करती है—क्या खोया और क्या पाया तथा लड़की अम्मू की अपूर्ण इच्छाओं की पूर्ति के प्रतिबिम्ब के रूप में स्वतंत्र जीवन को चुनती है। फिर भी कहानी परिवार की सत्ता का समर्थन करती है तथा उसी में नारी की बराबर की जिम्मेदारी की माँग का समर्थन करती है। लड़की के पास तर्क नहीं है केवल मौन प्रतिरोध है। इसके बावजूद अम्मू अपनी ज़िंदगी को दोहराते हुए उन अनुभवों से न गुज़र पाने के लिए अफसोस प्रकट करती

है, जिनके बारे में वह मात्र सोच कर रह गई। परिवार में होने के कारण उसे त्याग करना पड़ा। कुल मिलाकर यहाँ भी भारतीय समाज में नारी की सोच का स्वतंत्र पक्ष प्रतिबिम्बित होता है।

'बादलों के घेरे' से लेकर 'आज़ादी शम्मोजान की', 'गुलाब जल गंडेरियाँ', 'सिक्का बदल गया', 'भोले बादशाह', 'टीलो ही टीलो', 'लामा' तथा 'खम्माघणी अन्नदाता' अलग-अलग भावबोध की कहानियाँ हैं और बाद की लंबी कहानियों में सोबती अपनी सीमाओं का विस्तार करती हैं। अपनी ही सीमाओं को तोड़ कर उन्हें विस्तृत करने की प्रक्रिया को कृष्णा सोबती की कहानियों में लक्षित किया जा सकता है। यही नई कहानी का नया पक्ष है जो कृष्णा सोबती की कहानियों को आज भी प्रासंगिक बनाए हुए है, जिसका उत्तरोत्तर विकास उनकी लंबी कहानियों में नज़र आता है।

# स्त्री व्यथा की लंबी कहानी

## डार से बिछुड़ी

पितृसत्तात्मक समाज में नारी जीवन की विडंबना को उद्घाटित करती सोबती की लंबी कहानी 'डार से बिछुड़ी' भी अपनी भाषायी बनावट में उनकी अन्य कृतियों की तरह ही विशिष्ट है। तद्युगीन समाज की यह कहानी एक विशेष कालखंड में सामाजिक कुरीतियों को अलग ढंग से देखती है। इस कहानी की प्रासंगिकता स्त्री स्वतंत्रता के संदर्भ में आज भी असंदिग्ध है। आज कानून बेशक स्त्री को पुरुष के बराबर अधिकार देता है, पर पितृसत्तात्मक व्यवस्था में स्त्री के विरुद्ध जारी होने वाले फतवे इस कहानी को दोहराते जा रहे हैं। आज भी ऐसे समाज में लड़कियों को लक्ष्मण रेखा पार न करने की नसीहतें दी जाती हैं और स्त्री के प्रति अमानुषिकता उनमें असुरक्षा की भावना को आज भी बढ़ाती हैं।

'डार से बिछुड़ी' में पाशो पुरुष प्रधान समाज में जीवन जीने की न्यूनतम शर्तें तलाशती हुई और अधिक परतंत्र होती जाती है। एक से दूसरी जगह होते हुए अंत में जब ठौर पाती है तब तक उसके तन-मन का बार-बार शोषण हो चुका होता है। पुरुष प्रधान समाज की बनाई रीतियों में बँधी पाशो कहीं तो भाई की खैर मनाती हैं, कहीं दीवान जी की। सामाजिक और आर्थिक परतंत्रता उसे पुरुष प्रधान समाज में शोषण और असुरक्षा के भाव से भर देती है।

कहानी की पाशो उस परिवेश की लड़की है जहाँ– *'एक बार का थिरका पाँव ज़िंदगी धूल में मिला देगा।'* जैसी उक्ति कहानी के सामाजिक परिवेश तथा उस परिवेश में नारी की सोच और संस्कारों को व्यक्त करती है। इस पंक्ति में ही उपन्यास का सार निहित है। यह उस परिवेश की कहानी है, जहाँ नारी को जीव नहीं वस्तु समझा जाता है। सारी व्यथा झेलने के बाद भी वह *'जियें! जागें! सब जियें जागें!'* की ही कामना करती है। ननिहाल में रहना उसकी मजबूरी है, क्योंकि उसकी माँ कभी पति को छोड़ शेख़ों के घर जा बैठी थी और पाशो नानी के आसरे जीने को मजबूर थी। घर में वह मामा-मामियों की लाँछना का शिकार होती है। उसके चरित्र पर शक किया जाता है और उसे मेले में ठिकाने लगा देने की योजना बनती है। रातोंरात पाशो भाग कर शेख़ों की हवेली जा पहुँचती है, अपनी माँ के पास। वहाँ अपने को सुरक्षित जानकर माँ से अपना दुख बाँटती है। लेकिन पुरुष प्रधान समाज में दोष तो सारा स्त्री का हुआ। इस व्यवस्था ने स्त्री की सोच को ऐसे ढाल दिया है कि अब स्त्री ही उसकी प्रवक्ता है, उसी के विचारों की वाहक है। पाशो की माँ तब भी अपने भाइयों की तरफदारी करती है जब उसे यह मालूम हो चुका होता है कि वही भाई उसकी बेटी को जान से मार देने की योजना बना चुके थे। यह सदियों से निर्मित की गई स्त्री की उस सोच का प्रमाण है, जो पुरुषवादी खाँचे में बैठाई गई स्त्री की मूर्ति को ही अपना सच मानती है।

> *'बिटिया तेरा दोष नहीं, मैं ही इस सब की भागीदार हूँ। मेरे वीर तो सच्चे हैं। मुझ सी अभागी बहन जिनकी लशकती पगड़ियों का खरा पानी उतार फेंके, उसकी जायी उन्हें कैसे सुहाएगी?'*

बहरहाल पाशो के शेख़ों के घर होने की भनक उसके ननिहाल वालों को लग चुकी है और कभी भी इस मुद्दे को लेकर पाशो की जान खतरे में पड़ने की आशंका के चलते उसे शेख़ों की हवेली से निकाल दीवानों की हवेली भेज दिया जाता है। दीवान जी उम्र में बड़े होने के बावजूद भले आदमी निकलते हैं। यहाँ पाशो को नया नाम दिया जाता है–मालन। भाग्य की विडंबना, दीवान जी से बेटा पैदा होने के कुछ दिन बाद ही उनकी मृत्यु हो जाती है। इधर घर का पुरुष गया और उधर दूसरा पुरुष बरकत दीवान अपनी माँ के साथ पाशो और उसके घर पर कब्जा जमा लेता है। स्त्री की स्थिति पुरुष के लिए सामान्यत: उपभोग की वस्तु से अधिक नहीं जान पड़ती। जब बरकत को छिपाया गया गहना–जेवर नहीं मिलता तो वह पाशो को धोखे से आगे बेच देता है। एक बूढ़े और उसके तीन जवान बेटों की सेवा करते पाशो अपने भाग्य को कोसती रहती है। घर का मँझला बेटा एक दिन उसे ले उड़ता है। इधर अंग्रेज़ों का प्रवेश भारत में हो चुका है और सिक्खों के साथ जंग छिड़ चुकी है। मँझला एक दिन जंग में मारा जाता है, इलाके के बाकी जवान भी।

*'माँओं के लाल चले गए। बहनों के वीर गए। सुहागिनों के सिर की सरदारियाँ गईं और गया राज वालों का राज–पाट। पिछले पक्ख तो घर–घर जवनियाँ सोभती थीं, आज सब कुछ गँवा लुटा माँओं की झोलियाँ खाली हो गईं। न बाँहें रहीं, न बाँहों की छनकार!'*

युद्ध में हार लड़ाकों के लिए तो एक ही बार मौत लाती है, पर स्त्री को कई–कई बार इस मौत से जीते जी गुज़रना पड़ता है। एक बार फिर किस्मत पलटा खाती है और अंग्रेज़ो की कचहरी से पाशो को बचा लिया जाता है। वह पुन: शेख़ों के घर अपनी माँ के पास पहुँच जाती है।

यदि कालखंड की दृष्टि से देखा जाए तो यह सिक्खों से अंग्रेज़ों का टकराव शुरू होने के दौर की कहानी है। युद्धों या दंगों की विभीषिका स्त्री के शोषण की नई दास्तान गढ़ती है, इस मुद्दे को सोबती ने अपने साहित्य में अलग तरीके से उठाया है। कई जगह मानवीय पक्ष भी उजागर होता है, पर स्थितियाँ अधिकांशत: स्त्री के पक्ष में नहीं होतीं। बड़ा मुद्दा जो इस कहानी में उठाया गया है वह जातिगत कुलीनता का है, जो स्त्री के लिए आज भी कमोबेश वैसा ही है। पाशो के सगे मामा ही उसकी जान के दुश्मन बन बैठते हैं। कारण दो हैं। एक तो यह कि पाशो की माँ ने शेख़ों की हवेली बैठ खानदान की नाक कटवा दी थी और दूसरे पाशो के करीम से मिलने की खबर उनका पारा सातवें आसमान पर चढ़ा देती है। वह बार–बार करीम से कोई संबंध होने से इनकार करती है, पर उसके मामा उसकी एक नहीं सुनते।

*'नहीं की बच्ची! तेरा दिया चमकी का रुमाल सर्राफे भर में दिखाता फिरता है। मौत आए तुझे, कहता है माँ शेख़ों के घर जा बैठी, अब लड़की इस दिल में रहेगी।'*

*दाँत तले ओढ़नी दबा बार-बार सिर हिलाती चली-*

*'नहीं, नहीं...!'*

*मामू को मेरी आवाज़ में, मेरे चेहरे पर, कहीं भी सच नहीं दिखा। गुस्से में काँप कर नानी को आवाज़ दी और भंभीरी सी मेरी चुटिया घुमा कर पसार की दहलीज पर जा मारा।*

जो ननिहाली शेख़ों की ईंट से ईंट बजा देने को उतारू थे, यह जानकर निहाल हो जाते हैं कि पाशो दीवान जी के यहाँ ब्याही गई। कुल की इज्जत का सवाल समाज में पुरुष के पुरुषत्व से जुड़ा है। कुल मर्यादा का यह प्रश्न उसके किसी बूढ़े से ब्याह दिए जाने से ज़्यादा महत्त्वपूर्ण है।

*'शेख़ जी हम अभागों की पत जो एक दिन में उतर गई थी, यह आपने लौटा दी शुक्र है, मालिक का...लड़की हमारी कुलीन घर जा बैठी!'*

यह तो कथा का संक्षेप है किंतु इस कथा को कहने वाली भाषा की विशेषता है कि पाठक को अपने प्रवाह के साथ बहा कर ले जाती है। ऐतिहासिक कालखंड को ज़िंदा करने वाली भाषा और घटनाएँ कहानी को प्रामाणिक बनाती हैं। कुल मिला कर कहानी स्त्री की पराधीनता की युगों से चली आ रही गाथा को व्यक्त करती है।

कहानी की योजना सात छोटे-छोटे खंडों में विभाजित है और राजकमल पेपरबैक से प्रकाशित इस किताब में 106 पृष्ठ हैं। अब सवाल यह पैदा होता है कि इस रचना को कहानी कहा जाए या उपन्यास। लंबी कहानी कहा जाए या लघु उपन्यास। इस दृष्टि से देखें तो सोबती की 'यारों के यार', 'तिन पहाड़', 'मित्रो मरजानी' और 'ऐ लड़की' जैसी कहानियों के साथ भी यह प्रश्न जुड़ता है। और बहुत से ऐसे रचनाकारों के साथ भी जिनकी कहानियाँ कालांतर में स्वतंत्र पुस्तक के रूप में प्रकाशित हुईं। 'ऐ लड़की' के बलर्ब पर लिखा है 'यह एक लंबी कहानी है।' पाठक के लिए विधा के रूप में शंका ख़त्म हो जाती है। लेकिन स्पष्ट संकेत नहीं होने से शंका मौजूद रहती है। प्रकाशक द्वारा किताबों में प्रकाशित सूची इन लंबी कहानियों को उपन्यास की श्रेणी में रखती है और कहानी संग्रह के तौर पर केवल 'बादलों के घेरे' का ज़िक्र करती है। इस तरह नए पाठक के लिए यह कहानियाँ प्रकाशक की ओर से सूचना के रूप में उपन्यास हैं। यहाँ संशय उत्पन्न होगा ही।

इस दृष्टि से आलोचना के लिए यदि कहानी का यह विस्तृत रूप है, तो उपन्यास का लघु रूप भी है। लेकिन यदि लेखक ने कहानी के रूप में लिखा और पत्रिका ने भी कहानी के रूप में प्रकाशित किया, तो ऐसी कहानी को लंबी कहानी ही माना जाना चाहिए। अपनी लोकप्रियता के चलते ऐसी कहानियों ने पुस्तक का आकार ग्रहण किया और लोकप्रिय भी हुईं। उपन्यास के तौर पर इन कहानियों के

प्रकाशन की परंपरा सी चल पड़ी है। यह संभवत: उपन्यास विधा की लोकप्रियता और स्वीकार्यता का भी परिचायक है और प्रकाशक के नफे-नुकसान का भी।

बदलते समय के अनुसार किसी भी साहित्यिक विधा में कथ्य तथा रूप में परिवर्तन आना स्वाभाविक है। यह परिवर्तन संभावनाशील कहानीकार अपने-अपने समय में लाते रहे हैं। चंद्रधर शर्मा गुलेरी की कहानी 'उसने कहा था' ने कहानी को नया रूप दिया। जयशंकर प्रसाद की 'आकाश दीप', फणीश्वर नाथ रेणु की 'तीसरी कसम', निर्मल वर्मा की 'परिंदे' और कृष्णा सोबती सहित बहुत से लेखकों के उदाहरण दिए जा सकते हैं, जिन्होंने लंबी कहानियाँ लिखीं। वर्तमान दौर में लंबी कहानी लिखने का चलन बढ़ा है और एक विधा के रूप में लंबी कहानी ने अपनी सार्थकता स्वयं सिद्ध की है।

जब-जब कहानी में बदले हुए यथार्थ को पकड़ने के लिए कहानी ने नया रूपबंध विकसित किया कहानी नई हुई और कहानी की सार्थकता बढ़ी। यही बात कृष्णा सोबती की कहानियों को भी सार्थक बनाती है। 'डार से बिछुड़ी' तथा 'मित्रो मरजानी' के अतिरिक्त 'यारों के यार', 'तिन पहाड़' और 'ऐ लड़की' तक देखें तो हम पाते हैं कि बादलों के घेरे के दौर की कहानियों के बाद कृष्णा सोबती ने लंबी कहानियाँ ही लिखीं और हर बार यथार्थ को नए रूप में प्रस्तुत किया। यदि हम 'डार से बिछुड़ी' से होते हुए 'ऐ लड़की' तक आएँ तो पाएँगे लंबी कहानी लिखते हुए कृष्णा सोबती अपनी कहानियों को संवादों के माध्यम से आकार देती हैं और कई जगह एक कहानी से अन्य कथा प्रसंग भी बाहर आते हैं। संवादों की इस ताकत का विस्तार 'ऐ लड़की' में देखा जा सकता है।

हिंदी में लंबी कहानी को अब कहानी की अलग धारा के रूप में देखा जा रहा है। इन कहानियों की सार्थकता को अलग से प्रमाणित किए जाने के पर्याप्त कारण भी मौजूद हैं। लंबी कहानी की कुछ अपनी अलग विशेषताएँ हैं, जो कहीं तो कहानी के तत्त्वों का विस्तार है और कहीं औपन्यासिक तत्त्वों को भी यह कहानियाँ अपनी काया में समेटती हैं। कई बार पाठक को लगता है कि इन कहानियों में अच्छा-खासा उपन्यास बन सकने की संभावना मौजूद थी। इन दिनों तो कहानी की हर पत्रिका में लंबी कहानी देखने को मिल जाती है और लंबी कहानी शीर्षक के अंतर्गत प्रकाशित होती हैं। कृष्णा सोबती की 'डार से बिछुड़ी' 1958 में 'निकष' में प्रकाशित हुई थी तथा 'मित्रो मरजानी' 1967 में, कालांतर में यह कहानियाँ राजकमल प्रकाशन से स्वतंत्र पुस्तकों के रूप में प्रकाशित हुईं।

सवाल यह पैदा होता है कि कहानी अपने लिखे जाने के क्रम में कहीं-कहीं लंबी क्यों हो जाती है? कुछ कहानीकार अधिकतर लंबी कहानी क्यों लिखते हैं? यदि कहानीकार कहानी में एकाधिक घटनाक्रमों को प्रस्तुत करना चाहता है तो लघु उपन्यास क्यों नहीं कह देते? इन प्रश्नों के उत्तर हमें लंबी कहानियों की रचना

प्रक्रिया को समझने के दौरान ही मिल पाएँगे। लंबी कहानी लिखने वाले लेखक की उपन्यास लिखने की क्षमता पर कोई प्रश्न चिन्ह नहीं है। लेकिन लेखक जिस कथ्य को कहानी के रूप में ढालना चाहता है उससे उपन्यास का ढाँचा भिन्न है। वहाँ बहुत सारी घटनाएँ और सूत्र एक दूसरे से जुड़ते हैं, हर घटना अपना विस्तार ग्रहण करती है। उपन्यास लिखते हुए लेखक उपन्यास के ही ढाँचे की कल्पना करता है और उसे गढ़ता है। लंबी कहानी के ढाँचे में भी वह क्षमता है कि मुख्य घटना के साथ अन्य घटनाएँ जुड़ सकें पर उनमें उपन्यास की तरह का विस्तार संभव नहीं है। इस प्रक्रिया में कहानी लंबी हो जाती है और रचनाकार कहानी के इस ढाँचे को अधिक उपयुक्त पाता है। वहाँ उपन्यास लिखने की बाध्यता नहीं है। बहुत सारे कथा सूत्रों को विस्तार देने की आवश्यकता नहीं है। लंबी कहानी के माध्यम से कथाकार एक ही कथा सूत्र को साध कर अपनी बात विस्तार से कह पाता है। वह कहानी को जबरन लंबा नहीं खींचता, वह तो कहानी के ढाँचे में मौजूद उस संभावना को उपयुक्त पाता है जहाँ वह उपन्यास लिखने की बाध्यता के बिना विस्तार में जा सके। इसलिए ऐसी कहानियों के लिए लघु उपन्यास या उपन्यासिका जैसी किसी नई संज्ञा की आवश्यकता भी नहीं है। हर विधा अपने विकास के बाद ठहराव के दौर से गुज़रती है और नया रास्ता तलाश करती है। आज कहानी तथा उपन्यास विधा में नए-नए प्रयोग हो रहे हैं, इस नएपन में जो रचना सार्थक होगी वह आगे के सफर का मार्ग प्रशस्त करेगी।

# मानवीय संवेदनाओं की टकराहट

तिन पहाड़

जया का श्री की माँ का घर छोड़ दार्जिलिंग में एकाकी समय को जीना और इस बीच तपन से मिलने का संयोग उसे कुछ समय के लिए गहरे अवसाद से उबार लेते हैं। उसका अकेले में बार-बार रोना और अपने दुख को किसी के साथ न बाँटना उसकी मानसिक स्थिति का परिचय देता है, जिसमें कुछ भी अप्रत्याशित घटित हो सकता है। लेकिन तपन का साथ उसे इस स्थिति से उबार लेता है। तब तक, जब तक कि अचानक श्री से एडना के पिता के घर पर सामना नहीं हो जाता। श्री के बीच में आ जाने से उसका अंतर्द्वंद्व गहरा जाता है और वह कहानी के अंत में आत्महत्या कर लेती है। उसकी आत्महत्या कोई आकस्मिक घटना नहीं है। श्री और जया एक दूसरे को चाहते हैं और श्री विदेश से लौट कर जया से विवाह का प्रस्ताव स्वयं माँ के सामने रखते हैं। लेकिन विदेश से लौटते हैं तो एडना के साथ विवाह करके। यह आघात जया सह नहीं पाती और अकेली दार्जिलिंग निकल जाती है। अकेले होटल में रहते हुए उसका परिचय तपन से होता है। तपन से उसकी बातचीत में भी इस बात के संकेत मिलते हैं कि जीवन को लेकर उसका उत्साह समाप्त हो चुका है और आत्मघाती प्रवृत्ति कहीं न कहीं उसके अंदर पल रही है।

> *'हम तो इस प्लेटफॉर्म पर बैठे अपनी-अपनी गाड़ी की बाट जोहते हैं।'*
> *वही पुराना उदास स्वर।*
>
> *...*
>
> *'चाहना जो इतनी सुंदर हो वह पूरी तो नहीं ही होती।' सुनकर तपन सहसा सहम गए। कहने को कुछ ढूँढ़ते रहे, फिर हौले से कंधा छू लिया।*
> *'ऐसी उदास बात क्यों कहती हैं, यह क्या मुझसे नहीं कहेंगी?'*
>
> *...*
>
> *'पूछने वाला कोई होता नहीं हूँ, पर क्या जल्दी ही लौट जाने वाली हैं?'*
> *लगा आँखें वे छलछलाई हैं। सँभली और सिर हिला कर कहा–*
> *'बुलावा आ जाने से तो जाए बिना होगा नहीं।'*

जीवन के प्रति नकार और अवसाद से घिरे जया के यह संवाद उसकी मन:स्थिति और लिए जा चुके फैसले के परिचायक हैं। जीवन के प्रति उसकी आस्था श्री के रुख पलट लेने से ख़त्म हो गई है। उसी होटल में तपन को जया का अकेलापन आकर्षित करता है। वह जया से नज़दीकी बना कर उसका दर्द बाँटना चाहते हैं। इन आकस्मिक मुलाकातों में जया भी तपन के साथ अपनत्व महसूस करती है। कहानी में कई मोड़ ऐसे आते हैं जो घटनाक्रम में सभी पात्रों को अनायास ही आपस में जोड़ते हैं। मि. रौस, एडना के पिता हैं और अपने घर में अकेले रहते हैं। जया और तपन घूमते हुए मि. रौस के घर जा पहुँचते हैं और एक रात वहीं बिताते हैं। मि. रौस उनके साथ अपनापन महसूस करते हैं। यह वही मि. रौस हैं जो एडना के

पिता हैं। वही एडना जो विदेश में श्री से विवाह रचा चुकी है और पति के साथ पिता से मिलने जल्दी ही वहाँ आने वाली है।

अकेले रह रहे मि. रौस की यह विडंबना कम बड़ी नहीं है कि उनकी बेटी अब एक ऐसे व्यक्ति की जीवन संगिनी बन चुकी है जिसे वे जानते भी नहीं। जो व्यक्ति उनके लिए अजनबी है वह अब उनकी बेटी का पति है।

> *'खाने पर दो मेहमानों में बैठे रौस कलकत्ता पहुँचती अपनी एडना और उसके अनजान पति की बात सोचते रहे। इसी मेज़ पर इसी तरह बैठे वह अपनी बेटी और दामाद के आने से अकेले नहीं रहेंगे और अकेले हो जाएँगे।'*

आने वाली पीढ़ियाँ पिछली पीढ़ियों को अकेला छोड़ देती हैं। श्री की माँ बेटे की वादाखिलाफी से और भी अकेली हो जाती हैं और इधर एडना के पिता।

कहानी में नया मोड़ तब आता है जब रौस के ही घर पर श्री और एडना से जया का सामना होता है। जया के लिए यह स्थिति असहज है वह तपन के साथ निकल पड़ती है। श्री जया से मिलने पहुँचते हैं और पहले अनुनय पूर्वक और फिर अधिकार पूर्वक उसे माँ के पास लौट जाने के लिए कहते हैं। श्री की माँ ने ही जया को पाल-पोस कर बड़ा किया है। जया स्वाभिमानी है, वह वापिस जाने से साफ इनकार कर देती है और श्री के सामने ही तपन के प्रति कृतज्ञता भी प्रकट करती है। श्री और जया के बीच हो रहे वार्तालाप के बीच तपन दरवाज़े पर हैं और वे वहाँ से लौट जाना चाहते हैं। जया उन्हें अंदर बुलाती है और श्री के सामने तपन के पाँव छूती है, जिस तपन ने कठिन समय में उसे सहारा दिया। श्री के पुरुषोचित अहंकार को चुनौती देती हुई वह कहती है–

> *'नहीं श्री दा, कुछ भी सुनूँगी नहीं। मन में आ जाने से ही जिस-तिस का अपमान करते चलेंगे, यह अधिकार आपको किसने दिया श्री दा?'*

जया श्री द्वारा नकारे जाने पर तपन की सहानुभूति के प्रति भी सहज नहीं हो पाती। उसके बाद की कहानी सभी पात्रों के लिए कष्टप्रद है जब पहाड़ों से टकराती तिस्ता में कूद जाने की खबर पुलिस और टैक्सी ड्राइवर के माध्यम से उन्हें मिलती है। अकेलेपन में जीते हुए इस कहानी के पात्र नियति के आगे झुकने को मजबूर हैं।

कहानी कुछ प्रश्न खड़े करती है। जया की आत्महत्या से जुड़ा प्रश्न। जब जया के सामने तपन के साथ जीवन व्यतीत करने का विकल्प खुला हुआ था तो वह आत्महत्या क्यों करती है। इसके लिए हमें जया के चरित्र को परखना होगा। वह श्री की दूर के रिश्तेदार की बेटी उन्हीं के घर में पलती-बढ़ती है। उन दोनों के बीच की चाहत को भी श्री ही व्यक्त करते हैं, श्री की इस पहल में जया की मौन सहमति है। वहीं श्री विदेश में सब कुछ भुला कर एडना से शादी कर लेते हैं। जया के अंदर

का स्वाभिमान उसे श्री का सामना करने और उस घर में अधिक रुकने से रोकता है। वह अकेली निकल पड़ती है जीवन से पलायन का निर्णय लेकर। जीवन के इस दोराहे पर तपन को ज़रूर जया से सहानुभूति और अपनापन मिलता है। जया के प्रति वह आकर्षित होता है फिर भी जया का स्वाभिमान उसे किसी सहानुभूति से दूर रखता है। वह जीवन से किसी प्रकार का समझौता करने के पक्ष में नहीं है। जीवन के प्रति नकार का यही भाव उसे अपना जीवन शेष कर देने के रास्ते पर धकेलता है। इस तरह यह संवेदनाओं की टकराहट से उपजी सहानुभूति के नकार की कहानी है जो जया को आत्महत्या रास्ते पर धकेलती है।

# यारों की जुबान पर ताले लगा दो

## यारों के यार

भाषा की प्रयोगात्मकता को लेकर सबसे अधिक विवाद 'यारों के यार' के संवादों पर हुआ। इस लंबी कहानी में एक चरित्र है सूरी। वह बिना गाली-गलौच के बात नहीं करता। कुछ प्रचलित गालियाँ और कुछ उसके अपने गढ़े हुए मुहावरे। यह कहानी भीष्म साहनी द्वारा संपादित 'नई कहानियाँ' में जनवरी 1967 में प्रकाशित हुई। लेखकों की दुनिया में इस प्रयोग को लेकर हलचल भी हुई, वाद-विवाद भी हुआ, जिसकी एक झलक 'नई कहानियाँ' के अप्रैल 1967 के अंक में देखने को मिलती है।

सवाल है कि साहित्य में क्या वर्जित है और क्या नहीं। यह सवाल बहुत पेचीदा है और रचना की पूर्णता में जाने बिना केवल शब्दों के प्रयोग पर बहस करना वाजिब नहीं। रचना के परिवेश की अपनी माँग होती है। पात्रों का चरित्र उनके द्वारा बोले जाने वाले संवादों से उद्घाटित होता है। इस स्थिति में रचनाकार का विवेक और साहस, दोनों मिल कर उचित भाषा के प्रयोग का पैमाना निर्धारित करते हैं और प्रतिक्रिया के लिए पाठक और आलोचक के सामने खुला छोड़ देते हैं। समस्या तब आती है जब संदर्भ में जाए बिना प्रतिक्रियाएँ व्यक्त की जाती हैं। जिनका मकसद केवल विवाद के लिए विवाद खड़ा करना होता है। कई बार पूर्वग्रह हावी हो जाते हैं और आलोचकीय विवेक काम नहीं कर पाता। रचना में कहीं से उठा लिए गए कुछ शब्दों को बिना किसी तर्क के विवाद से नहीं जोड़ा जा सकता बल्कि उसे पूरे संदर्भ से जोड़ कर देखने की आवश्यकता होती है।

आलोचना में ग्रामीण परिवेश और देशज शब्दों का प्रयोग देख कर किसी रचना को आंचलिक घोषित कर देने का आग्रह भी रहा है। संपूर्णता में रचना वह प्रभाव पैदा करती भी है या नहीं यह देखने की आवश्यकता नहीं समझी जाती। रचना के ऊपरी प्रभाव लेकर फतवा जारी कर देना रचना तथा रचनाकार के साथ ही नहीं, पाठक के साथ भी अन्याय करना होता है। फिर रचना चाहे कृष्णा सोबती की 'यारों के यार', 'मित्रो मरजानी' या 'ज़िंदगीनामा' हो कृष्ण बलदेव वैद के इस दृष्टि से विवादास्पद उपन्यास या फिर राही मासूम रज़ा का 'आधा गाँव' तथा काशीनाथ सिंह की 'काशी का अस्सी' जैसी रचनाएँ हों।

इस कहानी के मुख्य पात्र सूरी का व्यक्तित्व और उसके आसपास की स्थितियाँ विरोधाभासी हैं। सूरी मुँहफट है, पर बेईमान नहीं। जबकि उसके दफ्तर में भ्रष्टाचार का बोलबाला है। व्यवस्था को बदल पाना भी उसके हाथ में नहीं है। वह अपने अफ़सरों की जी हुज़ूरी भी नहीं करता। वह दब्बू चरित्र भी नहीं है, इसलिए उसकी कुंठा उसकी भाषा में उतर आती है। इसीलिए बात-बात में गाली देकर अपनी भड़ास निकालता है। दफ्तर के कमरे में बैठे सभी बाबू उसे दादा या उस्ताद जैसे आदरसूचक शब्दों से संबोधित करते हैं। उससे डरते भी हैं। यह डर सिर्फ सूरी के मुँहफटपन के चलते नहीं, बल्कि उसकी नेकनीयत के चलते भी

है। इस तरह अपनी बोलचाल और क्रिया-कलाप में वह बहुत ही स्वाभाविक चरित्र जान पड़ता है।

जब भी इस कहानी पर बात होती है, गालियों के प्रयोग के नीचे भ्रष्टाचार का वास्तविक मुद्दा दब कर रह जाता है। यहाँ कहानी का कथानक और उसके लिए उचित कथा ढाँचे की ज़रूरत का मुद्दा महत्त्वपूर्ण है। सूरी के संवाद पूरी कहानी में एक वातावरण का निर्माण करते हैं। यह वातावरण व्यवस्था के विरोध का है। ऐसी व्यवस्था के विरोध का, जिसे बदलना सूरी या उस जैसे लोगों के लिए संभव नहीं है। इस तरह का वातावरण प्रामाणिकता के साथ कहानी में लाना उपयुक्त भाषिक ढाँचे के बिना संभव नहीं था।

कहानी हैडकर्लक भवानी सिंह की उनके बॉस द्वारा जवाब तलबी से शुरू होती है। दो वर्ग उभर कर सामने आते हैं, जिनमें से एक वह है जो भ्रष्टाचार में लिप्त है और दूसरा वह जो उस भ्रष्टाचार के बारे में जानता है, पर उसमें लिप्त नहीं है। भवानी बाबू के लड़के की मौत हो जाती है, स्टाफ के लोग उन्हें लेकर टैक्सी तक जा रहे हैं। दफ्तर का बॉस इन सबको नज़रअंदाज़ करते हुए अपनी गाड़ी की ओर बढ़ जाता है। सूरी फूटता है–

> *'चूतिया, साला, किस्तों की कार में लट्टू बना घूमता है, बहनचोद, किसी दिन हराम का चूना झड़ने पर आ गया तो सारी चिनाई धरी रह जाएगी।'*

सवाल यह पैदा होता है कि कुछ आपत्तिजनक गालियों को यदि प्रयोग से बाहर रखा जाता या उनका सहज संकेत कर दिया जाता तो क्या कहानी के स्वरूप पर असर पड़ता या फिर जिस जुबान के जरिये लेखिका ने सूरी को गढ़ा है, वह चरित्र पूरी तरह से नहीं उभर पाता।

यहाँ पर यह निर्णय लेने का अधिकार पूरी तरह से लेखक का होता है कि अपने कथ्य को अधिक से अधिक प्रामाणिक बनाने के लिए वह किस तरह की भाषा में ढालता है। कहानी में बहुत से पात्र हैं पर पाठक के जहन में सूरी टँका हुआ रह जाता है। वह अलग तरह का चरित्र है जिसे प्रामाणिक बनाने के लिए उसी की भाषा में यहाँ उतना ज़रूरी था।

गालियों का प्रयोग समाज में कई तरह से होता है। समाज के कुछ हिस्सों में यह बहुत सामान्य बात है और सार्वजनिक रूप से गालियों का प्रयोग होता है। छात्रों के निजी दायरे में गालियों का जखीरा मौजूद रहता है, कई आत्मीय और नज़दीकी लोगों के बीच भी। आमतौर पर गाली न निकालने वाला व्यक्ति कई बार भड़ास निकालने के लिए गुस्से में, विवशता में गाली निकाल कर बात करता है। आप किसी परिवेश को, मनुष्य के स्वभाव या मन:स्थिति को उभारना चाहते हैं तो ऐसे प्रयोग रचना में कुछ जोड़ते ही हैं, घटाते नहीं।

अब यों तो संसार में क्या नहीं होता, पर उसे वैसे का वैसा उकेर देना कहानी का अभीष्ट नहीं है। कहानी किसी घटना का ब्योरा नहीं है, बल्कि उस घटना के आगे और पीछे देख सकने की लेखकीय क्षमता का चित्रण भी है।

कृष्णा सोबती के उपन्यास 'सूरजमुखी अँधेरे के' का अंतिम अध्याय शारीरिक संबंधों के बनने के जिस प्रसंग का चित्रण है उसे भी उपन्यास के संदर्भ से काट कर नहीं देखा जा सकता। पर इस प्रसंग में कहीं कोई एक शब्द ऐसा नहीं कि लगे अनुचित भाषा का प्रयोग है। काव्यात्मक और पारदर्शी भाषा सहजता से सब कुछ कह जाती है। उतनी ही सहजता से जितनी सहजता से 'यारों के यार' का सूरी गालियाँ निकालता चला जाता है। विरोधाभासी होते हुए भी दोनों ही रचनाएँ अपनी-अपनी जगह सहज और स्वाभाविक हैं।

सूरी हर संवाद में प्रचलित गालियाँ नहीं निकालता, उसने अपनी शब्दावली भी गढ़ रखी है। जैसे 'कचहरी के कट्टे', कनस्तर के कंकर', 'बत्ती बनाकर ले लो इस सफेद सच को अंदर', 'चुप बे हाटक लोचन', 'क्या निकाला है चूतिया यार ने ठूठी का ठिकरा', 'तेरी घर वाली के नेफे में तिल्लचट्टा', 'तेरी माँ की बहन मेरी मौसी' जैसे मुहावरे उसने गढ़ रखे हैं। इनके रचनात्मक प्रयोग को इस तरह उद्धृत किए गए 'वाक्यांशों' से नहीं समझा जा सकता। इसके लिए कहानी के पाठ में जाना आवश्यक है। सूरी की यही जुबान उसकी पहचान है। भवानी सिंह के टोकने पर भी वह मानता नहीं है, यद्यपि वह उनका आदर करता है।

इस व्यवस्था में बाकी लोगों की जुबान में भी एक अलग प्रकार की तेज़ी है, व्यावहारिक चापलूसी है, लेकिन सूरी ज़्यादा ही मुँहफट है। भ्रष्ट व्यवस्था में फँसे होने की बेबसी उसकी अभिव्यक्ति में गालियों को जोड़ती है। यह उसकी पहचान है और सहकर्मियों के लिए कोई नई बात नहीं। गालियों का प्रयोग कहानी की माँग से बाहर नहीं है। यह आरोपित भी नहीं है। यह वर्गीय मानसिकता ही है, जो कहानी की जड़ में न जाकर उसे ऊपरी तौर पर देखकर शोर मचाती है।

बाबुओं की ज़िंदगी के साथ-साथ अफ़सरों के ऐशो-आराम का व्यापार चलाने वाले हज़ारा सिंह-प्यारा सिंह के आफिस के माध्यम से भ्रष्टाचार की कोख में पलने वाले गोरख धंधे को और भी करीब से देखा गया है। यहाँ के वातावरण को व्यंग्यात्मक तरीके से उभारा गया है।

पूरी कहानी बातचीत के क्रम में संवादों के माध्यम से आगे बढ़ती है। यहाँ नारी संसार से अलग हटकर लेखिका ने पुरुषों की दुनिया में प्रवेश किया है। सोबती ने मर्यादित जुबान को बिना कोई समझौता किए कहानी की ज़रूरत के अनुसार महत्त्व दिया है। उनका यही साहस उस दौर में लेखकों के एक वर्ग को नागवार गुज़रा, इस तथ्य से सभी परिचित हैं।

कहानी के पात्रों का दो स्तरों पर भाषा का प्रयोग करने का आरोप भी ठीक नहीं है। यदि हम बारीकी से देखें तो कहानी के परिवेश में पात्रों का व्यवहार उनके अपने-अपने चरित्र से पूरी तरह मेल खाता है। सूरी यदि अपने स्वभाव में अनूठा है तो कहानी उसके चरित्र को पूरी तरह से प्रामाणिक बनाती है, वह आरोपित या अप्रामाणिक चरित्र नहीं है।

कहानी अपने फैलाव में बहुत कुछ साथ लेकर चलती है। भवानी बाबू द्वारा हो गई चूक के कारण उनकी नाजुक स्थिति तथा उस स्थिति को सँभालने के प्रयास (सबसे छुपते-छिपाते) करना, फिर भी सूरी द्वारा मुँह पर ताना कसा जाना-ये सब बातें, दफ्तर की घटनाएँ, हजारा सिंह-प्यारा सिंह का प्रसंग, सब कहानी के ढाँचे के अंदर जज़्ब हुआ है। ऊपर के स्तर पर व्याप्त भ्रष्टाचार नीचे के लोगों के आचरण को प्रभावित तो करेगा ही, लेकिन ऊपर के स्तर पर हालात कितने बदतर हैं इसका अंदाज़ा कहानी पढ़कर लगाया जा सकता है। नीचे के स्तर पर एक और पीड़ा है, वह है क्लर्क के क्लर्क ही रह जाने की पीड़ा। ज़्यादा से ज़्यादा हो गए तो हेड क्लर्क। हमारी व्यवस्था में इस तबके को केवल अभाव से ही नहीं, बल्कि अफ़सराना शोषण और अपमान से भी जूझना होता है। भवानी बाबू के संवाद में यह पीड़ा उभरती है-

> *'दोस्त हम छोटे-मोटे क्लर्कों की क्या बिसात! हम सब तो किसी बड़े हुजूम की रेल-पेल में फँसे हैं...।'*

कहानी सामाजिक व्यवस्था की दीमक लग चुकी इकाई पर गंभीरता से बात करती है। यह विडंबना ही है कि यहाँ सूरी की जुबान ही चर्चा के केंद्र में रही और मूल कथ्य की ओर ध्यान कम गया। आखिर सूरी जैसे पात्र हमारी ही व्यवस्था द्वारा पैदा किए गए पात्र हैं। यद्यपि व्यवस्था की जी हुजूरी वाली नौकरी व्यक्ति को इस बात का अवकाश नहीं देती है, पर सूरी व्यवस्था को चुनौती नहीं देता, वह तो साथियों के बीच अपनी भड़ास निकालता है। ऐसी स्थिति में इंसान चुप्पा और भीरु भी हो सकता है और ईमान की ताकत से मुँहजोर भी। हालाँकि पुराने अफ़सर चावला के सूरी पर मेहरबान रहने के चलते उसके साथी तंज कसते हैं। उन्हें शक है कि चावला से सूरी की नज़दीकी का राज़ किसी लेन-देन से जुड़ा रहा है।

> *'बुरा न मानना यार, सुना है अवस्थी से पहले चावला के ज़माने में हरे पत्ते तुमने भी कम नहीं बटोरे।'*
>
> *'एक सौ तीस के ग्रेडिए साले, एक पतलून धोता हूँ, दूसरी लोहा कर दफ़्तर हाजिर होता हूँ। हराम की कसम न होती तो फैलसूफियों का टिकट मैं भी काट सकता था।'*

पर ब्रांच के लोग पीछे लग कर सूरी के न चाहते हुए भी उससे सच उगलवा ही लेते हैं, जो भ्रष्टचार में लिप्त चावला की मजबूरी से जुड़ा हुआ है। वह चावला

को कार के अंदर ठेकेदार द्वारा मुहैया कराई गई लड़की के साथ आपत्तिजनक हालत में देख लेता है। अपने मन के चोर के चलते चावला सूरी के प्रति उदार रहता है, पर सूरी अपने स्वाभिमान के चलते सच को छिपाने के एवज में कोई नाजायज़ लाभ नहीं उठाता। वह बताता है–

> *'बत्ती बना कर ले इस सफेद झूठ को अंदर। ख़ुद ही सोच साले, मुझे चावला से क्या लेना-देना था! न तो वह रलियाराम की चुदक्कड़ अशर्फी और न वह ठंडे पानी का चश्मा जो ग्रेटर कैलाश में चावला ने नए कोठी में फिट करवाया था। झूठ क्यों कहूँ ब्रादर, इतना फायदा ज़रूर हुआ कि ज़माने से खराब सूरी के 'कांफीडेंशियल' पर गलतफहमी में ही चावला जाते-जाते एक 'गुड' ठोक गया।'*

रलियाराम जिस औरत को अफ़सरों को खुश करने के लिए इस्तेमाल करता है उसके लिए प्रयुक्त विशेषण पर भी कई लोगों को आपत्ति रही। अपनी पुस्तक 'कथा समय में तीन हमसफर' में यद्यपि निर्मला जैन ने सोबती के लेखन का पूरा समर्थन किया है, पर यहाँ आपत्ति उन्हें भी है–

> *'चौंकाने वाला सिर्फ एक ऐसा अल्प प्रचलित प्रयोग (चुदक्कड़) है, जिसे कहानी के लगभग अंत में रलियाराम से संबद्ध अशर्फी नाम की स्त्री के नाम से पहले बतौर विशेषण इस्तेमाल किया गया है। वह निश्चित रूप से चौंकाता और ग़ैर ज़रूरी लगता है। इसलिए मूल मुद्दे से ध्यान भटकाकर पूरी बहस को अनावश्यक मोड़ दे देता है।'*

यहाँ देखने की बात यह है कि जिस भाषा में सूरी बात करता है उसमें केवल 'अशर्फ़ी' शब्द से काम चलाना केवल 'काम चलाना' ही होता, यह सूरी के स्वभाव और व्यवहार का परिचायक नहीं है। दूसरे, अशर्फी भी कोई नाम है स्त्री का, ऐसा नहीं लगता, बल्कि यह शब्द युग्म एक तरह से ऐसी वेश्या के लिए प्रयोग में लाया गया है, जिसे रलियाराम अपनी निजी संपत्ति के रूप में काम निकालने के लिए खास लोगों की सेवा में हाजिर करता रहा होगा। तीसरे, किस समाज में क्या प्रचलित है क्या नहीं, यह जानना आसान नहीं और सूरी के यहाँ तो नवोन्मेशकारी मुहावरों की भरमार है, जिन्हें प्रचलित गालियों की जगह प्रयोग करने के तौर पर उसका चरित्र उभरता है। कुल मिलाकर सोबती ने कहानी में सूरी के चरित्र के साथ किसी तरह का समझौते न करके लेखकीय साहस का ही परिचय दिया है।

# मित्रो : तौबा रे तौबा

मित्रो मरजानी

कृष्णा सोबती के लेखन में 'मित्रो मरजानी' एक ऐसी रचना है जो लेखन को लेकर उनके सरोकारों को भी स्पष्ट करती है। हिंदी कथा लेखन में पहली बार मित्रो जैसा स्त्री का चरित्र उभरकर सामने आता है जो दबंग है, मुँहफट है, शारीरिक ज़रूरतों को लेकर मुखर है, लेकिन फिर भी आपको उससे जुड़ाव हो जाता है, जैसे-जैसे उसके व्यक्तित्व के पक्ष खुलते चले जाते हैं। पता चलता है कि संयुक्त परिवार में वह सास और जेठानी हमदर्द है, परिवार पर आर्थिक संकट आता है तो अपने जेवर सामने लाकर रख देती है। देह की ज़रूरत पूरी न होने पर वह चुप नहीं रहती, लाज और संकोच में मुँह बंद नहीं रखती और न अंदर ही अंदर कुढ़ती है। जो उसके अंदर है वही उसके बाहर भी है। वह अपनी दैहिक प्यास बुझाने के लिए माँ के रास्ते पर निकल पड़ती है लेकिन तभी एक अप्रत्याशित मोड़ आता है कहानी में। वह वापिस अपने पति सरदारी लाल के पास लौट पड़ती है। आखिर ऐसा क्या हो जाता है मिनटों में कि वह अपना फैसला बदल लेती है। ऐसा कौन सा बोध जगता है उसमें?

पहले तो हमें यह समझ लेना चाहिए कि जिस संयुक्त परिवार की यह कहानी है वहाँ इस तरह के चरित्र का होना सामान्य घटना न सही पर अस्वाभाविक घटना भी नहीं है। आखिर साहित्य का उद्‌देश्य वहाँ तक देख पाना भी है जहाँ तक आम आदमी की आँख नहीं जाती। लेखक देखता है, महसूसता है और पूरे संयम और विवेक से उस देखे हुए सत्य को आकार ग्रहण करने की छूट देता है। वह रचना में उसे ढालता है तो उस सच का पुनर्सृजन करता है, जिसमें एक बड़े, ज़्यादा बड़े सच को पाठक तक संप्रेषित करने की पूरी गुंजाइश होती है।

मित्रो के व्यक्तित्व को देख कर मध्यवर्गीय संस्कारों में पला-बढ़ा व्यक्ति तौबा ही करेगा। लेकिन कहानी की बुनावट में उभरने वाले सत्यों के चलते आपको उसी मित्रो से सहनुभूति भी होगी, उसके प्रति सम्मान का भाव भी जगेगा। कई सारे भाव आएँगे-जाएँगे। संस्कारजनित धारणाओं के चलते चाहे जितना भी दुराव मित्रों के चरित्र के प्रति पाठक के मन में हो लेकिन मित्रो उसकी स्मृति में बनी रहती है। यही लेखक की सफलता है।

कुछ ही कहानियाँ ऐसी होती हैं जिन पर अनेकों बार चर्चा होने के बाद भी बात करने की गुंजाइश रहती है या कहानी की परंपरा पर बात करते हुए कुछ कहानियों का संदर्भ आप बार-बार देते हैं, क्योंकि कुछ कहानियाँ जीवन के अनसुलझे सवालों से जूझती हैं। स्त्री स्वतंत्रता के सवाल पर हमारा कथा साहित्य मंथन करता रहा है पर अधिकतर यह स्वतंत्रता स्त्री को परिवार नामक संस्था से काट कर देखी जाती रही है। पुरुष से टकराव और अलगाव के रूप में भी चित्रित होती रही है। जबकि स्त्री स्वतंत्रता का सवाल कहीं न कहीं परिवार और समाज में बराबरी के रुतबे से जुड़ा हुआ है और यह बराबरी आर्थिक स्वतंत्रता से भी जुड़ी हुई है।

जिस परिवेश की कहानी 'मित्रो मरजानी' है वहाँ स्त्री के लिए आर्थिक रूप से सक्षम होने का सवाल खड़ा ही नहीं होता। ग्रामीण परिवेश का एक संयुक्त परिवार है जिसके मुखिया हैं गुरुदास और धनवंती, यानी मित्रो के सास-ससुर। इनके तीन बेटे हैं और तीन ही बहुएँ। तीनों ही अलग-अलग मिजाज़ की। परिवार में बहू के रूप में जब किसी स्त्री का प्रवेश होता है तो वर पक्ष यह सुनिश्चित कर लेना चाहता है कि परिवार 'संस्कारी' हो। इन संस्कारों की परिभाषा स्त्री के उस चरित्र से जुड़ी हुई है जहाँ पुरुष और 'परिवार' उसे सद्चरित्र और स्वभाव में विनम्र देखना चाहता है। आज्ञाकारिणी और बुजुर्गों की सेवा-सम्मान करने वाली नारी के रूप में। लेकिन यह चाहना वास्तविकता नहीं होती। जब भी कोई स्त्री बहू के रूप में किसी परिवार में प्रवेश करती है तो अपने साथ अपने मायके के परिवेश से मिले संस्कार भी लेकर आती है। एक संयुक्त परिवार में अपनी जगह तलाशने का भी उसका संघर्ष होता है। व्यक्ति का अपना भी व्यक्तिगत स्वभाव होता है जिसके अनुरूप वह आचरण करना चाहता है।

इस दृष्टि से 'मित्रो मरजानी' को देखें तो बड़ी बहू सुहागवती अपनी सास के जैसे सरल और विनम्र स्वभाव की है। छोटी बहू पापड़ बेचने वाले बनिया परिवार से आई है, जिसके नाज़-नखरों के पीछे उसकी माँ की भी भरपूर शह है। अब रही मझली बहू मित्रो, तो उसके लक्षण देखकर शुरू में तो परिवार तौबा ही करता है। जिस परिवेश से वह आई है उसे समाज चरित्रहीन की संज्ञा से परिभाषित करता है।

यह सब चरित्र एक संयुक्त परिवार से बंधे हैं। इस संयुक्त परिवार का सुख-दुःख, अच्छा-बुरा, पात्रों के बीच परस्पर संवाद के माध्यम से उभरता है। अकारण नहीं है कि मित्रो मरजानी का नाट्य रूपांतरण बहुत अधिक सफल रहा है। 'राष्ट्रीय नाट्य विद्यालय' और 'दिल्ली आर्ट थियेटर' जैसे मंचों से इस कहानी पर आधारित सौ से अधिक प्रस्तुतियाँ हो चुकी हैं। कृष्णा सोबती के पात्र संवादों के माध्यम से आकार ग्रहण करते हैं। लेखक को अपनी ओर से कुछ भी अधिक स्पष्ट करने की ज़रूरत नहीं रहती। जैसे-जैसे संवादों के माध्यम से कहानी आगे बढ़ती है एक-एक पात्र का चरित्र स्पष्ट होता जाता है। शब्दों का चयन सोबती के कथा साहित्य में विशेष स्थान रखता है और वही किसी पात्र को जीवंत बनाता है। परिवेश को उभारने का मुहावरा भी समृद्ध वाचिक शब्द संपदा से छन कर आता है। अपने पात्रों और पूरी कहानी को आकार देने के लिए शब्दों के चयन को लेकर संजीदा रहना कथाकार के रूप में उन्हें विशेष पहचान देता है। हिंदी कहानी की परंपरा को समृद्ध करती इन कहानियों में मित्रो का स्थान विशेष है। अपनी चरित्रगत विशेषताओं के चलते ही वह नाट्य निर्देशकों को प्रभावित करती है।

यहाँ देह की ज़रूरत सामाजिक वर्जनाओं को तोड़कर मुखर होती है।

*'मँझली लेटी-लेटी उठ बैठी। हाथों से छातियाँ ढँक मगन होकर कहा-सच कहना, जिठानी सुहागवंती, क्या ऐसी छातियाँ किसी और की भी हैं?...*

*सुहाग का तन-बदन फुँकने लगा। बिछौना छोड़ पास आई और अपने माथे दोहत्थी मार बोली-फिटक जोगी, मेरे पीछे कभी पता भी न पाएगी कि कभी तू जीती भी थी! दिन-रात घुलती इस औरत की देह पर तुझे इतना गुमान? अरी लानत तुझ पर! घर-घर तेरे जैसी काली-मकाली औरतें हैं। उनके भी तुझ जैसे ही दो-दो हाथ हैं, पाँव हैं, आँखें हैं और यही तुझ जैसी दो छातियाँ! क्या तू ही अनोखी इस जून पड़ी है?...' पृ. 18*

एक औरत का यह रूप घर-गृहस्थी के शयन कक्ष से निकल कर पहली बार बाहर आया। मित्रो का पति सरदारी लाल नपुंसक नहीं है लेकिन देह के राग और पत्नी की ज़रूरत के प्रति संवेदनशील भी नहीं है।

*'...अब तुम्हीं बताओ, जिठानी तुम जैसा सत-बल कहाँ से पाऊँ-लाऊँ? देवर तुम्हारा मेरा रोग नहीं पहचानता। बहुत हुआ हफ्ते-पखवारे...और इस देह में इतनी प्यास है। इतनी प्यास कि मछली-सी तड़पती हूँ!' पृ. 19*

मित्रो जिस परिवेश में पली-बढ़ी है वह उसके पीहर का परिवेश है। एक स्त्री का जीवन परिवार जैसी इकाई में दो जीवन जीता है। वह अपने माता-पिता के घर के संस्कार ग्रहण करती है और उसके बाद ससुराल के परिवेश में या तो समझौता करती है या फिर टकराव के बाद रास्ता निकालती है। पुरुष प्रभुत्व के चलते उसका यह संघर्ष दोहरा हो जाता है। मित्रो को पीहर से मिले संस्कारों का निरिक्षण करें तो पाएँगे कि मध्य वर्गीय परिवार जैसा परिवेश वहाँ नहीं है। मित्रो की माँ की तस्वीर उसी की जुबानी स्पष्ट हो जाती है-

*'सात नदियों की तारू, तवे सी काली मेरी माँ और मैं गोरी चिट्टी उसकी कोख पड़ी। कहते हैं इलाके के बड़भागी तहसीलदार का मुहान्दरा है मित्रो। अब तुम्हीं बताओ जिठानी तुम जैसा सत-बल कहाँ से लाऊँ-पाऊँ?...'*

इसके आगे जानने के लिए कुछ नहीं रह जाता कि मित्रो माँ के घर किस वातावरण में पली-बढ़ी है। देह के प्रति उन्मुक्तता उसके स्वभाव में है। उसकी बोल-चाल पर भी वही प्रभाव आना स्वाभाविक है। ऐसे घर में पली-बढ़ी मित्रो मुँहजोर, बेहया और दबंग है। ऐसी मित्रो का विवाह हो जाता है भारत के पारंपरिक मध्यवर्गीय संयुक्त परिवार में और पति सरदारी लाल बना है किसी और मिटटी का। ऐसी स्थितिओं में वहाँ तूफान आने से कैसे रोका जा सकता है।

लेकिन स्त्री होने के नाते उसके चरित्र की पहचान के और भी बहुत से कोण हैं, बहुत से पहलू हैं, जिन्हें नज़रंदाज़ नहीं किया जा सकता। ससुराल में आकर जो परिवेश उसे मिलता है वहाँ सरल स्वभाव के सास-ससुर और वैसी ही सरल जेठानी है। मित्रो उनका पूरा मान रखती है पर आडंबर नहीं करती। उसी परिवार में वह फूलाँ जैसी देवरानी के चोंचलों को टिकने नहीं देती और उसकी चालों से सीधी-सच्ची सास के सामने भी ढाल की तरह खड़ी हो जाती है।

*'...फूलाँ रानी अपनी गऊ-सी सास के आगे जहर भरे फुँकार न मार। रात तू मारे मौजें और और दिन में छेड़े महाभारत!...' पृ. 25*

*'...शाबाश, देवरानी शाबाश! इस चिट्टे सिर वाली की तुमने अच्छी बात की है! पर इतना जान ले देवरानी, मैं जो तेरे मर्द की माँ होती तो, रानी तेरे इस पिद्के से सिर पर एक बाल न रहने देती!...' पृ. 27*

*'...धनवंती का जी भर आया। सदा जिसे कोसती-फटकारती हूँ, उसने सास का साथ तो दिया। सिर हिला कर बोली-बहूटियों, मेरे कहे सुने की मुझे माफी दो। मैं नहीं जानती थी की मैं इस घर की माँ नहीं...टहलन हूँ टहलन!' पृ. 27*

मित्रो के उन्मुक्त आचरण को लेकर पूरा परिवार पेशोपेश में रहता है और उसके मानवीय पक्ष को लेकर भी हैरत में। इस तरह से उसके चरित्र का निर्माण नितांत भिन्न परिवेश के दो परिवारों के वातावरण से मिले संस्कारों से निर्मित होता है। परिवारों के इन संस्कारों के टकराव से ही निर्णायक क्षणों में मित्रो का व्यवहार उसके चरित्र की वास्तविक पहचान है। परिवार की पंचायत में बदचलनी की सुनी-सुनाई को लेकर पेशी लगती है तो वहाँ भी सरदारी और उसके भाइयों का दाँव उल्टा पड़ता है। मित्रो ससुर के सामने अपना पक्ष रखती है-

*'सोने सी अपनी देह झुर-झुर जला लूँ या गुलजारी देवर की घरवाली की न्याई सुई-सिलाई के पीछे जान खपा लूँ? सच तो यूँ जेठ जी, कि दीन-दुनिया बिसरा मैं मन्नुख की जात से हँस-खेल लेती हूँ। झूठ यूँ कि खसम का दिया राजपाट छोड़े मैं कोठे पर नहीं जा बैठी?' पृ. 35*

किसी के चरित्र की सही पहचान संकट की घड़ी में ही की जा सकती है। परिवार पर मंझले भाई बनवारी के छल के चलते संकट आ खड़ा होता है। मंडी की देनदारी सर चढ़ जाती है। ऐसे में मित्रो काम आती है। पति सरदारी को ग़म में घुलता देख अपने जेवर निकाल सामने रख देती है। स्त्री का वही जेवर जिसके लालच के चलते फूलाँ जैसी स्त्री घर में महाभारत खड़ा कर देती है। परिवार पर आया आर्थिक संकट टल जाता है। लेकिन जो संकट मित्रो का देह को लेकर है वह नहीं टलता। कब मित्रो क्या रूप धर ले इसे लेकर घर भर में शंका और असमंजस का माहौल बना रहता है।

*'...इस लड़की का पार किसी ने नहीं पाया। अच्छी हो तो अच्छों से अच्छी और बुरी हो तो बुरों से भी बुरी। रौ आए तो सखी हो अपना बचा बचाया हाजिर कर दे, रौ आए तो ऐसी बेगैरती कि घरवाले पर थू-थू!...' पृ. 69*

ऐसी मित्रो जो अपने पति पर उसकी दैहिक ज़रूरतें पूरी न कर पाने की क्षमता को लेकर मुखर रहती है लाख खरी होने पर भी कैसे परिवार जैसी संस्था में स्वीकृति पा सकती है। परिवार जैसी इकाई से जुड़कर जो समाज बनता है उसके अलग दबाव

होते हैं। गुरुदत्त और धनवंती के संयुक्त परिवार की स्थिति गले में छछुंदर वाली हो जाती है। न उगलते बनता है न निगलते। मित्रो को परिवार में रखा जाए तो कैसे और उससे छुटकारा पाया जाए तो कैसे। उस परिवार में एक माँ की स्थिति का अंदाज़ा लगाएँ जिसे अपने बड़े बेटे से सरदारी की दैहिक क्षमता को लेकर शंका जाहिर करनी पड़ती है।

*'...धनवंती ने आँखें नीची कर लीं–'क्या कहूँ बनवारी लाल, इस मुँह बोल नहीं जुड़ते।' फिर रुक-रुक कहा–'बहू तो तुम्हारे भाई को गाली निकालती है। तुमसे पूछती हूँ, बेटा, भाई तुम्हारा संग-सेहत से तो पूरा है?' बनवारी ने माँ से आँखें नहीं मिलाईं। गला खंखारकर कहा–सरदारी में कोई दोष नहीं, अम्मा! यह जरनैली नार छोटे-मोटे मर्द के बस की नहीं!...' पृ. 69*

समाज का मुँह बंद करने के लिए योजना बनती है मित्रो को कुछ दिन के लिए मायके भेजने की। मित्रो को तो मिल गई मनचाही मुराद। पति सरदारी लाल के साथ जो पहुँचती है मायके तो माँ का इशारा पा दिल मचल उठता है पर पुरुष के साथ हम बिस्तर होने को। सरदारी को नशे में धुत करके जिस डिप्टी के पास देह की प्यास बुझाने जाती है वही कभी उसकी माँ बालों पर जान छिड़कता था। यहीं कहानी में वह मोड़ आता है जिसकी बात शुरू में की गई है। जो व्यक्ति कभी बालों पर जान छिड़कता रहा, आज जवानी चुक जाने पर बेटी को उसके द्वार भेजते बालो के अंदर ईर्ष्या और असुरक्षा का भाव कौंधता है, वह मित्रो को रुँधे गले से वापिस बुला लेती है। यहीं माँ-बेटी के संवाद में मित्रो का साक्षात्कार उस सच से होता है जो उसे भविष्य की तस्वीर दिखा देता है।

उसे उस अकेलेपन असुरक्षा और मजबूरी का बोध होता है जो उसकी माँ झेल रही है। वही माँ जिसने अपनी उँगलियों पर 'सौ-सौ मर्द नचाए'आज उसका कोई नहीं। बालो की असहाय स्थिति मित्रो में एक नया बोध जागृत करती है। उसे माँ के खोखलेपन में अपने भविष्य की तस्वीर नज़र आने लगती है। बालो इस अकेलेपन से उबरने के लिए मित्रो से पति संग वहीं रहने का प्रस्ताव करती है। मित्रो उखड़ जाती है–

*'एकाएक जाने क्या हुआ कि भय के मारे मित्रो का कलेजा दहल गया। अँधेरे में मुहँ बाए सूने किवाड़ों को देखा तो आँखों में कोई बिजुरिया कौंध गई। मसान-सा सूना भायँ-भायँ करता घर भूतों के डेरे सा दिखा और कलपती माँ कोई भूखी-प्यासी डाकिन सी!*

*...लंबा गहरा फुँकार भर माँ को अपनी ओर बढ़ते देख पहले मित्रो की घिग्गी बंध गई। फिर जाने किस जोर-जाम से सँभली और तड़प कर चीखी–तू सिद्ध भैरों की चेली, अब अपनी खाली कड़ाही में मेरी और मेरे खसम की मछली तलेगी? सो न होगा बिबो, कहे देती हूँ!–फिर तीर सी*

*छलाँग मार ओसारे से देहरी कुलांची और माँ के ठेलते-ठेलते सरदारी लाल वाली बैठक की कुंडी चढ़ा ली।' पृ. 94*

मित्रो की यह घर वापसी देह सुख के बजाय परिवार का चुनाव करने में है। परिवार का चुनाव इसलिए नहीं कि सरदारी की पत्नी होने के नाते डिप्टी के पास जाते उसे कोई अपराध बोध होता है। बोध वही है असुरक्षा का। सामाजिक प्राणी होने के नाते यदि मनुष्य को यह आभास हो जाए कि उसका कोई कदम उसके भविष्य को भयानक अकेलेपन और असुरक्षा से भर सकता है तो वह तात्कालिक सुख का मोह त्यागकर वापिस लौट आएगा। समाज में परिवार एक ऐसी इकाई है जिसका चुनाव मनुष्य बहुत तरह की स्वीकृतियाँ और सुरक्षा पाने के लिए करता है। भले ही उसे समझौते करने पड़ें। हमारे कथा साहित्य में कृष्णा सोबती जैसी दृष्टि से परिवार जैसी संस्था पर विचार करता कोई नहीं दीखता।

# ऐ लड़की बात मान जा

ऐ लड़की

समाज में स्त्री-पुरुष विवाह के बंधन में परस्पर सहयोग के भाव से जुड़ते हैं। परिवार रूपी इस इकाई के सदस्यों में सामान्यत: गृहस्वामी यानी पुरुष का ही वर्चस्व रहता है। पुरुष वर्चस्व वाले समाज में औरत का जीवन अपने आप में एक निरंतर संघर्ष है जो दृश्य-अदृश्य रूप से हमेशा जारी रहता है। गृहलक्ष्मी की पदवी देकर गृहस्थी की गाड़ी चलाने में उसे इस कदर झोंक दिया जाता है कि उसका अपना स्वतंत्र अस्तित्व कायम ही नहीं हो पाता। स्त्री के सारे सपने पति और परिवार के सपने पूरे करने तक ही सीमित कर दिए जाते हैं। भारतीय पारिवारिक इकाई में स्त्री भी सामान्यत: इस स्थिति को सहज ही स्वीकार करती है। लेकिन शिक्षा के प्रसार और स्त्री की आर्थिक सहभगिता के चलते समाज का स्वरूप बदला है और स्त्री की सोच भी। महानगरीय समाज में ऐसा भी वर्ग उभरा है जहाँ विवाह के बंधन में बंधना आवश्यक नहीं समझा जा रहा। क्या परिवार नाम की संस्था किसी परिवर्तन के दौर से गुज़र रही है?

इस विमर्श को 'ऐ लड़की' कहानी के माध्यम से अच्छी तरह समझा जा सकता है। माँ और बेटी के बीच के इस संवाद में माँ ही मुखर है। पूरी कहानी में बेटी के संवाद नगण्य ही हैं, कम से कम प्रतिक्रियात्मक नहीं हैं। उसका पूरा व्यक्तित्व एवं उपस्थिति माँ के माध्यम से ही मुखरित होती है। अपनी बुनावट में यह कहानी पाठक को अंत तक बाँधे रखती है और स्त्री की स्वतंत्रता को परिवार में आर्थिक स्वतंत्रता के रूप में देखती है। यह कहानी समाज में अम्मू के माध्यम से परिवार नामक संस्था का समर्थन है तो परिवार में पुरुष के वर्चस्ववादी रवैये का विरोध भी। हालाँकि लड़की का शादी न करना एक पीढ़ी के माध्यम से इस व्यवस्था का नकार है फिर भी जिजीविषा से भरपूर माँ दो पीढ़ियों के बीच सोच में आए परिवर्तन को बिना लाग-लपेट के रेखांकित करती चलती है। आर्थिक स्वावलंबन ही स्त्री के स्वतंत्र वजूद का आधार है, इस तर्क के साथ मृत्यु के द्वार पर खड़ी माँ बेटी को जीवनसाथी की ज़रूरत का महत्त्व भी बताती है और बेटी की स्वतंत्रता का समर्थन भी करती है।

> *'चले जाने के बाद तुम्हें कहने नहीं आऊँगी। तुम किसी के अधीन नहीं! स्वाधीन हो। लड़की यह ताकत है। सामर्थ्य। शक्ति। समझ रही हो न?'*

कहानी में एक और पात्र है सूसन। अम्मू की नर्स। बेटी की अनुपस्थिति में अम्मू सूसन की भी थाह लेती है, उसके पुरुष मित्र के बारे में और उसे मशविरा भी देती है।

> *'मेरी बात सुनो। न पूरा खर्च तुम किया करो न उसे ही करने दिया करो। आधा-आधा, समझी! नहीं तो यूँ ही हजम कर ली जाओगी।...'*
>
> *'सूसन, शादी के बाद किसी के हाथ का झुनझुना नहीं बनना। अपनी ताकत बनाने की कोशिश करना।'*

इस कहानी से उभरने वाले यथार्थ का मुख्य औजार कहानी के संवाद हैं, यह तो अब तक उद्धृत किए गए उद्धरणों से कुछ-कुछ स्पष्ट हो चला होगा। यदि कहें कि पूरी कहानी ही एक संवाद है तो गलत न होगा। सोबती की कहानियों के संवाद उनकी कहानियों की रीढ़ हैं। यही कारण है कि इन कहानियों के नाट्य रूपांतरण बहुत ही सफल रहे हैं। कथा साहित्य में यह कहानी कथ्य, भाषा और शिल्प की दृष्टि से बेजोड़ है। अम्मू जैसे चरित्र को कथा में अभिव्यक्त करना पेचीदा काम था। अचानक कभी भी अपनी बेटी के प्रति कड़वाहट से भर जाती है, उसे कोसती है। मृत्यु के निकट खड़ी, बीमारी से जूझती एक माँ को ही यह छूट हासिल हो सकती है कि वह अपनी अनब्याही बेटी को समझाने के लिए कड़वी से कड़वी बात बोल दे और सुनने वाली बेटी फिर भी वहीं बनी रहे और माँ का लिहाज रखकर जल्दी ही संयत हो जाए। एक ऐसा चरित्र जिसकी मानसिक अवस्था बहुत कुछ उसकी शारीरिक व्याधि के साथ भी जुड़ी है। लेकिन जो स्त्री के अधिकारों को लेकर बहुत अधिक जागरूक है, जिसके जीवन अनुभव बहुत गहरे हैं, जो जीवन के अंतिम पड़ाव पर जीवन के आर-पार बिना किसी दुविधा के देख सकती है।

कहानी के पूर्वार्द्ध में अम्मू लड़की के निर्णय को लेकर अप्रसन्न है। वह उसे बार-बार कोसती है-

> *तुम इन दिनों किस बात के इंतजार में हो, यह मैं अच्छी तरह जानती हूँ। यही न कि माँ जाए और मुझे फुर्सत हो। इतना बता दो कि खुदमुख्तारी चलाओगी किस पर! तेरी पंक्ति में कोई नहीं!*
>
> *न किसी की माँ, न दादी, न नानी। लड़की तुम हो कुश-घास-तिनका! जो कह रहा हूँ वह समझती तो हो!*

लंबी बीमारी के चलते मृत्यु की ओर बढ़ रही अम्मू का एकालाप पुरुषवादी व्यवस्था पर आधारित समाज का सत्य है। कहानी के विकासक्रम में बेटी की असहमति से वह कहीं न कहीं सहमत भी है। अपने जीवन के अनुभव बेटी से साझा करते हुए यह बात और अधिक स्पष्ट होती है-

> *'लड़की, शादी के बाद औरत पूरे परिवार के लिए शिकारे का माझी बन जाती है। झील में नाव और शिकारे तो देखे हैं तुमने-उन पर सवार परिवार मज़े-मज़े झूम रहे हैं, तैर रहे हैं और वह चप्पू चलाती रहती है-उसका वक़्त तब सुधरे जब वह अपनी जीविका आप कमाने लगेगी। सोचने की बात है कि मर्द काम करता है तो उसके एवज में अर्थधन प्राप्त होता है। औरत दिन-रात जो खटती है बेगार के खाते में ही ना। ममता मोह की स्तुति में अपने को भूली रहती है।'*

दो पीढ़ियों की महिलाओं के बीच वैचारिक टकराव में बेटी का पक्ष पूरी तरह से उभरा है या नहीं यह जानना ज़रूरी है। कहानी के पाठ में हम देखते हैं

कि लड़की बहस में नहीं उलझती। यह बीमार माँ का लिहाज ही नहीं बल्कि अपने पक्ष का मौन समर्थन भी है। माँ के संवादों से ही यह तथ्य उभर कर आता है कि नई पीढ़ी की बेटी की सोच विवाह और परिवार को लेकर बदल रही है। 'ऐ लड़की' की लड़की के सामने यह सवाल नहीं है फिर भी माँ उसे परिवार का महत्त्व समझाती है, क्योंकि उसके संस्कार और अनुभव परिवार के साथ ही जुड़े रहे हैं। मनुष्य जीवन में परिवार ही एक ऐसी इकाई है जो मनुष्य को सामाजिक बनाती है। इस इकाई से जुड़े स्त्री-पुरुष संबंधों को समता के धरातल पर लाकर ही मानव जीवन को सार्थक बनाया जा सकता है। जाहिर है, लड़की की शादी न करने की सोच अपने ही समाज से मिले अनुभवों से ही निर्मित हुई है।

अम्मू बीमारी के चलते कभी भी ऊँघने लगती है और नींद टूटते ही पुनः बोलना शुरू कर देती है। वह आने वाली मृत्यु की आहट सुन चुकी है, पर मृत्यु को लेकर किसी भय की व्याप्ति वहाँ दिखाई नहीं देती। मृत्यु का बोध उसे किसी पंडे-पुरोहित या दान-दक्षिणा के द्वार तक नहीं ले जाता। जो थोड़ी-बहुत कड़वाहट उसके संवादों में दिखती है वह लंबी बीमारी की वजह से कष्ट के चलते है, आने वाली मृत्यु को लेकर कोई भय या खीज नहीं है। लड़की माँ का मन बदलने के लिए पाठ रखवाने की बात कहती है, माँ का जवाब आता है-

> *'सोच तो अच्छा रही हो। वाणी अमृत है। सुनने से मन शांत होता है। पर पाठ संकीर्तन बाद में ही रखवाना। लंबे-चौड़े झमेलों में न पड़ना। रसोई में काहे की सुगंध आ रही है? हलवे की तैयारी है क्या?'*

परिवार में पुरुष के स्वामी होने की सदियों से पक चुकी मानसिकता उसमें अहं को जन्म देती है। यह अहं पुरुष के बाहुबल से भी जुड़ा रहा है। स्त्री को अपने अधीन समझने से जन्मा अहं। अम्मू बीमारी में कई नई-पुरानी बातें याद करती है। जो बीत चुका है उसे दोहराती है। एक ज़िक्र रेल से पहाड़ी यात्रा का भी आता है जहाँ वह पति और सास-ससुर के साथ है। घुमावदार रास्ते में जब उससे बार-बार पूछा जाता कि चक्कर तो नहीं आ रहा, वह हर बार न में जवाब देती है। पति को बात अखर जाती है कि घुमावदार रास्ते में एक औरत को चक्कर न आए ऐसा कैसे संभव है। अम्मू थोड़े संकोच के बाद जवाब देती है-

> *'मेरा फैसला है कि मुझे चक्कर नहीं आना चाहिए तो आएगा कैसे! तुम्हारे पिताजी के तेवर चढ़ गए-यह पहाड़ी घुमाव हैं, यहाँ अपने फैसले काम नहीं आते!*
>
> *दादा साहिब ने बेटे को गुम सा इशारा किया-हम अपनी बेटी से बहुत खुश हैं। घुड़सवारी करती रही है। घोड़ों को काबू करना जानती है। इसी से अपने पर भरोसा रखती है।*

*तुम्हारे दादा-दादी दोनों हँसते रहे, पर तुम्हारे पिता ख़ामोश बने रहे! जाने क्या था सहज भाव से कही यह बात हम दोनों के बीच बहुत देर तक पड़ी रही।'*

पुरुष का अहं कैसे यह स्वीकार कर सकता है कि उसकी लगाम किसी औरत के हाथ में आ जाए। अम्मू इस बात का ज़िक्र करते हुए कहती है कि पुरुष का रुआब स्त्री पर रहना चाहिए क्योंकि उसका स्थान परिवार की व्यवस्था में स्त्री से ऊपर है, पर साथ ही कामना भी करती है-

*'अगर पुनरागमन की बात में कुछ तत्त्व है तो अगले जन्म में पुरुष बनकर देखना चाहती हूँ। पता तो चले कैसे चलवंत सैनिक स्त्री और परिवार पर छाया रहता है। हँसने की नहीं, यह गहरी बात है। हर औरत इसे समझती और बूझती है।'*

पुरुष सत्तात्मक समाज में स्त्री के भी अपने हथियार होते हैं। जिनसे वह पुरुष को साधने का उपक्रम करती रहती है। सोबती उन्हें नज़रअंदाज़ नहीं करतीं। अपने बेटे का ज़िक्र आने पर अम्मू अपनी बहू के संदर्भ में यह तथ्य भी सामने रखती है-

*-वह औरत क्या जो बेटे की माँ को न पछाड़ सके।*

*-अम्मू आप भी तो इस सफर से गुज़री हैं।*

*-मैंने भी यही किया होगा, सभी करती हैं।*

*-ज़रूरी होता है क्या?*

*-यही समझ लो। घर वाले की मिल्कियत पर तन-मन की मोहर लगाती है औरत। उसे लगानी पड़ती है। नहीं तो उसका सुख-चैन भंग।*

परिवार में स्त्री-पुरुष संबंधों की खींचतान को सोबती ने गहराई से देखा-समझा है। 'दिलो-दानिश' में परिवार के अंदरखाने चलने वाली इस अघोषित राजनीति को उपन्यास के पात्रों के क्रिया-कलाप में आसानी से पढ़ा जा सकता है। इस नीति के पीछे अर्थनीति भी अपनी भूमिका निभाती है, जिससे पुरुष का वर्चस्व और स्त्री द्वारा अपने पक्ष में ली जाने वाली छूट निर्धारित होती है। 'ऐ लड़की' में अम्मू इस गूढ़ रहस्य की विवेचना लड़की की उपस्थिति में करती हैं।

उपन्यास के उत्तरार्द्ध में अम्मू लड़की के पक्ष में भी मुखर होती है और लड़की भी माँ से परिवार के बीते हुए कल के बारे में और ज़्यादा जानना चाहती है। इस बहाने वह बीती हुई पीढ़ी के अनुभव अर्जित करती जाती है।

अम्मू को इस बात का मलाल है कि उनके पिताजी अपने अंतिम समय में बेटियों के पास होने के बावजूद बेटे को ही याद कर रहे थे, लेकिन अपना अंतिम समय आने पर अम्मू भी बेटे को ही याद करती है। सोच का परिष्कृत होना अलग बात है और संस्कारों का बदलना दूसरी बात है। अम्मू को पिता द्वारा किया गया भेदभाव ज़रूर अखरता रहा, लेकिन अपना अंतिम समय आने पर कहीं न कहीं

अवचेतन में रचे-बसे संस्कार हावी हो जाते हैं। अम्मू की एक और ब्याहता बेटी है, पर याद उसे बेटा ही आता है। संस्कारवश मन के अंदरूनी कोनों में छिपा पुत्र मोह सामने आ ही जाता है। परलोक की यात्रा के विधान की भूमिका तो बेटे को ही निभानी है। एक बड़े लेखक की तटस्थता ही पात्रों द्वारा लिए जाने वाले निर्णयों को उचित दिशा दे सकती है और वही इस कहानी में होता हुआ दिखता है।

यह कहानी वास्तव में दो पीढ़ियों की नहीं, तीन पीढ़ियों की सोच और उसमें आने वाले अंतर को व्यक्त करती है। अम्मू और लड़की दो पीढ़ियों की सोच का वहन करती हैं। यहाँ तुलना अपनी से पहली वाली पीढ़ी से भी होती है। स्त्री को लेकर अपने मायके और ससुराल की सोच में अंतर को भी अम्मू सामने लाती है। मायके में 'गहरी लकीर खींची पड़ी थी लड़के और लड़की में। ससुराल की हवा कुछ अलग थी। वैसा भेदभाव नहीं था पर परिवार के अपने नियम-कायदे थे।' अम्मू ने दोनों ही तरह की दुनिया को जिया और वहीं से स्त्री के सामर्थ्य को समझने की दृष्टि विकसित की। इस दृष्टि से लड़की की तीसरी दुनिया अम्मू के लिए एक साथ स्वीकार और नकार की दुनिया थी, जिसकी स्वतंत्रता की कायल तो वह थी, पर उस स्वतंत्रता में उसे पूर्णता नज़र नहीं आती थी। इस विमर्श को अद्‌भुत तरीके से सामने लाने वाली यह कहानी एक मील का पत्थर है।

# यूँ खिलते हैं सूरजमुखी

सूरजमुखी अँधेरे के

'सूरजमुखी अँधेरे के' बेहद सधी हुई पारदर्शी भाषा में लिखा गया उपन्यास है। ऐसी कथा वस्तु का चुनाव सोबती ने किया, जिस पर एक संवेदनशील लेखिका ही लिख सकती थी। बाल यौन अपराधों को लेकर पुरुषवादी सोच वाले समाज में घटनाएँ या तो सामने आती नहीं या फिर उन्हें दबाने-छिपाने का हर संभव प्रयत्न किया जाता है। बच्चों के साथ यौन अपराध से जुड़े मामले अब मीडिया की सक्रियता और कुछ हद तक समाज में बढ़ी जागरूकता के चलते सामने आने लगे हैं। फिर भी इस बात पर किसी का ध्यान नहीं जाता कि बाल मानसिकता पर ऐसी घटनाओं का कितना गहरा प्रभाव पड़ता है। बाहरी तौर पर न दिखाई देने वाला यह घाव अंदरूनी तौर पर इतना गहरा भी हो सकता है कि स्त्री की मानसिकता को उम्र भर तकलीफ में रखे। उसके पूरे व्यक्तित्व को आहत करे।

इस उपन्यास की कहानी एक ऐसी ही लड़की की कहानी है जो बचपन में घटी बलात्कार की घटना का दंश बड़े होने तक झेलती रहती है। एक बर्फ उसके व्यक्तित्व पर जम जाती है और बड़े होने पर भी वह किसी पुरुष के साथ स्वाभाविक संबंध नहीं बना पाती। भावनात्मक और शारीरिक आवश्यकताओं के सामने बचपन में घटी घटना से मिले घाव हरे हो जाते हैं। यह बर्फ रत्ती के जीवन में दिवाकर नाम के संवेदनशील पुरुष के आने से पिघलती है। रत्ती के बचपन में घटी बलात्कार की घटना, उस घटना के चलते विकसित होने वाली मनोवैज्ञानिक ग्रंथियाँ, उसके जीवन में आने वाले पुरुष मित्र, उन्हें लेकर भावनात्मक स्तर पर असहजता और फिर उस असहजता को सहज बनाने वाला दिवाकर, इसी कथ्य के इर्द-गिर्द उपन्यास घूमता है। इन घटनाओं के बीच के उस प्रसंग का ज़िक्र महत्त्वपूर्ण है, जिसने रत्ती को अपने ही प्रति निष्ठुर बना दिया। यह रत्ती के बचपन के साथियों और सहपाठियों के बीच का दौर है। हमारा समाज ऐसी घटनाओं को लेकर कितना असंवेदनशील है यह रत्ती के सहपाठियों के व्यवहार से प्रकट होता है। आखिर बच्चे बड़ों से सुनी बातों को ही दोहराते हैं, इसलिए हम इसे मात्र बच्चों की प्रतिक्रिया नहीं कह सकते। सभी बच्चे रत्ती को गंदी लड़की कह कर चिढ़ाने लगते हैं। रत्ती की अज्जू से बात हो रही है। बाल सुलभ बातचीत में अज्जू रत्ती को बता देता है कि कौन उसके बारे में क्या कहता है–

अज्जू ने कान के पास मुँह लगाकर धीरे से कहा–

*'किसी ने बुरा काम किया था न तुम्हारे साथ! खून निकला था न!'*

*रत्ती ने कुछ सुना नहीं। फटाक से सूरजमुखी का फूल अज्जू के मुँह पर दे मारा–*

*'मारूँगी, मैं तुम्हें और मारूँगी।'*

*रत्ती ने अज्जू का सिर धुनक दिया। अज्जू ऊँचे-ऊँचे रोने लगा–*

*'मैं ही अकेला थोड़े कहता हूँ। सब लड़के-लड़कियाँ...'*

*रत्ती ने घूंसों से पीटा...इधर-उधर फिर ज़मीन पर पटक दिया-*

*'मिस डेविड से कह कर 'पनिश' करवाऊँगी।'*

*'मुझे क्यों मारती हो रत्ती...डाक्टर अंकल की लड़की डिंपी सबसे कहती फिरती है।'*

*इसके बाद रत्ती वहाँ रुकी नहीं। भागती गई और रोती गई।*

*नुचे हुए पंखों-सी सूरजमुखी की पंखुड़ियाँ सड़क पर बिखरी रहीं...*

*वह हवाघर...वह भद्दा चेहरा और-वह नीचे पटकता हाथ।*

इस संवाद से पूरे उपन्यास में निर्मित रत्ती की मानसिकता समझी जा सकती है। पहले तो एक अमानुषिक घटना का शिकार होना, फिर उस पर निष्ठुर सामाजिक प्रतिक्रिया, यह बातें रत्ती को हिंसक बना देती हैं। वह अपने कई सहपाठियों को पीटती है। शिकायत मिलने पर घर में माता-पिता की हिंसा का शिकार होती है, लेकिन वहाँ रत्ती की प्रतिहिंसा कप-प्लेट तोड़ने और माता-पिता की बात न मानने में प्रकट होती है। ये घटनाएँ उसे अकेलेपन की तरफ धकेलती हैं जो अंत तक उसका पीछा नहीं छोड़तीं। इस बीच रत्ती के जीवन में बहुत से पुरुष मित्र आते हैं, पर वह किसी के भी साथ न तो सहज हो पाती है और न ही किसी को एक सीमा से आगे बढ़ने देना चाहती है। अपने इस स्वभाव के चलते वह पुरुष साथियों के धिक्कार और उपहास का पात्र भी बनती है। बर्फ की ठंडी परतें उसके स्वभाव में जमती चली जाती हैं।

उपन्यास की शुरुआत वर्षों बाद फिर से उसी हवाघर के पास पुनः जाने और दुखद स्मृतियों के लौटने से होती है। वह अपने दोस्तों रीमा और केशी के पास शिमला में है। उनका एक छोटा-सा बेटा भी है। परिवार की यह गरिमा उसे सुखद अहसास से भर देती है पर वह अपने इस प्रवास में दोस्तों के साथ भी बहुत सहज नहीं रह पाती। अपने इस अकेलेपन को शराब में घोलना चाहती है। अंत में दिवाकर का साथ इस बर्फ को पिघलाता है और रत्ती एक स्त्री होने का वह सुख पा जाती है, जिससे वह अब तक वंचित थी।

इस अंतिम अध्याय की काव्यात्मक भाषा इसे पठनीय बनाती है। यह आलोचकीय आक्षेप कि रत्ती और दिवाकर के यौन संबंध का वर्णन करने के लिए ही इस उपन्यास की तैयारी की गई, तर्कसंगत नहीं जान पड़ता। हमें यह जानना होगा कि उपन्यास का उद्देश्य क्या है। उपन्यास का उद्देश्य यह बताना है कि एक लड़की के साथ बचपन में घटी अमानवीय घटना और सामाजिक संवेदनहीनता, घटना की शिकार लड़की के लिए कितनी घातक सिद्ध हो सकती है। यह घटना और समाज का व्यवहार किस तरह से एक अबोध बालिका की मनःस्थिति को प्रभावित कर सकता है। इन सब घटनाओं के चलते उसके स्वभाव में पैदा हुआ बीहड़ उसे इस कदर अकेला कर देता है कि न तो वह परिवार बसा पाती है और न ही किसी पुरुष

मित्र के प्रति निकटता का अहसास जगा पाती है। दिवाकर रत्ती के इस स्वाभाव को लेकर अतिरिक्त रूप से संवेदनशील हैं। यह निकटता रत्ती को अपने ही प्रति हिंसा से दूर करती है और कुछ समय के लिए वह पुरुष की निकटता में स्त्री होने का अर्थ समझ पाती है। उसके अंदर की ग्रंथियाँ खुल जाती हैं, जमी हुई बर्फ पिघल जाती है। बाकी, यह तो आलोचकों ने भी माना है कि अंतिम प्रसंग का चित्रण काव्यात्मक भाषा में किया गया है। इसमें इतना और जोड़ना ज़रूरी है कि बचपन में हो चुकी दुर्घटना के संकेत ही उपन्यास में मौजूद हैं, ऐसे संकेत जो भय पैदा करते हैं। लेखक का आग्रह इस घटना के चलते रत्ती के चरित्र में आती ग्रंथियों को बहुत गहराई से समझ कर प्रस्तुत करना है और साथ ही इस मनःस्थिति से बाहर निकलने की प्रक्रिया को भी।

जिस भाषा में इस जटिल कथ्य को प्रस्तुत किया जाना था, वह अपने आप में महत्त्वपूर्ण है। इस कथ्य को अभिव्यक्त करने के लिए सोबती ने गहरी संवेदनशीलता और धैर्य का परिचय दिया है। इस दृष्टि से यह उपन्यास हिंदी गद्य की गहराई और समर्थता का भी प्रमाण है। यूँ तो साहित्य में कुछ भी वर्जित नहीं होता, पर लेखक किसी कथ्य को भाषा की काया में किस तरह ढालता है यह महत्त्वपूर्ण होता है। यह सिर्फ इस उपन्यास में ही नहीं यारों का यार, मित्रो मरजानी, ऐ लड़की और 'ज़िंदगीनामा' में अलग-अलग तरह से देखने को मिलता है।

# शह और मात का खेल

दिलो दानिश

दिलो दानिश कृष्णा सोबती की कथा-यात्रा का महत्त्वपूर्ण औपन्यासिक पड़ाव है। बीसवीं सदी की दिल्ली के गली-कूचों के बीच धड़कती ज़िंदगी के बीच स्त्री-पुरुष संबंधों की पड़ताल दिलो दानिश का कथ्य है।

परिवार एक ऐसी सामाजिक इकाई है, जो स्त्री-पुरुष संबंधों को व्यवस्था में बाँधती है। माता-पिता, पति-पत्नी, भाई-बहन जैसे रिश्तों की एक शृंखला बनती चली जाती है। इस व्यवस्था को चलाने वाले नियम-कायदे अधिकतर समाज द्वारा तय किए जाते हैं और कुछ कायदे देश के संविधान और कानून द्वारा। परिवार में मनुष्य को सामाजिक सुरक्षा का अहसास होता है। समाज का नियंत्रण एक तय की गई व्यवस्था के अनुसार चलता रहता है। इस व्यवस्था का कोई विकल्प भी मौजूद नहीं, इसलिए यह विश्व भर में स्वीकार्य व्यवस्था है, भले ही इस व्यवस्था में दरारें आ रही हों।

परिवार नाम की यह संस्था हमेशा से कृष्णा सोबती के रचना कर्म के केंद्र में रही है। 'मित्रो मरजानी', 'ऐ लड़की' और 'दिलो दानिश' में मुख्य रूप से। परिवार की प्रासंगिकता पर सवाल न उठाते हुए उनके पात्र परिवार की दरारों के भीतर झाँकने का प्रयास करते हैं। इस प्रयास में जो संबंध उद्घाटित होते हैं वह स्त्री पुरुष संबंध ही हैं। 'दिलो दानिश' इन संबंधों की विस्तृत पड़ताल करता है।

लाल किले के आसपास की दिल्ली की यह ज़िंदगी पूरी तरह से परिवार के अंदर इंसानी रिश्तों की शतरंज की कहानी है। भले ही इस उपन्यास का कालखंड बीसवीं सदी के पूर्वार्द्ध की पृष्ठभूमि में रचा गया है फिर भी स्त्री-पुरुष संबंधों की गहन पड़ताल इसे आधुनिक बनाती है। जिस बारीकी से पारिवारिक रिश्तों की यह गाथा पुरुष सत्तात्मक समाज में अपने वजूद के लिए संघर्षरत नारी की कहानी कहती है वह कई सवालों को जन्म देती है।

## बाजीगर के हाथों रिश्तों की डोर

परिवार में पुरुष के इर्द-गिर्द रिश्तों का ताना-बाना इस तरह बुना जाता है कि स्त्री कमजोर और बेबस नज़र आए। जाहिर है, जब ऐसा होगा तो वह हरदम पुरुष का आश्रय ढूँढ़ेगी। आर्थिक रूप से पुरुष पर आश्रित स्त्री की निर्भरता तो पूरी तरह से पुरुष पर ही है। इस जटिल रिश्ते की डोर पुरुष अपने हाथ में लिए रहता है। इसी डोर को साधे रखने और कमजोर पड़ते जाने की कथा 'दिलो दानिश' है।

उपन्यास में मौजूद परिवार की बात करें तो कहानी के केंद्र में कृपानारायण हैं। रसूख़दार और पेशे से वकील। कृपानारायण घर में ब्याहता कुटुंब प्यारी और बाहर प्रेमिका महक बानो के बीच बखूबी संतुलन साध कर चलते हैं। वह समय ही ऐसा था जब समाज में पुरुष के लिए पत्नी के अतिरिक्त अन्य स्त्रियों से संबंध रखना असमान्य बात नहीं थी। पुरुष दूसरी स्त्री को घर में ला कर नहीं बैठा देता तो स्त्री इसी में गनीमत समझती थी। उसकी दौड़ केवल इतनी थी कि प्रेमिका पर सब कुछ

लुटा देने से पति को बचाए रखे। पत्नी कुटुंब प्यारी से दो बच्चों के अलावा प्रेमिका महक बानो से भी कृपानारायण की दो संतानें हैं, महकबानो और उसके बच्चों के लिए अलग मकान की भी व्यवस्था है। कृपानारायण जीवन के इस शुरुआती दौर में रिश्तों की तमाम डोरों को साधे रखते हैं।

कुटुंब प्यारी की स्थिति साँप के मुँह में छछूंदर वाली है। वह न तो अपने पति की प्रेमिका को लेकर विद्रोह कर सकती है न ही अपने पति को बाँध कर रख सकती है। वह केवल अपने पति की प्रेमिका महकबानो से ईर्ष्या कर सकती है। मौके-बे-मौके कुटुंब प्यारी अपने दाँव खेलने और तेवर दिखाने से नहीं चूकती और कम से कम इस लड़ाई में सफल रहती है कि कृपानारायण अपने घर की जिम्मेदारियों और पत्नी के हक को न भूलें। वह कृपानारायण द्वारा महकबानो को दिए सोने के कड़े पर भी हक जमाने में कामयाब होती है। बस इतनी ही दौड़ है कुटुंब प्यारी की इस उपन्यास में। वह मौका देख कर पासा फेंकने के लिए सही समय का इंतज़ार करती मजबूर औरत नज़र आती है।

## ढीली पड़ती डोर और बाजीगर के दाँव

कृपानारायण यदि बाजीगर हैं तो महकबानो डोर से बंधी उनकी चहेती। शुरू में वह कृपानारायण को रिझाती और अपने तथा अपने बच्चों के भविष्य की चिंता करती एक आश्रिता नज़र आती है, जो कृपानारायण के प्रेम की डोर से बंध कर अपना जीवन सुरक्षित समझती है। जैसे-जैसे समय बीतता है और उसे लगता है कि डोर उसके हाथ से छूटती जा रही है। समय बीतने के साथ-साथ उसे एहसास होता है कि कृपानारायण की रुचि केवल उससे पैदा किए बच्चों में अधिक है और उसमें कम। महकबानो के बच्चे जब बड़े होते हैं तो परिवार की अर्थव्यवस्था के नियंत्रक पिता का साथ देने में उन्हें समझदारी नज़र आती है। यहीं महकबानो का भ्रम टूटना शुरू होता है और वह माँ के गहनों के रूप में कृपानारायण के पास रखी अपनी पूँजी की माँग शुरू करती है। उसके बेटे बदरू का झुकाव शुरू से ही पिता की तरफ नज़र आता है या कहिए कि पुरुष प्रधान समाज में वह भी पुरुषोचित व्यवहार करता है। महकबानो मानो अलग-थलग पड़ जाती है। यही असुरक्षा उसे अपने अधिकार पाने के लिए प्रेरित करती है। उसे विद्रोह करने की ताकत मिलती है। उसका यह विद्रोह अपने अधिकारों को लेकर है जो पुरुषप्रधान समाज में आसानी से नहीं मिलते।

महकबानो रिश्तों की सभी डोरें अपने हाथ से निकलती देख समर्पण के बजाय विद्रोह का रास्ता चुनती है।

## शह और मात का खेल

कृपानारायण की बहन, जो छुन्ना बुआ के नाम से जानी जाती है वह विधवा है और अपने वजूद को बनाए रखने के लिए जीवन भर जूझती रहती है। कभी पीहर

में भाभी-भावजों के साथ तो कभी ससुराल में सास और देवर-देवरानी के साथ। विधवा होने के बावजूद वह जीने का हक नहीं छोड़ती और अपने अधिकारों की रक्षा के लिए अटल रहती है। 'दिलो दानिश' में दिल और दिमाग का खेल लगातार चलता रहता है, कहीं शह है तो कहीं मात।

स्त्री-पुरुष संबंधों के बीच शतरंज की तरह चलने वाले इस खेल में महक और छुन्ना बुआ जैसे अलग-थलग नज़र आने वाले स्त्री पात्र बाजी जीतने में सफल होते हैं। उपन्यास के ये पात्र विपरीत स्थितियाँ देख कर अपने आप को मजबूत करते हैं और अपने अस्तित्व की लड़ाई आप लड़ते हैं।

छुन्ना के एक तरफ भाई का घर है, जहाँ वह भाभियों को अखरती हैं तो दूसरी तरफ ससुराल में सास और देवर की नज़र छुन्ना के जेवरों पर है। यह तो छुन्ना का अपना व्यक्तित्व ऐसा है कि न तो पीहर में उसके सामने किसी की कुछ कहने की हिम्मत है और न ही ससुराल में किसी की दबाव डालने की। लेकिन विधवा औरत को समाज किस तरह हाशिये पर डाल देने को तत्पर रहता है यह इस उपन्यास में भी नज़र आता है। दिलचस्प है दोनों तरफ के टकराव में छुन्ना का मजबूत होकर उभरना। पीहर में पीठ पीछे बच्चे भी खिल्ली उड़ाते हैं-

*कल गई थीं सासरे*
*अब लौट आई हैं*
*होंगे झगड़े और लड़ाई*
*बुआ लौट आई हैं*
*करती धरती कुछ नहीं*
*बस वाहवाही है*
*होंगे झगड़े और लड़ाई*
*बुआ लौट आई हैं*

इस तरह की तुकबंदियाँ घर में छुन्ना के प्रति बड़ों की सोच को बच्चों के माध्यम से ध्वनित करती हैं। उपन्यास में विभिन्न संदर्भों में जगह-जगह इस तरह की तुकबंदियाँ मौजूद हैं। एक भतीजे से बुआ तक यह बात पहुँचती है-

*'छुन्ना को सनाका-सा लगा और दिल के आरपार हो गया। तो पीहर में हमारी रोटियाँ भारी पड़ने लगीं। नाम ले-लेकर नज़्में गाई जाने लगीं।'*

अलबत्ता समाज के चोंचले छुन्ना बुआ भी भली-भांति समझती हैं और आगे की कठिन राह के लिए कमर भी कसती हैं-

*'...कमबख़्त हमारे यहाँ धौंस-धमाका सुहाग-बिंदी का ही है। बिना इसके हम जैसे या तो घर भर का तमाशा या बदशगुनी की पुड़िया। अच्छे मौकों पर हमें नज़र न आना चाहिए।'*

देवर छैलबिहारी जब छुन्ना बुआ को ससुराल ले जाने दिल्ली आते हैं तो उधेड़-बुन को शब्द देते संवाद अंतर्द्वंद्व को मुखर करते हैं। शह और मात के इस खेल में अंदर और बाहर की भाषा का संतुलन देखते ही बनता है। छुन्ना ससुराल तो जाती हैं पर जेवरों पर नज़र रखने वाले ससुरालियों को चाबी पीहर भूल आने का बहाना लगा कर मात देती हैं। यही नहीं, वह सास की सफेद धोतियाँ पहनने की पेशकश ठुकरा कर देवरानी को ब्याहता स्त्रियों वाली धोतियाँ लाने का फरमान सुनाती है। वह स्पष्ट कर देती है कि उसका हक मारने का कोई मंसूबा सफल नहीं होने वाला।

इस उपन्यास को जीवंत बनाने के लिए कृष्णा सोबती ने जो भाषिक संसार रचा है वह उपन्यास को पारदर्शी और रोचक बना देता है। दिल्ली के जाड़े में रजाइयों, दुलाइयों और निहालियों का इंतजाम करने के नितांत घरेलू वातावरण की बनावट से उपन्यास शुरू होता है। यह वातावरण बिना किसी प्रयास के पाठक को लेखक द्वारा चुने गए कालखंड में ले जाता है। पुराने दिनों की पुरानी दिल्ली में। इसके लिए लेखक को बीच में हस्तक्षेप की ज़रूरत नहीं पड़ती। आज के दौर की वर्णात्मक कथा शैली में समझाने की ज़रूरत नहीं पड़ती कि...उन दिनों की बात है जब देश आज़ाद नहीं हुआ था...जैसा जुम्ला, जो कई कहानीकार काल खंड विशेष में कहानी को ले जाने के लिए अक्सर दोहराते हैं। किसी कालखंड को ज़िंदा करने का कृष्णा सोबती का अपना अंदाज़ है जिससे कथ्य के अनुरूप भाषा प्रामाणिक बनाती है। उस भाषा के जरिये वह पाठक को उस कालखंड में ले जाती हैं जो उनकी रचना के केंद्र में है। दिलो-दानिश की कहानी पुरानी दिल्ली के इलाके के परिवेश में रची गई है। इस परिवेश को ज़िंदा करने के लिए हिंदी-उर्दू का भाषिक मुहावरा रचा गया है। कई तरह के बारीक ब्योरे मौजूद हैं जो उपन्यास की संरचना में गुँथे हुए हैं। उपन्यास की कहानी परिवार विशेष की नहीं, बल्कि पूरे सामाजिक परिवेश की कहानी है, जहाँ संबंधों की बिसात पर चालें हमेशा से चली जाती रही हैं, चली जाती रहेंगी। इस उपन्यास की शुरुआती पंक्तियाँ ही पाठक को आगे बढ़ने के लिए आमंत्रित करती हैं–

> *''इस बार जो चिल्ला पड़ा तो शहर भर को कँपकँपी लग गई। गहराता जाड़ा लाल किले की महराबों को फलाँग जामा मस्जिद की सीढ़ियों पर पसर गया। रजाइयों, दुलाइयों और निहालियों के ढेर। हवा में झिलमिलाती पतली धूप। रंग-बिरंगी रजाइयों में पड़ते डोरे मानो दिल्ली के बाशिंदों पर आड़ी-तिरछी रेखाएँ खींचने लगे।''*

उपन्यास में कृपानारायण, महकबानो और कुटुंब प्यारी के त्रिकोण के इर्द-गिर्द और भी कई कोण हैं, जो रिश्तों की रस्सा-कशी में कभी एक तरफ तो कभी दूसरी तरफ पाला बदलते नज़र आते हैं। मानो हर व्यक्ति परिवार में, अपने रिश्ते-नातेदारों में अपने अस्तित्व के लिए संघर्षरत है। दरअसल, परिवार के भीतर अस्तित्व की यह लड़ाई किसी भी कालखंड में समाज का अटूट सत्य है। मनुष्य के रिश्ते-नाते जिस

डोर से बंधे हुए हैं उसमें कितनी गाँठे हैं यह परिवार की परिधि में आने वाले लोग ही जान सकते हैं। उसमें भी आर्थिक रूप से आश्रित स्त्री की स्थिति किसी भी समय के दौर में लगभग एक-सी रही है। पुरुष की प्रधानता स्त्री की स्वतंत्रता की परिभाषा रचती आई है और पुरुष उनके लिए लक्ष्मण रेखाएँ तय करता आया है। इस दृष्टि से सोबती का यह उपन्यास समसामयिक भी उतना ही है जितना कि ऐतिहासिक।

उपन्यास में महकबानो की निर्णायक भूमिका पुरुष वर्चस्व का तिलिस्म तोड़ती है। ज़िंदगी के इस खेल में महकबानो को लगता है कि वह चारों ओर से घिर रही है। पहले तो कुटुंब प्यारी कृपानारायण के साथ आकर महक को नज़र किया गया कंगन हथियाने में कामयाब रहती है। फिर बेटे बदरू और यहाँ तक कि बेटी मासूमा भी माँ से किनाराकशी करते हुए दिखते हैं। कृपानारायण और महक की बेटी मासूमा की शादी तय होती है। महक भले ही मासूमा की माँ है, पर समाज के लिए तो कृपानारायण की रखैल से अधिक कुछ नहीं। कृपानारायण शादी तो करा रहे हैं, पर शर्त यह है कि महकबानो न तो शादी में शामिल होंगी और न ही उसके बाद कभी बेटी मासूमा से मिल पाएँगी। इससे बड़ी विडंबना समाज में एक बिन ब्याहता माँ के लिए और क्या हो सकती है। सभी यह मान कर चलते हैं कि मजबूर महकबानो विरोध नहीं कर सकती। महक अपने बच्चों को बातों ही बातों में तोलती है। यहाँ उपजा संवाद बच्चों के सुनहरे भविष्य के लिए माँ से कुर्बानी ही माँगता है--

> *'देखो बेटे, तुम दोनों अब बच्चे नहीं। हम भी तुम्हारी माँ हैं, ग़ैर नहीं। मासूमा के ससुराल वालों ने जो शर्त रखी है, सोचने पर तुम्हें कैसी लगती है?'*
>
> *'अम्मी, उनकी ज्यादती है, पर अब जो है सो है।'*
>
> *'हमारी बेटी को न इस घर में आने की इजाज़त होगी और न ही अपनी माँ से मिलने की। अब हम दोनों पर छोड़ देते हैं। चाहे जो फैसला करो।'*
>
> *बदरू आन की आन में अपने बाप बन गए। उन्हीं के अंदाज़ में बोले, 'आपकी ओर से तो दूर अंदेशी और लिहाजदारी की ज़रूरत है। आप भी चाहेंगी कि आपा की शादी हो जाए।'*
>
> *बेइख्तियार जी हुआ कि रो लें पर अपने पर काबू पाकर कहा, 'हम अपनी बेटी की माँ हैं। हर माँ को अपने बच्चों के लिए ममता होती है। हमसे यह उम्मीद करना कि मासूमा की शादी के बाद उसे देख नहीं पाएँ...।'*
>
> *मासूमा ने अपने हाथों में मुँह छिपा लिया। रोने लगी। महक की अपनी आँखें छलछला आईं-दबे पाँव सामने से निकल गईं।*
>
> *बेटी की सिसकियाँ सुनकर चाहा चीखकर कहें-'बेटी एक बार तो कहती: अम्मी, आपको छोड़कर कैसे जाऊँगी। याद करने को कुछ तो रहता इस माँ के पास।'*

अपने ही बच्चों के व्यवहार में निहित स्वार्थ महक के सामने उसके भविष्य की कड़वी तस्वीर ला खड़ी करता है, जहाँ अकेली ज़िंदगी में उसका साथ देने वाला कोई नहीं है। उसके दोनों बच्चों को पिता का साथ देने में अपना भविष्य सुरक्षित नज़र आता है। अपने ही बच्चों की किनाराकशी महकबानो के जीवन में तूफान ला खड़ा करती है। उसे चारों तरफ घुप्प अँधेरा नज़र आता है। कई बार गहन हताशा ही अधिकार की लड़ाई की इबारत लिखती है। स्त्री होने के नाते जीवन में अकेले और बेसहारा होने का यह बोध ही महकबानो को अपने अस्तित्व को पहचानने की ताकत दिलाता है। अपने वजूद को दीये कि लौ-सा धीरे-धीरे बुझने देना या फिर मशाल बन कर जलना, दो ही विकल्प उसके सामने हैं। कृपानारायण की बहन छुन्ना का व्यक्तित्व भी महकबानो की आँखें खोलता है। वह सोचती है–

> *''जितनी अकल उतना ही हौंसला। हौंसला। क्या हममें रत्ती भर भी हौंसला बाकी नहीं।'*

छुन्ना से मिला अहसास उसमें हिम्मत पैदा करता है। इस विडंबना से उबरने के लिए महक अपनी लड़ाई आप लड़ने का फैसला करती है।

दानिशमंद तो महक है ही, अब हौसला करना है, शुरुआत ही कृपानारायण को शह देने से की जाती है। महकबानो के खानदानी जेवर जो कृपानारायण के अनुसार उन्होंने हिफाज़त से रख छोड़े थे, कृपानारायण को महंगे पड़ते हैं।

> *'महक के सामने बरसों से लटका चिलमन का परदा पल भर में उड़कर जाने कहाँ चला गया। जो नज़र आया वह बिल्कुल साफ था। बड़े तंज से कहा, हमारे जेवर तो हम तक पहुँचाइए। अब हम और इंतज़ार न करेंगे। वकील साहिब सकते में आ गए..'*

लगभग मात खा चुकी महकबानो जब शतरंज की बिसात पर खान साहब के रूप में नया मोहरा चलती है तो बाजी पलटती नज़र आने लगती है। वह बखूबी जानती है कि खाँ साहब का झुकाव उसकी ओर है। वह खाँ साहब की ओर कदम बढ़ाती है, जानती है हमेशा की तरह पलकें बिछाए तैयार मिलेंगे। कृपानारायण को आज तक सफलतापूर्वक खेले गए दाँव कारगर नज़र नहीं आते। मजबूरन उन्हें गहनों की संदूकची खाँ साहब के माध्यम से महक तक पहुँचानी पड़ती है। महक को अपने वजूद का अहसास होता है।

> *''अंदर महकबानो मुस्कुरा दीं–आज से पहले हम औरत नहीं थे। ओढ़नी थे, अँगिया थे, सलवार थे। जूती अपनी थी और पाँव किसी को सौंप रखे थे।''*

महक में अपने निर्णय लेने की क्षमता का पैदा होना एक लगातार चले आ रहे स्त्री शोषण की प्रतिक्रिया है। कृष्णा सोबती के पात्रों का यह निर्णय नाटकीय नहीं फिर चाहे रिश्तों की भावुकता से स्वयं को अलगाती महकबानो हो या फिर उसके विपरीत घर वापसी का निर्णय लेती 'मित्रो मरजानी' की मित्रो हो। यह महत्त्वपूर्ण

है कि कृष्णा सोबती के लेखन में पात्रों के निर्णय स्थितियाँ निर्धारित करती हैं। कथाकार का अनावश्यक हस्तक्षेप वहाँ नहीं होता।

उपन्यास के अंत में पाठक कृपानारायण को ज़िंदगी के अंतिम पड़ाव पर पाता है। जैसा कि होता है, व्यक्ति इस पड़ाव पर जीवन का लेखा-जोखा दोहराता है। पुरानी बातें याद करते हुए वह बहन छुन्ना से मासूमा के विवाह पर घटी अप्रत्याशित घटना दोहराने को कहते हैं। लेखिका ने उपन्यास में मासूमा के विवाह का सीधा चित्रण न करके अंत में छुन्ना के मुँह से घटना का ब्यौरा दिलवा कर प्रसंग को और अधिक रोचक एवं प्रासंगिक बना दिया है। छुन्ना दोहराती हैं कि जिस बेटी की शादी में माँ का न आना तय था, वह पूरी शान से खाँ साहब के साथ तोहफों और जेवरों की सौगात लिए चली आती है, कृपानारायण सहित बाकी सबको मात देने। वह अपनी बेटी को आशीर्वाद देती है, समधिन से मिलती है और कृपानारायण से रू-ब-रू होती है। कृपानारायण भी इस बात से सकते में नहीं आते, बल्कि पुराने खिलाड़ी की तरह माहौल को स्वाभाविक बनाए रखते हैं, मानो कुछ भी अप्रत्याशित न घटा हो। महक चली जाती है, कृपानारायण के पास मात स्वीकार करने के अलावा कोई चारा नहीं रहता।

स्त्री और पुरुष के संबंधों की युगों-युगों से चली आ रही इस गाथा में जो घटनाएँ घटती हैं वे न तो अप्रत्याशित लगती हैं न ही कोई नाटकीयता उनमें नज़र आती है। उनके घटने की योजना की तैयारी पहले से दिखाई पड़ती है। ज़िंदगी की बिसात पर हर चाल होशियारी से चलने वाले कृपानारायण जब मात खाते हैं तो ज़ख़्म नासूर बनकर मरते दम तक पीछा नहीं छोड़ता, रह जाती हैं निभाई गई भूमिकाएँ।

उपन्यासकार जो कहना चाहता है उसे उपन्यास का पूरा ढाँचा और जानदार भाषा-शिल्प चलचित्र की तरह जीवंत बनाए रखते हैं। उपन्यास केवल इतना नहीं है कि महकबानो का विवेक जागृत होता है और वह एक पुरुष आश्रित स्त्री से स्वतंत्र निर्णय लेने वाली स्त्री में उसका व्यक्तित्व परिवर्तित होता है, बल्कि इसके इर्द-गिर्द मानवीय व्यवहार के कितने ही चेहरे हैं, जो अपने अस्तित्व को बनाए रखने या बचाए रखने के लिए संघर्षरत हैं। उपन्यास पाठक के सामने बड़े परिवार में चलने वाली इस रस्साकशी का जीवंत चित्रण प्रस्तुत करता है। इस उपन्यास के भीतर एक कालखंड का जीवन मौजूद है। यह जीवन इसी कालखंड तक सीमित नहीं है, बल्कि उपन्यास में विरोधाभासी स्त्री-पुरुष संबंधों की पहचान किसी भी युग का सत्य है।

संवादों ही संवादों में घटनाक्रम को आगे बढ़ाना तथा अनुकूल शब्दावली के प्रयोग से पात्रों के वजूद को ज़िंदा करना कृष्णा सोबती के लेखन को विशिष्ट बनाता है। कुशल शिल्पी की तरह शब्दों की तराश से निर्मित वातावरण किसी लेखक की नैसर्गिक प्रतिभा, मेहनत और अनुशासन से ही उपज सकता है।

उपन्यास में रंगों के बारे में भी बात हुई है तो वह भी बीती सदी के वातावरण का निर्माण करते नज़र आते हैं। कहीं ऊन के गोले प्याज़ी, आसमानी हैं तो कहीं छींट की हरी-उनाबी, संजाफ गुलाबी रजाइयाँ हैं। सब्ज़ बूटी का प्याज़ी जोड़ा गोरे रंग पर फबता है तो छींट के जोड़े पर गोट लगी ओढ़नी में महकबानो किंगरी-सी खिलती है।

रज्जन भाई के जन्मदिन पर बच्चों की बातें, गीत, तुकबंदियाँ और किस्से-कहानी कहने के प्रयोग इतना जीवंत दृश्य उपस्थित करते हैं कि पाठक स्वयं को इस आयोजन का हिस्सा प्रतीत करने लगता है। भाषा का यह तेवर कृष्णा सोबती को विशेष बनाता है। ऐसे प्रयोग उपन्यास को रोचक भी बनाते हैं और प्रामाणिक भी।

इस उपन्यास की विशेषता इसके शिल्प में ही विद्यमान है। अलग-अलग जगह पर अलग-अलग पात्रों के माध्यम से कहानी को आगे बढ़ाना। यानी कहीं कहानी कृपानारायण कह रहे हैं तो कहीं महकबानो। कहीं कुटुंब का आत्ममंथन चल रहा है तो कहीं कहानी की डोर छुन्ना बुआ के हाथों में है और यह सब संवादों में ही चलता है। पात्रों के अंदर की उमड़-घुमड़ और बाहर के ठहराव को एक साथ दिखाने के लिए इस तरह के भाषा-शिल्प का प्रयोग लेखिका की एक बड़ी उपलब्धि हैं। हर पात्र के अंदर और बाहर के चित्रांकन की कला पाठक से उपन्यास का बेहतर तादात्मय स्थापित करती है।

कुल मिलाकर यह उपन्यास बीती सदी के कथ्य के बावजूद इंसानी रिश्तों की जटिलता और मानवीय मूल्यों के सत्य की पड़ताल की दिशा में एक सफल कृति है। यह उपन्यास इतनी बारीकी से मानवीय मूल्यों के सत्य की पड़ताल करता है कि पाठक के दिलो दानिश पर लंबे समय तक तारी रहता है।

कुल मिलाकर यह उपन्यास अपने ऐतिहासिक वातावरण के बावजूद इंसानी रिश्तों की जटिलता और मानवीय मूल्यों के सत्य की पड़ताल की दिशा में एक सफल कृति है। इस उपन्यास में विरासत से चली आ रही कथा भंगिमा मौजूद है। कथा को विरल रस प्रदान करते हुए यह उपन्यास इतनी बारीकी से मानवीय रिश्तों की पड़ताल करता है कि पाठक के 'दिलो दानिश' पर छाया रहता है।

## इकबालिया बयान

'लाल बही के पन्ने' इस उपन्यास का अंतिम अध्याय है। यह वसीयत है कृपानारायण की। वसीयत के साथ-साथ यह ज़िंदगी के खेल में शह और मात का इकबालिया बयान है। यह बयान नहीं होता तो भी उपन्यास अपने आप में पूरा था, पर यह अंतिम अध्याय उपन्यास में बहुत कुछ जोड़ता ही है, घटाता कुछ नहीं। इस अध्याय के उपन्यास में जुड़ने का किस्सा भी कम दिलचस्प नहीं है। 'शब्दों के आलोक में' में कृष्णा सोबती ने इस किस्से का ज़िक्र किया है। अपने तौर पर उपन्यास को वह इस

अध्याय के जुड़ने से पहले ख़त्म कर चुकी थीं। काफी उधेड़-बुन के बाद उचित शीर्षक को लेकर भी आश्वस्त हो गईं। आँख लगने पर देखे गए सपने का ज़िक्र सोबती ने कुछ इस तरह किया है–

'सुबह जो अपने लिए पहला पहर था–ख़्वाब में देखा कि वकील साहिब अपनी लोहे की सेफ से कुछ निकाल रहे हैं। ताली बंद कर किताबों के पीछे बने चोरखाने में रख दी और मेज़ पर एक लाल बही खोल ली।...लेखक की आँख खुली तो होश फाख़्ता थे। वह क्या! देखो! जनाब कृपानारायण साहिब ने चले जाने के बाद तुम्हें क्या दिखाया! वसीयत लिख रहे होंगे। सोच-सोच कर खीज उठने लगी। अपने को लेखक समझते हो। उपन्यास ख़त्म कर दिया, वकील साहिब की वसीयत लिखे बिना!...'

यहीं से लेखक को दृष्टि मिली और 'दिलो दानिश' में वसीयत वाला अध्याय जुड़ गया। जाहिर है, 'लाल बही के पन्ने' जुड़ने से उपन्यास को पूर्णता ही मिली। सामाजिक मान्यता प्राप्त परिवार और प्रेमिका से बने ग़ैर-मान्यता प्राप्त परिवार सहित जीवन के सभी रिश्तों का संतुलन साधे रखने में कृपानारायण कामयाब रहे, पर अंत में महक उन्हें शह दे ही गई, भले ही उस घटना को मात न भी कहा जाए। इस जीवन भर का लेखा-जोखा भी तो कहीं आना था। ज़रूर लेखक के अंतर्मन में कुछ दबा हुआ रह गया था, जो शीर्षक तय होने की प्रक्रिया पूरी होने के बाद स्वप्न के माध्यम से उभरा। जहाँ रचनाकार अपने रचना संसार में पूरी तरह डूब जाए वहाँ एक रचनाकार की रचना के प्रति ईमानदारी और सच्ची प्रतिबद्धता नज़र आती है। रचना पूरी तरह से लेखक के दिलो दिमाग पर छाई रहती है और पूर्णता को प्राप्त हुए बिना लेखक का पीछा नहीं छोड़ती। यही एक उत्कृष्ट रचना की कसौटी भी है, बिना कोई समझौता किए रचना के साथ न्याय करना। बिना किसी हड़बड़ी के।

सोबती का मानना है कि एक स्तर पर रचना स्वयं को लेखक से मुक्त कर लेती है और अपना रास्ता ख़ुद तय करती है। सोबती के लेखन के संदर्भ में यह बात साबित भी होती है। 'चन्ना' उपन्यास प्रेस में ले जाकर रोक दिया गया। सामने आया तो किसी और ही रूप में और वह रूप था 'ज़िंदगीनामा'। 'दिलो दानिश' की कोई योजना न थी। योजना तो 'ज़िंदगीनामा' का दूसरा भाग लिखे जाने की थी। एक अध्याय लिख भी दिया गया था 'एक चवन्नी जयराम जी की एक चवन्नी आदाबर्ज़' नाम से। इसी दौर में रचना का एक नया ही वजूद लेखक के सामने उभरा और 'दिलो दानिश' के रूप में सामने आया। इस दृष्टि से साहित्य रचना सोबती के लिए कोई फार्मूला नहीं है। कोई गढ़ा हुआ प्लॉट नहीं है। एक दृष्टि ज़रूर है, जिसके इर्द गिर्द कथा का ताना-बाना लेखक के अनावश्यक हस्तक्षेप के बिना बुना जाता है।

'लाल बही के पन्ने' नामक यह वसीयत पढ़े जाने की प्रक्रिया में रोचक है। मरने से पहले कृपानारायण अपने पूरे कुनबे के बीच जायदाद का बँटवारा पूरी

दानिशमंदी से करके जाते हैं। वह न केवल बँटवारे में सबका ध्यान रखते हैं, बल्कि अपनी परिपक्व सोच का लेखा-जोखा भी देते जाते हैं।

*'हम बीमार ज़रूर हैं, पर हमें नहीं लगता है कि चले जाने के बाद हमारे और हमारी ज़िंदगी के बीच धड़कती कहानी ख़त्म हो जाएगी। आँखें मूँद लेने के बाद भी हम अपनी औलाद में जिएँगे।...ज़िंदगी बज़्मे-ऐश नहीं, अपने और अपने कुल-खानदान को सँवारने की पेशकश है। आज हम महसूस कर रहे हैं कि हम जितना कुछ कर पाए हैं उससे कहीं ज़्यादा हमें कर डालना चाहिए था। दिल की गहराइयों से हम यह भी जानते हैं कि अनचाहा करने के लिए बहुत कुछ की कुर्बानी करनी होती है।'*

यह बयान एक तरह से कृपानारायण की अपने जीवन को लेकर तटस्थ भाव से की गई आत्मस्वीकारोक्ति है। अपने जिये हुए का लेखा--जोखा है। इस अध्याय को रचने में उस दौर की कानूनी शब्दावली और उर्दू के शब्दों का विशेष ध्यान रखा गया है। कृपानारायण अपनी चल-अचल संपत्ति के ब्यौरों और उनके बँटवारे के निर्णयों को भविष्य के लिए अपनी जिम्मेदारी समझ कर दर्ज करते हैं। इस बँटवारे में महक और कुटुंब दोनों से पैदा संतानों का ही नहीं बल्कि दूर और नज़दीक के सभी रिश्तेदारों और कर्मचारियों तक का ख़याल रखते हैं। अपनी विधवा बहन छुन्ना की आर्यसमाज में भुवन से हुई शादी से अपनी सहमति या असहमति न जताते हुए इस मामले में उसका भी ख़याल रखते हैं। सोबती की कलम इस वसीयत को बोझिल कानूनी दस्तावेज़ बनने से रोकती है। वसीयत की शुरुआत बकायदा दादा साहब के समय से बंद रखी शराब के पोता होने पर ही खोले जाने की घोषणा से होती है। इसमें हीरे जड़ित छड़ी और हाथी दाँत की संदूकची जैसे कुछ और भी वर्णन हैं जो पाठक की जिज्ञासा को बनाए रखते हैं। एक तरह से यहाँ उद्‌घाटित होने वाली सारी बातें पाठक के लिए किसी गुप्त दस्तावेज़ के हाथ लग जाने की तरह आती हैं। कृपानारायण के व्यक्तित्व की कुछ ऐसी बातें इस दस्तावेज़ के माध्यम से उद्‌घाटित होती हैं जो उनकी छवि को उस आईने में देखती हैं जिसके तहत आप मान कर चलते हैं कि कोई भी इंसान आख़िर इंसान ही है, भूल-गलतियाँ उससे हो सकती हैं। वसीयत एक तरह से उनके बड़प्पन और दूरदर्शिता से पाठक को परिचित कराने वाला दस्तावेज़ है।

# अनवरत गाथा का नाम है 'ज़िंदगीनामा'

ज़िंदा रुख

## कथा और शिल्प का अनूठा दस्तावेज़

किसी भी बड़े लेखक के सामने रचनात्मकता के शिखर को छूना एक बड़ी चुनौती होती है। 'ज़िंदगीनामा' में कृष्णा सोबती इस उत्कर्ष तक एक बिल्कुल नए प्रयोग के माध्यम से पहुँचती हैं। यह कृति हिंदी उपन्यास की सीमाओं के विस्तार की नई इबारत गढ़ती है जो उपन्यास की सीमाओं को तो विस्तार प्रदान करती ही है भाषा को भी उपन्यास के माध्यम से एक नया रूप प्रदान करती है। हिंदी उपन्यास की विकास यात्रा पर नज़र डालें तो पाएँगे कि इस यात्रा में लेखक दो तरह से शामिल रहे हैं। एक परंपरा ऐसे लेखकों की रही है जिन्होंने नए विषयों और समस्याओं को तो चुना पर उपन्यास के परंपरागत ढाँचे को छेड़े बिना। उपन्यास विधा उनके लिए एक फ्रेम थी, एक बना-बनाया ढाँचा था, जिसमें नए कथानक को प्रस्तुत करना था। भाषागत और शिल्पगत ढाँचे को परिवर्तित करने की ज़रूरत अधिक नहीं समझी गई। यह वही ढाँचा था जो प्रेमचंद जैसे विलक्षण कथाकार ने हिंदी उपन्यास को दिया था और जिसमें कुछ भी बदलने की ज़रूरत प्रायः नहीं समझी गई। यह कुछ ऐसी सोच थी कि उपन्यास तो इसी तरह लिखा जाता है, बस कथ्य नवीन होना चाहिए।

जिस तरह हजारी प्रसाद द्विवेदी का 'बाणभट्ट की आत्मकथा' या रेणु का 'मैला आँचल' सीमाओं में बँधे लेखक और पाठक के समक्ष उपन्यास का अभिनव ढाँचा प्रस्तुत करता है या फिर अज्ञेय का उपन्यास 'शेखर : एक जीवनी' और, शिव प्रसाद मिश्र 'रुद्र' का 'बहती गंगा', उस तरह के प्रयोग आसानी से स्वीकृत नहीं हुए। यह प्रयोग साहित्य में नएपन की अवधारणा में विश्वास रखने वाली दूसरी धारा के लेखकों के माध्यम से हो रहे थे। इसी परंपरा में बीसवीं शताब्दी के आठवें दशक में लिखा गया 'ज़िंदगीनामा' शताब्दी के शुरुआती दशकों की धीमी गति से ज़िंदगी जीते एक बड़े सीमांत को व्याख्यायित कर रहा था। उपन्यास विधा को नए आयाम प्रदान करने वाले ऐसे प्रयोग हिंदी आलोचना द्वारा भी सहज तरीके से स्वीकार नहीं किए गए। जाहिर है इस तरह के प्रयोगात्मक लेखन को आँकने हेतु आलोचना के लिए भी नए औजारों की दरकार रहती है। विस्तृत फलक पर लिखा गया यह उपन्यास एक ओर तो प्रचलित औपन्यासिक ढाँचे को तोड़कर उसे विस्तार देता है तो दूसरी ओर भाषा और शिल्प के नए प्रतिमान गढ़ता है। अपनी इसी विशेषता के कारण यह उपन्यास बराबर चर्चा में रहा है। आलोचकों ने इस उपन्यास पर लिखा भी और नहीं भी लिखा, किंतु साहित्यिक गलियारों में 'ज़िंदगीनामा' की अनुगूँज बराबर सुनाई देती रही।

विवाद उपन्यास की भाषा को लेकर भी हुआ और उपन्यास की पठनीयता को लेकर भी। जहाँ तक पठनीयता का सवाल है, निश्चित रूप से पाठक को बंधे-बँधाए औपन्यासिक ढाँचे की चौखट से बाहर निकलना होगा। पूर्वग्रहमुक्त होकर

ही इस उपन्यास को पढ़ा जा सकता है जो धीरे-धीरे पाठक को अपने वृहद फलक में बाँध लेता है।

उपन्यास के क़थानक में ग्राम सभ्यता है। बीसवीं शताब्दी के आरंभिक काल की यह ग्रामीण सभ्यता, भारत-पाकिस्तान का सीमावर्ती क्षेत्र है। इस क्षेत्र का जन-जीवन, संस्कृति, त्यौहार, व्यवहार, छोटी-बड़ी घटनाएँ और बेशुमार पात्र उपन्यास में मौजूद हैं। इन सबके क्रिया-कलापों के केंद्र में शाहजी तथा उनका परिवार हैं। शाहजी इस सीमांत परिवेश की सत्ता के केंद्र भी हैं। इस केंद्रीय सत्ता को लेखिका ने इतना बल भी नहीं दिया है कि अन्य पात्र या दृश्य-बंध शिथिल पड़ जाएँ। वास्तव में यह उपन्यास अनेक दृश्य-बंधों में गुँथा हुआ है। ये दृश्य-बंध ऊपर से देखने में अलग-अलग नज़र आते हैं किंतु अपनी समग्रता में जो प्रभाव छोड़ते हैं उसमें पाठक सभी दृश्य-बंधों को परस्पर बंधा हुआ पाता है। लेखिका की सधी हुई लेखनी इन दृश्यों को वैसे ही नियंत्रित करती है जैसे किसी कलाबाज़ का हाथ महीन धागों से बँधी अनेक कठपुतलियों को। ऊपर से दिखाई देने वाले दृश्यों के इस बिखराव में समझें तो उपन्यास की विशेषता निहित है। इन कथा-दृश्यों का स्वतंत्र विकास भी हुआ है और कहीं न कहीं यह सभी कथा दृश्य एक-दूसरे से बँधे भी हुए हैं। अपनी ओर से उन्हें कथा सूत्र में पिरोने का लेखिका का कोई आग्रह यहाँ दिखाई नहीं देता। इसीलिए हिंदी उपन्यास के पाठकों से यह प्रयोग अपना पाठकीय अभ्यास तोड़ने की माँग करता है।

वास्तव में पश्चिम से प्राप्त शुरुआती औपन्यासिक ढाँचे को त्यागने का प्रयत्न हमारे यहाँ कम ही हुआ है। इस आयातित फ्रेम में भारतीय यथार्थ को फिट करने की परंपरा ही हमारे यहाँ अधिक रही। सवाल यह पैदा होता है कि भाषा और शिल्पगत प्रयोग करके उपन्यास के नवीन ढाँचे को जन्म देना महत्त्वपूर्ण है या फिर कथ्य को महत्त्वपूर्ण मानते हुए पहले से मौजूद ढाँचे में यथार्थ का निरूपण करते चले जाना।

मानव जीवन के अनेक पहलू हैं। भारतीय सामाजिक परिवेश वैसे भी भिन्नताओं और विविधताओं से भरा हुआ है। उपन्यास में किसी भी परिवेश का एकांगी चित्रण उस परिवेश से अधूरा साक्षात्कार माना जाएगा। यदि परिवेश को चित्रित करने वाले भाषिक ब्यौरे वातावरण को प्रामाणिक नहीं बना पा रहे तो भी वह यथार्थ का अधूरा पक्ष होगा। इसलिए किसी भी सामाजिक कालखंड के यथार्थ को प्रामाणिक बनाने के लिए भाषागत प्रयोगों को लेकर एक बड़े कथाकार का सजग रहना ज़रूरी है। संवाद केवल घटनाक्रम को ही आगे नहीं बढ़ाते बल्कि पात्रों की भाषा व उनके पूरे चरित्र को भी उद्घाटित करते हैं। नए दृष्टिकोण से किसी परिवेश को उभारने के लिए नए भाषिक औजारों की दरकार होती है। कहानी या उपन्यास क्योंकि कथा कहने की कला से जुड़ी हुई विधा है तो उसमें नयापन ढूँढ़ना वैसे भी पाठक का स्वभाव

होता है। एक उत्कृष्ट कथा कृति को तो पाठक बार-बार पढ़ लेता है पर उसी कहानी को उसी रूप में और लेखक भी दोहराने का प्रयास करें तो पाठक ऊब भी जाता है। इस लिए भी लेखक के सामने रचना में नयापन लाने की चुनौती मौजूद रहती है।

ऐसे में 'ज़िंदगीनामा' हिंदी उपन्यास के मौजूदा रूपों से अलग एक नया रूप प्रस्तुत करता है। ऐसा रूप जो अपने में बहुत कुछ समेट कर चलता है। जो एक कथा नहीं अनेक कथाओं को लेता है। जो कालखंड विशेष के जीवन की छोटी-छोटी घटनाओं को और समाज की अनेका-नेक विशिष्टताओं को एक साथ चलचित्र की भाँति सामने रखता है। उपन्यास का हर खंड किसी दृश्य की तरह उभरता है। कहीं लाला वड्डे ग्रहों की कथा सुनाते हैं तो कहीं त्यौहारों की चहल-पहल में ढोलक की थाप सुनाई पड़ती है तो कहीं मिरासी स्वाँग रचते नज़र आते हैं। प्रत्येक खंड अपने में अलग होने पर लेखिका का कमाल यह है कि उपन्यास टूटा-बिखरा हुआ भी नहीं लगता।

इस उपन्यास की एक खास बात यह है कि छोटे-बड़े दृश्यों को बाँधने के लिए 'मजलिसों' यानी गाँव में लगने वाली चौपालों की योजना मौजूद है। एक समय तक गावों-कस्बों में यही चौपालें मनोरंजन का माध्यम थीं। देश-परदेस की सूचनाओं की जानकारी भी इन्हीं चौपालों के माध्यम से लोगों तक पहुँचती थी। सोबती ने इन मजलिसों को फिर से ज़िंदा किया है। बीसवीं सदी के शुरुआती दशकों में हिंदुस्तान का सीमावर्ती क्षेत्र जो जीवन जी रहा था उसे जीवंत करने में इन मजलिसों की भूमिका भी महत्त्वपूर्ण है। यह मजलिसें उस दौर की हैं जब गाना-बजाना, बैठक और गप्पबाजी ही जीवन की एकरसता को तोड़ते थे। जीवन की धीमी गति को लय में बाँधते थे।

### विभाजन और विभाजन से पहले

देश की आज़ादी और विभाजन साथ-साथ घटी दो ऐसी ऐतिहासिक घटनाएँ थीं जिनके साथ मानवता का क्रूर चेहरा भी सामने आया। विभाजन ने दो देशों की सीमाएँ ही तय नहीं कीं बल्कि सदियों से साथ रह रहे दो समुदायों को भी विभाजित कर दिया। विभाजन एक ऐसी घटना थी जिसने हर संवेदनशील व्यक्ति को झकझोर कर रख दिया। लेखकों ने अपने-अपने तरीके से इस घटना को देखा। इस घटना का प्रभाव इतना व्यपाक था कि चार दशक बीत जाने के बाद भी कृष्णा सोबती ने 'ज़िंदगीनामा' में इस घटना को अपने तरीके से देखने की कोशिश की। कथा साहित्य में भीष्म साहनी के 'तमस' और यशपाल के 'झूठा सच' जैसे उपन्यास भी आए और कृष्णा सोबती ने भी 'सिक्का बदल गया' कहानी के माध्यम से इस घटना की जड़ों में जाना चाहा।

'ज़िंदगीनामा' में सोबती उन्नीसवीं सदी की शुरुआत में भारत-पाकिस्तान के सीमांत क्षेत्र में ग्रामीण खेतिहर सभ्यता के बीच जाकर घटना के बीज ढूँढ़ने का

अद्‌भुत प्रयास करती हैं। क्या सिर्फ एक देश के हिंदोस्तान–पाकिस्तान बनाने के राजनीतिक फैसले ने हिंदू–मुस्लिम दिलों में दरारें पैदा कर दीं या फिर यह एक धीमी प्रक्रिया थी जिसके बीज इतिहास में कहीं मौजूद थे। इस घटना को बारीकी से देखने के लिए सोबती गाँव डेरा जट्ट और उसके आस–पास के इलाके का रुख करती हैं जहाँ सदी के शुरुआती दशकों में हिंदू और मुस्लिम अमन से ज़िंदगी बसर कर रहे थे। जहाँ गाँव की सारी चर्चाओं का केंद्र 'मजलिसें' हैं। यानी वह चौपाल जहाँ गाँव के लोग इकट्ठा होकर बहस–मुबाहिसा, गप्पबाजी और वैचारिक आदान–प्रदान करते थे। इन्हीं मजलिसों में कलकत्ता के दंगों की आहट भी पहुँचती है और अपने यहाँ के अमन–चैन के खतरे में पड़ने का अंदेशा भी। तुफ़ैल सिंह व्यापार के सिलसिले में कलकत्ता गया है। उसी की चिट्ठी के माध्यम से वहाँ की घटनाओं का पता मजलिस को लगता है–

> *"कलकत्ता तारीख़, छब्बीस चैत्र।*
> *चिट्ठी मिले बरखुरदार नसीब सिंह को उसके बाबे तुफ़ैल सिंह की। पुत्तर प्यारे नसीब सिंह बाबा आपका वाहे गुरु की कृपा से ख़ैरियत से है। आपाँ पटना साहिब के कलकत्ता पहुँचे, नौरात्रों में रब की मेहर से...पर पुत्तर जी शहर कलकत्ता में गदर मच गया है। हिंदू–मुस्लिम में रंजिश यहाँ तक बढ़ी है कि एक फिरका हाकमों के हाथों माल–मत्ता खाए, दूसरा लठियों–गोलियों की बौछारें। माल स्वदेशी की गल्ल–बात तो अंग्रेज़ को छेड़ने का बहाना है। असल जड़ तो बंगाले का बँटवारा है। बंगालियों को इसकी डाढी पीड़ है। हकूमत भी चोखा जुल्म ढा रही है। गोरखा फौज ने भी कम खौफ नहीं बरपाया। पिंड में सबको मालूम हो अपने डेरे में कोई जान नहीं बची। सब छोटे–बड़े गोलियों से भून दिए गए...मजलिस को बताना, गदर नादिरगर्दी से डरकर कलकत्ते का बड़ा हाकम इस्तीफा दे गया है।"*

इस घटनाक्रम को लेकर पंजाब के सीमांत पर रह रहे लोगों में अपने भविष्य की चिंता का जगना भी स्वाभाविक था। यह विभाजन से पहले दो समुदायों के संबंधों में दरार आने के संकेत हैं। लेखिका ने सीमांत से बाहर घट रही घटनाओं के उद्‌घाटन लिए इसी तरह के कथा–कौशल का परिचय दिया है। बजाय कलकत्ता जाने के कलकत्ता को चौपाल में लाना ज़्यादा वाजिब था।

> *"नसीब सिंह सहम गया–'शाह जी, बंगाले की तरह जेकर अपने पंजाब के भी दो टुकड़े हो गए तो महातड़ साथों का क्या होगा।"*
> *मौलादादजी ने सहारा दिया–'नसीबसिंहा, कलकत्ते की हवाएँ कलकत्ते ही रहें तो चंगा। अपने यहाँ काहे का डर। असल बात यह है कि सारे फसाद शहरियों के खोप्पड़ में पैदा होते हैं।"*

देश के विभाजन की आशंका को जन्म देने के संकेत कुछ-कुछ इस तरह से उपन्यास में मिलने शुरू होते हैं। दंगों का डर तथा शहरी सांप्रदायिकता को गाँव के लोग भी खूब समझते हैं। यह सीमांत प्रांत अपने चारों ओर की हवा से परिचित है और यह हवाएँ गाँव के अंदर उतनी ही आती हैं, जितनी बीसवीं शताब्दी के आरंभिक दशकों में आ सकती थीं। उस काल में सुदूर गाँवों के लिए बाहर की सच्ची-झूठी खबरों का माध्यम शहर घूमकर आने वाले लोग या किसी सीमा तक पत्र-व्यवहार ही था। लेखिका ने किसी भी तरह की अतिशयता से बचने की कोशिश की है। इस प्रकार एक ओर ये मजलिसें बाहरी परिवेश के गाँव पर प्रभाव को व्यक्त करती हैं तो दूसरी ओर मिथकीय यथार्थ को सजीव एवं रोचक शैली में प्रस्तुत करती हैं। गाँव से बाहर घूमकर आए लोगों का बड़बोलापन तथा उनके प्रति गाँव वालों की जिज्ञासा का स्वाभाविक रूप 'ज़िंदगीनामा' में ही देखा जा सकता है। इन मजलिसों के माध्यम से उपजा हास्य-व्यंग्य उपन्यास की एक अन्य विशेषता है।

गप्पबाज़ी, तीज-त्यौहारों और गाँव की छोटी-बड़ी घटनाओं की पृष्ठभूमि में अनायास दो बातें सामने आती हैं-नई पीढ़ी का ज़मींदारी के प्रति रोष तथा सांप्रदायिक सद्‌भाव में पड़ती दरारें तथा देश में आज़ादी के लिए जगह-जगह गदरियों का संगठित होना।

*''बादशाहो, पिछली बार बंगाले से आते हुए लाहौर रुका तो जिधर सुनो चर्चा गदर वालों की। दीवारों पर इश्तहार लगे हुए हैं-*

*तुम्हारा नाम क्या-गदर।*
*तुम्हारा काम क्या-गदर।*
*तुम्हारा पेशा क्या-गदर।*
*तुम्हारा इमान क्या-गदर।*

ज़िंदगीनामा के इस पहले भाग 'ज़िंदारूख' का अंत कुछ इस प्रकार होता है-

*''...होगा अब यह कि गदरी और इंकलाबियों ने मिलकर सरकार का झाड़ामूत बंद कर देने हैं। भावें टोंबू लिखवा लो शाह जी, हुकूमत का पट्टा देसी रियाया के हाथों में पहुँचकर रहेगा...।*

*''शाहजी कई देर सिर हिलाते रहे-'बादशाहों, दशम पातशाही, गुरु गोबिंद सिंह जी महाराज ने मुग़ल बादशाह और औरंगजेब के जोर-जुल्म देखकर उसे ख़त में लिखा-*

*चूँ कार आज हमाँ हीलते दरगुज़श्त।*
*हलालस्त बुर्दन ब-शमशीर दस्त!!*

*''जब दूसरे सब रास्ते कारगर न हो सकें तो जुल्म के ख़िलाफ़ तलवार उठा लेना जायज़ है!''*

'ज़िंदगीनामा' में ग्रामीण समाज की सोच को व्यक्त करने वाली मजलिसों के माध्यम से पाठक जान पाता है कि यह समाज केवल गप्पबाजी और मनोरंजन के लिए इकट्ठा नहीं होता था बल्कि वह ऐतिहासिक घटनाओं के सूत्र समसामयिक हलचल से जोड़ने की कूवत भी रखता था। उपन्यास का यह अंत इसके दूसरे संभावित भाग की भूमिका का संकेत देता है बावजूद इसके 'ज़िंदगीनामा' का 'ज़िंदा रुख' नाम से प्रकाशित पहला वृहद भाग अपने आप में अधूरा नहीं कहा जा सकता।

## प्रयोग के लिए प्रयोग या उपन्यास का नया रूपबंध

'ज़िंदगीनामा' को लेकर एक विवाद इसकी भाषा को लेकर रहा है। इस उपन्यास से पहले भी कृष्णा सोबती अपनी कुछ रचनाओं मे पंजाबीपन तथा काव्यात्मकता को लेकर चर्चा में रही हैं। पर 'ज़िंदगीनामा' तो पूरा ही पंजाबी भाषा की रंगत लिये हुए है। कई लोगों को भाषा की यही पंजाबी रंगत उपन्यास की पठनीयता में बाधा डालती जान पड़ती है। प्रो. चमन लाल ने 'हिंदी के प्रतिनिधि उपन्यास' में 'ज़िंदगीनामा' का ज़िक्र करते हुए एक जगह लिखा है–

> *'भाषा के इस पंजाबी रंग के कारण ही ग़ैर पंजाबी पाठकों को उपन्यास समझने में दिक्कत आई है। पाठकों की यह दिक्कत समझी जा सकती है, क्योंकि उपन्यास में बड़ी मात्रा में पंजाबी शब्दावली का प्रयोग हुआ है, जिनके अर्थ का अनुमान ग़ैर पंजाबी लेखकों को होना मुश्किल है।...वहीं संप्रेषण की समस्या आ खड़ी होती है और रसास्वादन में बाधा पड़ती है।'*

उपरोक्त आपत्ति को ध्यान में रखते हुए यदि हम प्रयोगात्मक उपन्यासों की परंपरा में पीछे लौटें तो पाएँगे कि 'मैला आँचल' की भाषा भी बिहार, उत्तर प्रदेश से बाहर के पाठकों के लिए शुरू-शुरू में बाधा उत्पन्न करती है। किंतु धीरे-धीरे उपन्यास की रचना प्रक्रिया तथा वाक्य विन्यास में से शब्दों के अर्थ छन कर बाहर आने लगते हैं। एक-एक शब्द का अर्थ अलग से जानने का प्रयत्न करना निश्चित रूप से उपन्यास के पाठ में व्यवधान पैदा करेगा। किंतु अधिकतर जगहों पर पूरा संवाद पढ़ लेने पर मूल अर्थ स्वयं ध्वनित होता है, शब्दों के अर्थ खुलते चले जाते हैं। भाषा के संदर्भ में यही बात 'ज़िंदगीनामा' पर भी लागू होती है। यदि उपन्यास की रचना प्रक्रिया से तालमेल बैठा कर इसे पढ़ा जाए तो भाषा की परतें खुलने लगती हैं और अर्थ उभर कर सामने आने लगते हैं। उपन्यास पाठक से पुराना अभ्यास तोड़कर नए ढाँचे के साथ सामंजस्य बैठाने की माँग करता है, जो कि पाठक का सहज स्वभाव नहीं होता।

औपन्यासिक ढाँचे तथा भाषा के स्तर पर जो ताकतवर प्रयोग 'ज़िंदगीनामा' में हुआ है वह हिंदी उपन्यास की परंपरा को समृद्ध बनाने तथा आगे बढ़ाने में महत्त्वपूर्ण उपलब्धि माना जाना चाहिए। यदि परिशिष्ट में कठिन पंजाबी शब्दों तथा लोकगीतों

के अर्थ स्पष्ट कर भी दिये जाते तो एक तरह से रास्ता थोड़ा आसान हो जाता, पर दूसरी ओर यह पाठक की तारतम्यता तथा रचनात्मकता को भी बाधा पहुँचा सकता था। कृष्णा सोबती का यह प्रयोग भारतीय आख्यान परंपरा के अधिक निकट है, इसलिए यह हिंदी औपन्यासिक ढाँचे का नवीन रूप है। इसे परंपरागत दबावों से अलग एक विरल भारतीय प्रयोग के रूप में देखा जा सकता है।

जब 'मैला आँचल' तथा 'ज़िंदगीनामा' जैसी ग्रामीण भू-भाग को माध्यम बना कर लिखी कृतियाँ सामने आती हैं तो हिंदी के परंपरागत उपन्यास के पाठक और आलोचक के सामने समस्या उठ खड़ी होती है। उपन्यास को लेकर अपने पूर्वग्रहों के चलते यह वर्ग नए प्रयोगों को स्वीकार नहीं कर पाता। ऐसे पाठक वर्ग के लिए केवल भाषा की शुद्धता और मानकता की चिंता प्रधान हो जाती है। कथ्य और भाषा के बीच के संबंध की महत्ता को समझने का प्रयत्न वे नहीं करते। जब उपन्यास का कथ्य ही ग्रामीण खेतिहर जीवन को लेकर चलने वाला है तो वहाँ भाषा के ठेठ हिंदीपन की अपेक्षा रखने का कोई औचित्य नहीं।

जहाँ तक पाठक की भाषाई समझ का प्रश्न है, हर पाठक वर्ग का अपना भाषाई संस्कार होता है। किसी भी प्रयोगात्मक कृति से दो चार होते समय उसे अपने निजी संस्कार का अतिक्रमण करना पड़ता है। जब हम 'ज़िंदगीनामा' या 'मैला आँचल' जैसी कृतियों के घटना संसार से गुज़रते हैं तो भाषा की लय में अनेक स्थानीय शब्दों के अर्थ स्वयं ही स्पष्ट होते जाते हैं। अनेक शब्दों का प्रयोग इन कृतियों में बार-बार भी होता है, जो एक बार अर्थ स्पष्ट हो जाने पर आगे बाधा उत्पन्न नहीं करता और धीरे-धीरे भाषा की यह समस्या, समस्या रह ही नहीं जाती। पाठक भाषा से पहचान स्थापित करके एक नए रोमांच भरे अनुभव से गुज़रता है।

उपन्यास में बहुत से अरबी-फ़ारसी मिश्रित उर्दू शब्दों का इस्तेमाल भी हुआ है जो उस दौर को प्रामाणिक बनाता है। कत्ता कलाम माफ़, फ़ारिग, तौफ़ीकों वालों, हाजत, सौदाई, खनकतें, मुस्म्मात, ख़ाविंद, इमदादी, कुलफ़ आदि शब्द अलग से मतलब जानने की माँग नहीं करते, बल्कि कथा प्रवाह में अपने आप स्पष्ट होते चले जाते हैं।

'ज़िंदगीनामा' के कथ्य को लेखिका ने जिस शिल्प में बाँधा है वहाँ सैंकड़ों पात्र और बीसियों घटनाएँ मौजूद हैं। पंजाब की ग्रामीण सभ्यता को, और धरती से जुड़ी ज़िंदगी को उजागर करने के लिए जिस बारीक समझ और संवेदनशीलता की, जिस हथौड़ी और छैनी की आवश्यकता थी वह लेखिका के पास मौजूद है। शिल्पकार ने एक ऐसी ज़िंदगी गढ़ी है जो अनगढ़ दिखने के बावजूद कलाकार का संयम और कौशल समेटे हुए है। उपन्यास में पंजाबी संस्कृति का जो यथार्थपरक चित्र उपस्थित हो पाया है, लोकजीवन जिस स्वाभाविक भाषा में ज़िंदा हुआ है, वह इसी तरह के कथा ढाँचे में ही संभव था।

लेखक कथ्य को आकार देने के लिए, संप्रेषण में तीव्रता लाने के लिए उपयुक्त शिल्प की तलाश करता है। कथ्य की माँग के अनुरूप ही शिल्प होना चाहिए। शिल्पगत प्रयोगों के लिए सैद्धांतिक बंधन अपेक्षित नहीं होते, यह अलग बात है कि सिद्धांतवादी बंधनों में जकड़े आलोचक को ऐसे प्रयोग रास नहीं आते। लेखक के सामने असंख्य संभावनाएँ विद्यमान होती हैं और समर्थ लेखक सार्थक शिल्प की तलाश कर ही लेता है।

लेखक जिन शब्दों को लेकर शैली का निर्माण करता है उनसे उसे गहरा रिश्ता स्थापित करना होता है। कृष्णा सोबती में एक ऐसे शिल्प को जीने की, सामने लाने की छटपटाहट रही जो वाचिक शब्द की ताकत को सामने ला सके। हमारे बहुभाषी देश की जनसंख्या वाचिक शब्द द्वारा ही भिन्न-भिन्न रूपों में स्वयं को व्यक्त करती आई है। इस भाषा की अपनी एक अलग दुनिया है, अलग सत्ता है। इन्हें लोगों से जुड़े कथानक को नए शिल्प में बाँधने के लिए वाचिक शब्द से युक्त शैली का प्रयोग लेखिका ने साहस के साथ किया है। उचित शिल्प में 'ज़िंदगीनामा' को प्रस्तुत करने की उत्कंठा ने ही सोबती को 'चन्ना' के रूप में उपन्यास के प्रकाशन को रोकने का कठिन फैसला लेने से रोका होगा।

खेतिहर जीवन को व्यक्त करने हेतु उपन्यास को ऐसे ही अनगढ़ शिल्प में ढालने की आवश्यकता थी, बहुरूपी ग्रामीण जीवन को सच्ची अभिव्यक्ति दे सकने वाला शिल्प। एक ऐसा रचनाकार ही इतने सजीव शिल्प का सृजन कर सकता है जो स्वयं व्यक्त जीवन से गहराई से जुड़ा रहा हो, जिसने ऐसा जीवन जीया हो। कृष्णा सोबती का जन्म गुजरात (जो कि अब पाकिस्तान का हिस्सा है) में होने की वजह से वहाँ के परिवेश का गहरा प्रभाव उनके मानस पटल पर रहा होगा। यदि उपन्यास के संवाद कृत्रिम रूप से गढ़े जाते तो रचना की प्रामाणिकता को नष्ट कर देते। किंतु 'ज़िंदगीनामा' को यदि नए शिल्प में ढालने का साहस लेखिका ने किया है तो परिवेश में जीवंतता लाने के लिए। 'ज़िंदगीनामा' का शिल्प खुली भदेस भाषा के संवादों का शिल्प है। संवादों के शिल्प का ऐसा प्रयोग विरले ही देखने को मिलता है। यह एक ऐसा शिल्प है जो पंजाबी की बिलकुल भी जानकारी न रखने वालों को आरंभ में जटिल और दुरूह लग सकता है, किंतु अपनी गहराई में यह सरल और सहज है। यह गंभीर पाठक शीघ्र ही समझ सकता है।

अब सवाल खड़ा होता है कि भाषा का ऐसा प्रयोग क्यों? प्रचलित भाषा तथा ढाँचे में भी तो उपन्यास लिखा जा सकता था। इस बात का जवाब उपन्यास के पाठ में ही निहित है। उपन्यास के कथ्य तथा कालखंड को प्रामाणिक बनाने के लिए और साथ ही यथार्थ को एक साथ बहुकोणीय एवं पारदर्शी बनाने के लिए उचित भाषिक ढाँचे की आवश्यकता होती है। जिस परिवेश को लेखिका ने उपन्यास में जीवंत अभिव्यक्ति प्रदान की है, उसे संपूर्णता में सामने लाने के लिए भाषा का प्रयोगात्मक

स्वरूप प्रस्तुत करना नितांत आवश्यक था। इतिहास की जड़ों में जाना और उसे फिर से जीना, उसी जन की भाषा में जो इतिहास का साक्षी रहा है, अपने आप में एक बड़ी उपलब्धि है। इसे महज 'पंजाबी लहजे का प्रयोग' कह कर नहीं टाला जा सकता।

नए शब्दों के लिए फुट नोट्स देने की भी परंपरा रही है। फुट नोट्स देने का कारण यही रहता है कि पाठक के लिए स्थानीय शब्दों के अर्थ स्पष्ट हो जाएँ। लेकिन इस धारणा का एक दूसरा पक्ष भी है कि फुट नोट्स देने से पाठक की संप्रेषणीयता बाधित होती है। पाठक का ध्यान बार-बार भंग होता है और वह पाठ में रमने के बजाय शब्दों के अर्थ खोजने लगता है। इससे पाठक की तारतम्यता टूटती है और वह रचना का आनंद नहीं ले पाता। प्रो.चमन लाल ने उदाहरण के तौर पर बहुत से शब्द उपन्यास से उठा कर प्रस्तुत किए हैं जिनका अर्थ खोजने के लिए आप को शब्दकोश जैसी व्यवस्था की ज़रूरत पड़ सकती है। लेकिन संप्रेषणीयता के समर्थन में उपन्यास में से शब्दों को छाँट कर सामने रख देना कमजोर तर्क है। किसी भी रचना में शब्दों को वाक्य विन्यास से अलग करके कैसे देखा जा सकता है। जब हम 'ज़िंदगीनामा' या फिर 'मैला आँचल ' जैसे उपन्यास पढ़ते हैं तो नए शब्दों के अर्थ पाठ के दौरान स्वयं ही स्पष्ट होते जाते हैं। उदाहरण के तौर पर यदि आप को 'त्रिंजन' शब्द का अर्थ मालूम नहीं है और आप उपन्यास पढ़ते हैं तो पता चलता है कि यह एक त्यौहार है जिसमें चरखे पर सूत काता जाता है और गीत गाए जाते हैं। अब इस तरह के शब्दों की सूची तैयार कर दें और उनके अर्थ जानने की चेष्टा करें तो वह ऐसी रचना को देखने-परखने का अव्यावहारिक दृष्टिकोण ही कहा जाएगा।

हिंदी उपन्यास लेखन की परंपरा में अब तक जितने भी उपन्यास लिखे गए हैं उनमें जीवन की इतनी सारी छवियाँ एक साथ नहीं दिखाई देतीं, वह भी बेतरतीब बिखरे हुए टुकड़ों में। इसलिए पहली नज़र में हिंदी उपन्यास के पाठक को यह उपन्यास बेतरतीब टुकड़ों का संग्रह जान पड़ता है, लेकिन अपनी समग्रता में यह उपन्यास एक काल खंड के संपूर्ण जीवन का फ़ैलाव है। भाषा के स्तर पर जो प्रयोग किए गए हैं, उनमें लेखकीय समझ इतनी महीन है कि परिवेश अपनी संपूर्णता में उभर कर सामने आता है। इस बात का पूरा ध्यान रखा गया है कि घटनाओं के माध्यम से ही नहीं बल्कि भाषा में शब्दों के चयन के माध्यम से भी कालखंड का एहसास हो सके। लेखक के लिए यह केवल एक सीमांत में प्रयोग होने वाले शब्द चुनने का मसला नहीं रहा होगा बल्कि उपलब्ध शब्दों में कौन से शब्द का प्रयोग अधिक प्रासंगिक होगा यह भी मसला रहा होगा। पात्रों की पहचान यहाँ भाषा के माध्यम से होनी थी, और पूरे परिवेश की भी, इसलिए भाषा के माध्यम से इतिहास की जड़ों में जा कर उपन्यास का एक नया रूपबंध प्रस्तुत करना लेखक के लिए किसी चुनौती से कम न था। इस उपन्यास की बेतरतीबी से घटने वाली घटनाओं में हीरा सांसी जैसा लूट के धंधे से जुड़ा किरदार भी अपने व्यक्तित्व की जटिलता

के साथ साकार होता है। सांसी समुदाय से जुड़ा यह किरदार दुस्साहसी लुटेरा है जो रात के अँधेरे में कुछ और है और सुबह के उजाले में कुछ और। इसी तरह बिना किसी भूमिका के उपन्यास में मदरसे में पढ़ाते मौलवी जी और बच्चों के बीच को संवाद का चित्र उपस्थित हो जाता है। ग्रामीण इलाके में पढ़ने-पढ़ाने की व्यवस्था मौजूद रही होगी तो उसे भी सामने लाना ज़रूरी था और जिस रूप में इस शिक्षा व्यवस्था का दृश्य उपन्यास में प्रकट होता है, व्यंग्य का वह रूप अद्‌भुत है।

जिस तरह से मानव समूह एकाधिक कारणों से पलायन करते रहे हैं, यात्राएँ करते रहे हैं, उसी तरह से धर्म और धार्मिक मत भी। हिंदू और मुसलमान एक-दूसरे की आस्थाओं का सम्मान करते हुए और बहू-बेटी के रिश्ते के मामले में अपनी-अपनी परिधि में सिमटे 'ज़िंदगीनामा' में मौजूद हैं। हर वर्ष श्राद्धों के आसपास एक आर्य समाजी प्रचारक इस इलाके में प्रकट होते हैं। श्राद्ध और हिंदू पूजा-अर्चना पद्धति का विरोध और हिंदू धर्म की अपनी व्याख्या का समर्थन करते हैं। बहुत सारी शंकाओं के साथ लोग उनकी भी बात सुन लेते हैं और ज़िंदगी उसी रफ़्तार से चलती रहती है। लेखिका का आग्रह तुरंत इस निष्कर्ष पर पहुँचने का नहीं है कि इस घटना और ऐसी ही अन्य घटनाओं के वहाँ के परिवेश पर क्या निर्णायक प्रभाव पड़े। जो कुछ भी उस सीमांत में घट रहा है और सीमांत के बाहर से जो हवाएँ उस परिवेश तक पहुँच रही हैं, उनके बेतरतीब दृश्य प्रस्तुत करके वह, भविष्य में जो कुछ घटित होगा, उसमें इन कारकों को अपनी भूमिका निभाने के लिए खुला छोड़ देती हैं।

इधर लक्खमी का प्रसंग ख़त्म होता है तो अचानक प्लेग की महामारी की दस्तक का प्रसंग पाठक के सामने आता है। लेकिन यह दस्तक इस खेतिहर समाज की मजलिस में कैसे सुनाई देगी इसका निर्णय लेखिका की कलम और दृष्टि का भी परिचायक है-

> *'बेड़ा गर्क हो हांगकांग के जहाज़ों का, प्लेग के चूहे ले आए। हिंदोस्तान में। महामारी फैली। हांगकांगियों की क्या लानत-मलामत! भला चूहे क्यों डरने लगे सरकारी कानून से!'*
>
> *'दुरुस्त बादशाहो! पर जानवरों पर अंग्रेज़ी हुकूमत का क्या जोर। चढ़ बैठे गल्ले वाले जहाज़ों पर।'*
>
> *'जी, चूहों को कौन सी राहदारियाँ चाहिए थीं!'*
>
> *'सुनने में आया है इस बार पिछली प्लेग वाले चूहे नहीं, इस बार मंचूरी चूहे हिंदोस्तान भेजे गए हैं।'*
>
> *'भोली बातें। मंचूरी चूहों को कौन सा पहाड़ लाँघ कर आना था।'*
>
> *'महामारी यह तीन-चार बार पड़ चुकी है। टब्बर के टब्बर पुँछ गए!'*

इस संवाद में देखें तो एक ओर सनसनी फैलाने वाला मत आता है कि प्लेग के चूहों का हिंदोस्तान आना कोई षड्यंत्र है तो दूसरी ओर अनुभवजनित समझदारी

इस मत को खारिज कर देती है अपने तर्कों से। किसी घटना को अपनी समझ से मोड़ कर एकरस जीवन में रोमांच भरने वाले लोग किसी भी समाज में हमेशा मौजूद रहते हैं। लेकिन उसी समाज में जब तक समझदार लोग मौजूद हों और उनकी राय का सम्मान हो तो रचनात्मक समाज का निर्माण होता है अन्यथा अनिश्चय और बिखराव का वातावरण तैयार होता है। 'ज़िंदगीनामा' के पहले भाग में जिस तरह की हलचल है वहाँ काशी शाह और उन जैसे दानिशमंदों की बात को सम्मान दिया जाता है तथा समाज में स्थिरता को बनाए रखने वाला संतुलन भी बना रहता है।

## प्रकृति के रंग और भाषा की रंगत

ज़िंदगीनामा की भाषा में झेलम और चिनाब के बीच बिखरी हुई जन-संस्कृति से प्रकृति का गहरा रिश्ता देखने को मिलता है। प्रकृति यहाँ ज़िंदगी से जुड़ी हुई है और ज़िंदगी तथा प्रकृति के इस अटूट संबंध को प्रभावशाली ढंग से संप्रेषित करने का काम भाषा ने किया है। प्रकृति के रँग में रंगी भाषा की रंगत मनुष्य और प्रकृति के आदिम रिश्ते को व्याख्यायित करती है।

> *''आलमगढ़ियों की यह धी जितनी ऊपर उतनी अंदर। माँ शाहनी की ऐसी कि निरी नरम छाल और पिता ऐसा कड़ा-कठोर कि पीडा पक्का तना हो पुराने बोढ़ का।''*

कम शब्दों में प्रभावी ढंग से ज़्यादा बात कहने का कौशल कड़ी मेहनत और अनुशासन से उपजता है, भावुकतापूर्ण प्रयोग मात्र से नहीं। वर्जित प्रसंगों का भी कैसी सहजता से प्रकृतिकरण किया जा सकता है यह 'ज़िंदगीनामा' में महिलाओं की बोली-ठोली में उभर कर सामने आता है–

> *''हबीबा ने बाँह बढ़ा काँटों की बाढ़ से झग्गा उठाया तो रेशमा को पानी के ऊपर का पिंडा दिख गया।*
> *'सहेलिए, ये पींगे प्यार की! निशानियाँ!'*
> *'दफा हो री! प्यार-मुहब्बत न हुए कि ज़मीन की गाही-वाही हो गई।'*
> *हबीबा खिल-खिल हँसने लगी–'वत्तर चला, हल चला। ज़मीन की वाही गई। पट्ट फिरा। पोली ज़मीन बीज पड़ा।'*
> *नूरी ने हबीबा का लटकता-ठुमकता परांदा घुमा दिया–'क्यों री, पड़ गया तेरी क्यारी में।'*

प्रसंगों और पात्रों की विशेषताओं को उजागर करने के लिए इस तरह की भाषा का प्रयोग उपन्यास में अनेक स्थानों पर हुआ है। बोल-चाल में मुहावरों का प्रयोग गाँव की भाषा की एक अन्य खूबी है, उनका रचनात्मक प्रयोग उपन्यास में देखा जा सकता है। गाली-गलौच गाँव की बोली का हिस्सा है जो स्वाभाविक रूप में

उभरकर सामने आया है। वह कहीं भी अश्लील या आरोपित नहीं लगता। 'ज़िंदगीनामा' में यह प्रयोग वाचिक शब्द के लिखित में रचनात्मक रूपांतरण से संभव हुआ है।

सोबती ने प्रकृति के साथ मनुष्य के स्वाभाविक रिश्ते को दोनों ही रूपों में देखा है–मानव प्रकृति से जुड़ जाता है और प्रकृति मानव से।

> *'सावन की जल–बिंबियाँ यह आ और वह जा। फणकारे मारते पनीले मींह ऐसे घिर–घिर आए ज्यों ग़ाज़ी मर्दों के लश्कर। बादल गरजें–कड़कें कड़ाकों से मानो फौजों की दुकड़ियाँ! बिजली लप्प–लप्प चमके ज्यों तलवारें! चमाचम! झमाझम!'*

प्राकृतिक परिवेश में वास करने वाली खेतिहर सभ्यता के चित्रण के लिए भाषाई बिम्ब भी वहीं से आए हैं। इस तरह की काव्यात्मक भाषा के माध्यम से दृश्यों का चित्रांकन 'ज़िंदगीनामा' को उस सभ्यता की तासीर के निकटतम बिंदु तक ले आता है। यही कथ्य को प्रामाणिकता प्रदान करने वाली भाषा है।

खेतिहर संस्कृति का हर रंग इस उपन्यास में भाषा के माध्यम से देखने को मिलता है। लोहड़ी जैसे त्यौहारों पर गाए जाने वाले गीत तथा बच्चों की स्वाभाविक तुकबंदियाँ पाठक के मन में बरबस उमंग जगा देती हैं। शब्द चयन, वाक्य विन्यास व शगुन के अवसर पर गाई जाने वाली 'हीरें' तथा 'घोड़ी' हर चीज़ इतनी जीवंत और स्वाभाविक है कि बहुत से खंडों में बिखरे यह दृश्य लय में बँधे नज़र आते हैं। अविभाजित पंजाब के इस कृषक वर्ग को जीवंतता के साथ सामने लाने के लिए ऐसे ही अनगढ़ भाषा तथा शिल्प की आवश्यकता थी। ग्रामीण सीमांत को सच्ची व स्वाभाविक अभिव्यक्ति देने वाला शिल्प आठ दशक पहले की स्थानीयता का बोध कराता है।

## इस लोक से उस लोक तक

उपन्यास में सूफी संतों की वाणी लोक में गूँजती है। बुल्लेशाह से लेकर बाबा फरीद तक। अच्छे बुरे वक़्तों में लोग, ख्वाजा खिज्जर को, शाह सुलेमान को याद करते हैं। सूफियाना आध्यात्मिक संदर्भ जब साथ लौकिक धरातल पर उतर आते हैं तो स्त्री–पुरुष प्रेम संबंधों को आधार प्रदान करते हैं। पीरों–फकीरों की वाणी को लोग आदरपूर्वक दोहराते हैं। यही वाणी लौकिक अर्थों तक सीमित होती है तो स्त्री–पुरुष संबंधों के बीच जाति, धर्म और समाज की सभी सीमाएँ टूट जाती हैं। शाहजी का कम उम्र राबयाँ की तरफ झुकाव दोनों तरफ के अटूट प्रेम संबंध में बदल जाता है, जिसे हालात की नज़ाकत समझ कर एक समय में शाहनी को भी स्वीकार करना पड़ता है। राबयाँ की संगीत और सूफी कलाम में समझ शाहजी को आकर्षित करती है न कि सिर्फ उसकी सुंदरता। शाहजी द्वारा अपने गुण की परख हो जाने पर राबयाँ भी उनकी ओर आकर्षित होती है। सामाजिक स्तर पर दोनों की पृष्ठभूमि में गहरी

खाई है और दोनों की धार्मिक आस्थाएँ अलग-अलग हैं, लेकिन शाह जी के रुतबे के आगे कोई कुछ बोल नहीं पाता, इसलिए इस संबंध को लेकर एक मौन स्वीकृति बनी रहती है। राबयाँ से बुल्ले शाह की काफ़ी प्रशंसा सुनकर शाहजी के अंदर कुछ अंकुरित होता है–

*'मैं सूरज अगन जलाऊँगी*
*मैं प्यारा यार मनाऊँगी।*
*सात समंदर दिल के अंदर*
*मैं दिल से लहर उठाऊँगी*
*मैं प्यारा यार मनाऊँगी।...'*

इस तरह के और भी प्रसंग उपन्यास में हैं। लक्खमी जाति की ब्राह्मणी है लेकिन दिल सैयद को दे बैठती है। शाहनी उसे धर्म का वास्ता देती है। भाइयों को पता लगने पर जान से मार डालने का डरावा भी लक्खमी को डिगा नहीं पाता। जाहिर सी बात है ऊँचे कुल की ब्राह्मणी के नसीब में मौत आ सकती है किसी सैयद का प्यार नहीं। यहीं चाची महरी धर्म जात-बिरादरी पर सवाल खड़ा करती है–

*'चाची महरी गहरी सोचों में खबरे क्या-क्या सोचती रही। निक्की सी झोंक के बाद आँखें खोलीं तो बोली-'बच्ची, मन्नुख सोचने पर आए तो नौशहरे वाले शेख़ कौन से बगदादी सैयद हैं। अरी कलमा पढ़े होंगे सौ-दो सौ साल! ब्राह्मण ही रहे होंगे या खीरखाने या मच्छीखाने, जो भी समझ लो!'*

चाची महरी का यह सवाल मानव सभ्यता के युद्धों और पलायन के इतिहास की निरंतर प्रक्रिया में वंश और घरानों की शुचिता के दंभ पर भी सवाल उठता है। युद्धों के इतिहास में कुछ सौ सालों पहले कौन क्या रहा होगा इसका दावा करना इतना आसान नहीं है।

## ठहरे हुए पानी में कैसी हलचल

मानव समाज में कथा सुनने-सुनाने का क्रम लगभग उतना ही प्राचीन रहा होगा जितना कि समूहों में मनुष्य के साथ रहने से भाषा की उत्पत्ति का इतिहास। कुछ जानने या सुनने की प्रवृत्ति मनुष्य का स्वभाव है। कोई भी नई बात जानने की स्वाभाविक जिज्ञासा मनुष्य के अंदर रहती है और ठीक उसी तरह से अभिव्यक्ति की प्रवृत्ति भी। इसी लिए मानव समाज में सच्ची घटनाएँ या कल्पित कथाएँ सुनाने वालों की कमी नहीं और न ही श्रोताओं या पाठकों की।

भारतीय परिप्रेक्ष्य में उपनिषदों, पुराणों से लेकर महाकाव्यों तक में कथा कहने की परंपरा बहुत पुरानी है। लेकिन जब यही कथा लोक शैली में सुनाई जाएगी तो उसकी भाषा क्या होगी और उसकी प्रामाणिकता की कसौटी क्या होगी, यह 'ज़िंदगीनामा' में देखा जा सकता है। यहाँ लोक की भाषा और समझ अपने तरीके

से सूरज, चाँद, तारों और नक्षत्रों की गुत्थी को सुलझाती है जहाँ गाँव के बड़े-बुजुर्गों की वाणी को ही प्रामाणिक मान लिया जाता है। ब्रह्मांड का रहस्य लोक के माध्यम से लोक तक संप्रेषित होता है।

एक लंबी कविता के बाद कहानी जिस बैठक से शुरू होती है वह लाला वड्डे के यहाँ जुटती है। यह शरद पुण्या की रात है। खेलते-कूदते बच्चों को बेबे की पंजीरी की खुशबू खींच ले आती है और इस दुनिया के अस्तित्व में आने की कथा को सुनने के लिए बच्चों-औरतों की टोली आ जुटती है। पौराणिक ढाँचे पर बुनी गई ग्रामीण अनुभव-ज्ञान की इस कथा के बाद मस्जिद की अजान से अगली सुबह होती है। यह साफ होता है कि इलाके में हिंदू-मुस्लिम आबादी साथ रहती है।

इसके बाद शाहनी के यहाँ 'त्रिंजन' और फिर लोहड़ी के त्यौहार का दृश्य है। सूत कातती लड़कियाँ और औरतें घोड़ी और हीर की तानें छेड़ती हैं। ग्रामीण संस्कृति का यह एक अभिन्न हिस्सा है। इसके बाद के दृश्यों में खेतिहर ग्रामीण संस्कृति धीरे-धीरे आकार ग्रहण करती है। यह समाज ऊपरी तौर पर झील के ठहरे हुए पानी जैसा जान पड़ता है जिसमें ऊपरी तौर पर कोई हलचल नज़र नहीं आती।

गाँव में सेंध लगने पर थानेदार का दौरा होता है। उसके आने से पहले ठेठ पंजाबी ग्रामीण अंदाज़ में बातें बनाई जा रही हैं। कामगार लोग मुसलमान हैं। उनकी बातचीत में यह स्पष्ट होता है कि उन्हें तो मेहनत-मज़दूरी करके ही काम चलाना है। इस इलाके की आर्थिकी के संकेत उपन्यास के शुरू में ही मिलने लगते हैं। कृषि पर आधारित समाज में शाह जी और उनकी हवेली केंद्र में है, मुसलमान अधिकतर उनके काम-धंधों से जुड़े नज़र आते हैं।

> *'मुहम्मदीन ने डँगरों की खुरली में चारा डाला और हँसकर कहा,' आहो जी, अपने कौन से जर-ज़मीन के मामले कहीं उलझे पड़े हैं कि थानेदार का तुर्रा देखते ही फतेह बुलाने लगे!'*
> *नवाब को आख्यान सूझ गया–*
> *'किसी ने घोड़े से कहा था–'ओ लुंडया तुझे चोर ले जाएँ!'*
> *'गाजी ने सिर हिला दिया–'बेशक ले जाएँ! यारों ने तो पट्ठे ही खाने हैं।'*
> *'कहने का मतलब यह कि दुनिया होती रहे मुंसिफ-अहलकार, हमने तो ढोर-डंगर को चारा ही खिलाना है।'*

आबादी के इस हिस्से के सरोकार शाहों की ज़मीन-जायदाद पर काम-काज करके गुज़र-बसर करने से जुड़े हुए हैं। इसका कारण स्पष्ट रूप से किसी समुदाय की कमजोरी और पिछड़ेपन का फायदा उठाकर अपना बर्चस्व बनाए रखने की इंसानी फितरत से जुड़ा हुआ है। ज़मीनें शाहों के कब्जे में हैं। काम्मी या मुजारे पहले से ही शाहों के कर्ज तले दबे हुए हैं इसलिए मज़दूरी करने के सिवा उनके पास कोई चारा भी नहीं। जब तक इस व्यवस्था के विरोध में आवाज़ नहीं उठती तब तक तो

इसे बने ही रहना है। लेकिन एक न एक दिन विरोध के स्वर उठने ही थे। शाहों के यहाँ परंपरा थी कि फसल की कटाई के बाद काम करने वालों को सामूहिक भोज देते थे। साल में एक बार होने वाले इस भोज को लोग शाहों की दरियादिली समझते थे। इसी दौर में मेहर अली के मुख से निकले यह संवाद बताते हैं कि कहीं न कहीं इस समुदाय को शाहों की दरियादिली के अर्थ समझ में आने लगे हैं। उपन्यास में असंतोष के स्वर उभरते नज़र आते हैं।

*'रोटी पर घी शक्कर रखा माँ बीबी ने तो मेहर ने ठिठोली की, 'किस-किस को खिलाओगी खाला! सारे पिंड की खाला और फूफी बनी बैठी हो!'*

*'सुन भांजे, आज मैं लाड़-प्यार का नहीं, मेहनत मुश्क्कत का खिलाती हूँ। रब्ब राखा तुम्हारी मेहनतों का। भर भर काटो फसलें और ढेर लगाओ ऊँचे।'*

*'हला खाला! तुम तो ऐसे उच्चरती हो ज्यों हम-आप ही जीवियों के मालिक हों। गाह पड़ा, जोगे चले, त्रिंगाल फिरे, दानों के ढेर लगे-खेत तो शाहों के ही न! अपने हिस्से तो यही मेहनताना-वाढी की कुछ भरियाँ!'*

*माँ बीबी के कान खड़े हो गए।*

*'क्यों रे गजैबी गोले, तू अनोखी वाढी करने चढ़ा है! जिसके पास जीवियों की मालकी हो वह फसलें न लें तो क्या मुजारे लें। कामी मुजारों को तो बाँट मुताबिक मेहनताना लगा ही हुआ है।'*

*मेहर अली ने छाती पर हाथ फेर बगलों में दबा लिए, फिर अड़ियल घोड़ों की तरह शुंकार कर कहा, 'शाहों की देनदारी में तो हम घुटनों-घुटनों खुबे हैं, कस्सो की वाली ज़मीन शाहों के खूँटे से छूट जाए तो डटकर करें मेहनत और कुछ खाएँ और कुछ बचाएँ।'*

शोषण की यह प्रक्रिया कभी बहुत लंबी नहीं चलती। आने वाली पीढ़ियाँ आवाज़ उठाती ही हैं। उपन्यास में शाहजी और उनके छोटे भाई काशी शाह की बातचीत में भी यह स्पष्ट होता है कि शोषण की यह प्रक्रिया कितने योजनाबद्ध तरीके से चल रही थी। अपने कुल के हितों की खातिर महीपत तेली की लड़की को भगाए जाने और उसके लड़कों को झूठे मुकद्दमे में फँसाने की बात काशीराम के गले नहीं उतरती। शाह जी छोटे भाई की पीड़ा को 'सरपंची मुद्रा' में कम करने का प्रयास करते हैं।

उपन्यास लिखते हुए कृष्णा सोबती की नज़र वर्गगत खाई पर बराबर है जो कभी भी राजनीतिक चेतना से जुड़ कर गुल खिला सकती है। लोक जीवन के माध्यम से सामाजिक रिश्तों की डोर में पड़ती गाँठों की पहचान करने का काम नएपन के साथ कृष्णा सोबती ने 'ज़िंदगीनामा' में किया है। यह बहुत छोटी-छोटी घटनाएँ हैं जो आई-गई हो जाती हैं, लेकिन इस तरह की घटनाओं के सूत्र जोड़ेंगे

तो पाएँगे कि विभाजन की घटना के समय यही घटनाएँ राख में ढकी चिंगारी की तरह साबित हुई होंगी।

गाँव की एक ऐसी ही मजलिस में हिंदू-मुस्लिम श्रेष्ठता का मसला एक बार पुनः उभरता है जिसे काशी शाह अपनी समझदारी से दबा देते हैं। खेतों में फसलें बोकर जट्ट-किसान फुर्सत में मजलिस जमाते हैं और गप्पें हाँकते हैं। इन्हीं मजलिसों में इतिहास और भूगोल ग्रामीण समझ के अनुसार दोहराए जाते हैं। बात तलवार की ताकत से होती हुई बाबर, अकबर, हेमू और रंजीत सिंह तक जा पहुँचती है।

> *'मुंशी इल्मद्दीन छिड़ गए-'कुछ भी कहें, शाह दुर्रानी बड़ा जबरजंग बादशाह हो गुज़रा है। बादशाहो एक बार अब्दाली शाह हिंदोस्तान को डरा धमका काबुल-कंधार को लौटने लगा तो दरिया चनाब में कांगें आ गईं। हज़ारों घोड़े-सिपाही बीच धार में बह गए।'*
>
> *गुरुदित्त सिंह के साफे पर कोई ख़ुमार चढ़ गया-'हिसाब-किताब तो मुंशी जी, एक दिन पूरा होना ही था। दुर्रानी शाह ने खालसों का बीज नष्ट करने की कसम खाई थी, पर लौटती बेला अफगान-पठान यहीं काम आ गए। आख़िर तो ख्वाजा-खिज्जर ने भी तो सुननी थी अपने मुरीदों की!'*
>
> *कई माथों पर तेवर यूँ उभरे ज्यों किसी ने पानी फाड़ दिया हो।*
>
> *मुंशी जी उबाल पड़े-'अव्वल तो दुर्रानी शाह बड़ा ज़हीन था, दोयम सिक्खों को उसने सिर्फ डाकजनी के लिए ललकारा था।'*
>
> *गुरुदित्त सिंह का माथा भखने लगा-'तुम्हारा इल्म कच्चा है। आख़िर तो जिन्होंने हरमंदिर साहिब की बेअदबी करने की हिमाकत की, उनकी गर्दनों के ढेर भी काबुल-कंधार तक लग गए न!...'*

इस बहस को काशी शाह अपनी समझदारी से दूसरी ओर मोड़ने में सफल रहते हैं पर ठहरे हुए पानी में हलचल तो नज़र आती ही है। बहादुरों से होती हुई बात बुद्धिमानों तक आ पहुँचती है। यहीं शेरशाह और अकबर के दरबारी टोडरमल का भी ज़िक्र है जिसने हिंदुओं को सलाह दी थी कि खुशहाल होना चाहते हो तो अरबी और फ़ारसी सीखो। अपना वर्चस्व बनाए रखने के लिए ज्ञान की ताकत को किस वर्ग ने समझा और तलवार की ताकत का किसने इस्तेमाल किया यह खेतिहर सभ्यता के लोग खूब समझते हैं।

दो चीजें स्पष्ट होती हैं। एक तो यह कि हिंदू-मुस्लिम दो अलग समुदाय होने के बावजूद एक ऐसी खेतिहर संस्कृति से बंधे थे जो दोनों को आपस में जोड़ती थी। चाहे ज़मींदारी एक समुदाय के पास थी और दूसरा समुदाय उस ज़मीन पर खेती करता था, अनाज उगाता था और अनाज पर अधिकार उसका नहीं था। समय-असमय रुपये-पैसे की ज़रूरत भी इन्हें शाहों के दरवाज़े पर ला खड़ा करती थी। इसी निर्भरता को भावनात्मक रिश्ते संबंधों की डोर से बाँधे रखते थे। एक-

दूसरे की धार्मिक आस्थाओं का आदर दोनों समुदाय करते थे और पीर-फकीरों में दोनों ही समुदायों की बराबर की आस्था थी। फिर भी कुछ ऐसा घट रहा था जिसे बहुत लंबे समय तक नहीं चलना था। इसी की आहट है 'ज़िंदगीनामा' का पहला भाग 'ज़िंदा रुख'।

उपन्यास की शुरुआत जिस कविता से होती है वहाँ से स्पष्ट होता है कि उपन्यास के दोनों खंडों का प्रारूप लेखक के सामने ज़रूर स्पष्ट रहा होगा-

*चढ़ाइयाँ*
*बहुत बार हुईं*
*बहुत बार हमलावरों के सामने*
*बहुत बार राजपाट बदले*
*पर चौड़े सीने वालों ने*
*कड़े जिगरे वालों ने*
*कभी हौसले नहीं गँवाएँ*
*मरने और मारने से*
*खौफ़ नहीं खाए*
*पर आज?...*
*क्या सूरमाओं के सिक्के बदल गए!*
*बाजुओं के हथियार लटक गए!*
*कंधे धचक गए!*
*हाथ मूठों से उठे नहीं।*
*एक आवाज़ पर*
*उठ खड़े होने वालों की*
*शोख़-गुस्ताख़ लहरें गुस्से की*
*कहाँ गुम हो गईं!*

सूरमाओं की धरती से पाठक का सामना 'ज़िंदा रुख' में होता है। किंतु सूरमाओं के सिक्के बदल जाने वाले प्रसंग से पाठक का सामना संभवतः उपन्यास के दूसरे भाग में होगा, जिसकी भूमिका इस उपन्यास में मौजूद है। भूमिका के रूप में मौजूद लंबी कविता का यह टुकड़ा तो यही दर्शाता है।

# साक्षात्कार-2

ज़िंदगीनामा

कृष्णा सोबती का यह साक्षात्कार 1993 में लिया गया था, 'ज़िंदगीनामा' पर शोध के दौरान। कुछ प्रश्न तथा असहमतियाँ उन दिनों साहित्य की दुनिया में थीं, जो किसी भी विधा में नए प्रयोग को लेकर पूर्व में भी होती रही हैं। इन्हीं विवादों को ध्यान में रख कर नीचे लिखे गए प्रश्न तैयार किए गए, जिनका उत्तर सोबती जी ने विस्तार से लिख कर दिया।

1. 'आजकल' पत्रिका में 'ज़िंदगीनामा' की समीक्षा करते हुए विश्वनाथ त्रिपाठी उपन्यास के गाँव तक सिमटे रहने को एक कमी के रूप में देखते हैं। आप की दृष्टि से यह खामी है या खूबी।
2. 'ज़िंदगीनामा' भाषा तथा शिल्प के स्तर पर हिंदी पाठक से अपना पाठकीय अभ्यास तोड़ने की माँग करता है। पंजाबी भाषा तथा परिवेश से अपरिचित पाठक उपन्यास से तारतम्य बिठा भी ले तो भी कुछ पंजाबी प्रयोग ऐसे हैं, जिनके अर्थ कथा प्रवाह में भी स्पष्ट नहीं हो पाते। क्या इससे उपन्यास की संप्रेषणीयता भंग होती है?
3. यदि 'ज़िंदगीनामा' को प्रचलित भाषा–ढाँचे में लिखा जाता तो क्या वह बड़े पाठक वर्ग के बीच स्वीकृत हो सकता था। उपन्यास का नया ढाँचा गढ़ने के पीछे कथावस्तु का दबाव था या प्रयोगधर्मिता का आग्रह।

भाषा की स्थानीयता को लेकर जो अतिरिक्त झुकाव 'ज़िंदगीनामा' में है जिसके चलते इसे आंचलिक उपन्यास भी कह दिया गया। शब्द की सत्ता के प्रति इस प्रतिबद्धता को क्या एक तरह का रूपवादी आग्रह कहा जाएगा।

### कृष्णा सोबती

'ज़िंदगीनामा' को आप आंचलिक उपन्यास कहें या न कहें–वह आंचलिक उपन्यास नहीं है। इसलिए इस तर्क को लेकर मेरी कोई प्रतिक्रिया भी नहीं। आलोचना के स्तर पर हर उपन्यास या रचना को लेकर किसी न किसी नए या पुराने ढाँचे में रख कर जाँचने का आग्रह जितना ज़रूरी है उतना ही ज़रूरी इसके मूल्यांकन के लिए लीक से हट कर उसकी पड़ताल के लिए कुछ नए प्रतिमान भी। उपन्यास के प्रारंभिक ढाँचे और शिल्प में काफी परिवर्तन हो चुके हैं–उनकी पड़ताल पद्धति को भी बदलना ज़रूरी होगा। अप्रासंगिक न होगा यह दोहरा देना कि उपन्यास को आंचलिक पुकारने के आग्रह के बावजूद 'ज़िंदगीनामा' पंजाब के किसी अंचल विशेष का वृत्तांत नहीं। यह उस अविभाजित सीमा प्रदेश की प्रस्तुति है जिसकी भाषाई पहचान अपने पूरे खुरदुरेपन, अलिखित टेक्सचर में निहित थी, जज़्ब थी। उन तमाम भौगोलिक और ऐतिहासिक स्थितियों के अनुरूप जो सदियों से सीमा प्रदेश होने के कारण उत्पीड़न से कहीं ज़्यादा संघर्ष से जुड़ी थीं। ऐसे ऐतिहासिक परिप्रेक्ष्य में उस काल खंड और उसकी चुनौतियों, तनावों को अरखने–परखने को–नाप जोख और तौल की विधि में 'ज़िंदगीनामा' की परिकल्पना को देखना होगा।

देखें तो हिंदी पाठक के लिए 'ज़िंदगीनामा' का परिवेश अटपटा हो सकता है, नया नहीं। संप्रेषणीयता को केंद्र में रखकर कुछ शब्दों के अर्थ आप शब्दकोश-भाषा के पारदर्शी अंदाज़ में न भी समझें तो भी वे पंक्ति के पारस्परिक योग में आप तक सूचना, तथ्य तथा तर्क पहुँचाने में चूकते नहीं। शब्दों की बोधगम्यता शब्दों के झुंड से उभर कर आती है या वृत्तांत इतने अप्रत्यक्ष नहीं होते कि उसकी सादृश्यता पाठक तक न पहुँचे।

क्या सचमुच विचार, संवेदन और परिवेश के आवेगों की गूँथ से सरक कर पाठक के नेपथ्य में चला जाता है। संप्रेषणीयता क्या साक्षरता के परिभाषी मुखड़े से पहचानी जानी चाहिए। भाषा और विचार के तेवर को लेखक शब्दों के सानिध्य से उस लीक को प्रतिबद्ध है जिसकी पुनर्रचना दृश्य-श्रव्य की मुखा-मुखी विविधता को एक सूत्र में पिरोती है। देश-परिवेश का सांस्कृतिक मुखड़ा उसके संवाद में परिलक्षित व्यावहारिकता जिन शब्दों और स्वरों से उद्‌घाटित होती है उन्हें प्रयोग में लाने का निर्णय करने का अधिकार लेखक को है। गाँव और किसान की जीवन शैली, भाषा की वाचिक परंपरा, 'लोक' को समझने बूझने और व्यक्त करने के दबाव ही दरअसल 'ज़िंदगीनामा' जैसे उपन्यास की भाषा और मुहावरे को तय करते हैं। वाक और वाचक का कथन भाषा के दोहरे दबाव के कारण कथ्य से बाहर रखना उसकी रचनात्मक प्रस्तुति को संदिग्ध करना है। वाचक शब्द की साधारणता खेतिहर समाज में इस्तेमाल होने पर असाधारणता ग्रहण करती है-विशेष हो उठती है। पांडित्य की सक्षमता के अनुरूप नहीं-जन की बहु उद्धृत उक्तियों के रूप में। उसके स्वभावगत घनत्व और लचक को अनदेखा न करना लेखक का महत्त्वपूर्ण भाषाई औचित्य है। उपन्यास को वजूद में लाने के लिए, मात्र विषय वस्तु और काल खंड को चित्रित करने के बजाय उसे उसकी मिट्टी में रोपने के लिए कथ्य संवाद को गूढ़ार्थ देना कहीं ज़्यादा अनिवार्य है। 'ज़िंदगीनामा' जैसे उपन्यास में बोलियों के प्रचलित रूपों को अनदेखा करना मुमकिन ही नहीं था। इसके संवाद और वृत्तांत में लेखक आत्म परिभाषी कर्ता के रूप में कार्यशील नहीं हो सकता। खेतिहर संस्कृति और समाज आज भी अपने मौलिक रूप में मौजूद है। उसकी बोल चाल की भाषा उसकी धरती की गंध से जुड़ी है। भाषा का एक नहीं अनेक तेवर हैं। वह हर वर्ग, समूह और पेशे के साथ बदलती है। अनुभव और ज्ञान का गहरे तक पसरा हुआ एक मौखिक संस्कार भी है। उसे संप्रेषणीयता की दुहाई देकर रचनात्मक भाषा के बाहर करना, उसकी सक्षमता और समृद्धि को, उसकी वाचक विशिष्टता को नष्ट करना होगा जो 'लोक' की स्मृति और संवाद के महत्त्व से उसने अर्जित की है।

शहर और शहर वालों के लिए गाँव और गाँव वाला होने की अपनी सीमाएँ हैं। एक दूसरे को घूरता यह एक ऐसा पक्ष है कि लेखक को स्वयं अपने सांस्कृतिक बिंदु और परिवेश का अतिक्रमण करना होता है। 'ज़िंदगीनामा' में यह एक-दूसरे

में विलय हुआ कि नहीं, इसकी पड़ताल करना आलोचक का श्रेय है–अपनी ओर से केवल इतना ही कि लेखक द्वारा इसे देखने में वह शहर के निश्चित प्रभावों से मुक्त रहा है। देसीपन में देशबद्ध और नागर संस्कार से मुक्त होकर ही 'ज़िंदगीनामा' के मूर्त–अमूर्त को एक लय में ढाल दिया गया। इसलिए मुमकिन था कि लेखक के निकट न गाँव एक पीढ़ी का अनुभव था और न शहर ही। दोनों ओर से तीन–तीन पीढ़ियाँ, दोनों प्रत्यक्ष और परोक्ष से एक–दूसरे से गुँथी पड़ी थीं। स्मृति संस्कार और संवाद को पुकारने के लिए कुछ भी सायास नहीं करना था। इसके बावजूद जो अदीखता था वह इधर था और जो सुन पड़ता था, वह उधर था।

गाँव अपने में एक छोटी इकाई है, मगर वह एक बड़ी दुनिया की भूमिका भी है। आमुख है। दरियाओं के किनारे बसा एक गाँव कोई एक गाँव नहीं–इसी से इसका कोई नाम नहीं। एक गाँव के बहाने अविभाजित पंजाब के वे सभी गाँव हैं जो अब हमारी दीठ और अनुभव से परे छूट चुके हैं। इसीलिए वहाँ की बोली–छंद, बोलियों, टप्पे और कवित्त को आँकने का आग्रह करती है।

वह भौगोलिक और ऐतिहासिक स्थानीयता भंग हो चुकी है–खंडित हो चुकी है–जो बड़े परिवार का अंग थी, जो अपने में एक जीवंत परिवेश थी, उसे अंकित करने की सीमाएँ ज़रूर लेखक की अपनी रही होंगी। इतना तो कहा ही जा सकता है कि 'ज़िंदगीनामा' का गाँव एक बड़ी दुनिया का अंग है। ग्रामीण परिवारों के लड़के खेती करते हैं–पुलिस में उनकी भर्ती होती है, कमाई के लिए वह अवदान जाते हैं। बग़दाद में रेल पड़ने पर वहाँ मजूरी के लिए जाते हैं। कैनेडा, अफ्रीका, बर्मा, हांगकांग–कच्चे घरों की संतानें बाहर फैलती हैं। बड़ी दुनिया से साक्षात्कार करती हैं। मौखिक परंपरा में वह जिस हिंदुस्तान की बात करती हैं वह मात्र पेशावर और लाहौर का ही क्षेत्र नहीं–वह कलकत्ता, पटना साहिब, बंबई और रंगून को भी पहचनती हैं।

क्या हम सचमुच ऐसे समय की कल्पना कर सकते हैं जब गाँव में सिवाय खाट, चारपाई या मँजी के और दूसरा फर्नीचर नहीं होता था। मनोरंजन का शगल भी इतना ही–गाना, स्वाँग और हर दिन वही गप्पें। वही प्रसंग, वही आख्यान। 'ज़िंदगीनामा' इस सदी की सुबह से आरंभ होता है। हम इसे इसके प्रामाणिक परिप्रेक्ष्य में जाँचने की कोशिश करेंगे, तो इसे लेकर, कथ्य, संप्रेषणीयता और परिवेश की बहुत सी धारणाएँ साफ होंगी।

ज़िंदगीनामा के दो टुकड़े (पृष्ठ 80 से 83 तक और 298 से 294 ) बहुत सी शंकाओं का समाधान करेंगे।

> *'याद रखो, सूरज सारी दुनिया, लोक–परलोक, ऊपर–थल्ली में, धरती–आकाश में सबसे बड़ा है। वह सच्ची–मुच्ची का महाराज है। ब्रह्मांड का सरताज है।'* पृ. 33

*'सूरज ने अपनी धी सुरजा ब्याही आकाश को तो सूरज महाराज ने इतनी बड़ी उजियारी चादर धी-जमाई को दी कि वह सारे मंडल में बिछती चली गई।'* पृ. 33

... ... ...

*'क्यों जी गुलाम रसूल मेरी बहन हाकमा कहाँ।'*

*'हाकमा बीवी ठस्योड़ी चाल बाहर निकली तो गब्ब कोठरी का जातक दुपट्टे में से चोर अखियों झाँके।'*

*'करतारो का हियरा हुलास भरा उमड़-उमड़ आया। चित्त न चेत्ता और बैठे-बिठाए यह भागों भरा दिन आन पहुँचा।'*

# समय का लयबद्ध गीत

समय सरगम

## विपरीत ध्रुवों का आमना-सामना

ज़िंदगी के एक पड़ाव पर मनुष्य जिये हुए जीवन का लेखा-जोखा करने लगता है। जीवन का यह मूल प्रश्न उसके सामने उपस्थित होता है–आख़िर इस जीवन के बाद क्या! इन प्रश्नों के सामने आने से जीवन के प्रति सोच और दृष्टि भी परिवर्तित होती है, जीवन शैली में भी परिवर्तन तो होता है। जब कृष्णा सोबती जैसे लेखक और विचारक के सामने ऐसे प्रश्न उपस्थित होते हैं तो उनका रचनात्मक हस्तक्षेप 'समय सरगम' के माध्यम से सामने आता है। वृद्धों के जीवन पर केंद्रित इस उपन्यास की बहुत सी परतें हैं जो उपन्यास के पाठ के दौरान खुलती चली जाती हैं। कथ्य के स्तर पर भी और भाषा के स्तर पर भी यह उपन्यास उनके बाकी उपन्यासों से भिन्न है। कई मुद्दों को समेटने का प्रयत्न लेखिका ने इस उपन्यास में किया है। वृद्धों की समस्याओं को उपन्यास में उठाया गया है तो परिवार के ढाँचे की प्रासंगिकता पर भी बहस मौजूद है। स्त्री विमर्श से लेकर दलित विमर्श तक, लूट और हिंसा, पर्यावरण और परमाणु युद्ध के मुहाने पर बैठे मनुष्य से लेकर धर्म और आध्यात्म जैसे कई मुद्दों पर विमर्श इस उपन्यास में मौजूद है। आरण्य ईश्वर की भूमिका को संशय से देखती है–

> *'जब बादल गरजते हैं और बिजली चमकती है तो चमत्कृत होती हूँ। और जब नद-नदियाँ पानी से भर जाते हैं–किनारे तोड़ कर बहा ले जाते हैं–गाँव-नगर-घर-बाहर-ढोर-डंगर-तब, तब ऊपर वाले को संशय और संदेह से देखने लगती हूँ कि दूसरी सब व्यवस्थाओं की तरह ब्रह्मांड के स्वामी भी आतंकवाद का सहारा ले रहे हैं। वह कारकुनी दैवी शक्तियों की ओर इशारा कर रहे हैं कि जाओ तहस-नहस कर दो। डरा दो, भयभीत कर दो। इसी के बाद सुधरेंगे और हाथ जोड़ कर भक्ति भाव से नमित होंगे! स्वयं सिद्ध प्रभु की भी तो यही नीति है।' पृ. 26*

दो विपरीत दृष्टियों से उत्पन्न संघर्ष में सांसारिक और आध्यात्मिक दृष्टि से निर्मित दो जीवन शैलियाँ उभरती हैं। आरण्य और ईशान साथ-साथ सैर के लिए निकलते हैं। दो बौद्धिक लोगों में जो विचार-विमर्श होता है उसमें जीवन के प्रति भिन्न दृष्टिकोण उभरते हैं। इसी संवाद के सहारे उपन्यास बहुत सी घटनाओं को समेटते हुए आगे बढ़ता है।

एक सुबह आरण्य सपना देखती है। आकाश में एक बड़े दरवाज़े पर उसका नाम लिखा है। सपने के बारे में सोचती हुई आरण्य इन ख़यालों को झटक कर जीवन की लय में वापिस लौटती है। अपने से ही सवाल और अपने आप से जवाब।

> *'भूल जाओ उस सपने को। मज़ा लो फलों की तरावट का! अभी सब कुछ कल का सा ही है। अपनी धुरी पर टिका है। हिल भी जाए तो क्या। वक़्त है। अंतिम पड़ाव वाली भूमिका कभी भी पास आ खड़ी हो सकती है। होगी। उसे होना है। सबकी होती है।*

*तुम उसकी चिंता क्यों करती हो! जिस डोर की चरखी ऊपर वाले बुलंद दरवाज़े पर टँगी है, उसे भला यहाँ क्यों ढूँढ़ रही हो! क्या डर रही हो! भयभीत हो!*

*हाँ और नहीं दोनों ही।'*

मृत्यु बोध से उत्पन्न इस 'हाँ और नहीं' से मुक्त होने का आरण्य का अपना तरीका है और ईशान का अपना। ईशान के अनुभव जगत को साँझा करना आरण्य के तर्कपूर्ण और व्यावहारिक व्यक्तित्व के लिए नया अनुभव है। ईशान के लिए एक धरातल पर मानवीय सोच रखने वाले लोगों का आपस में मिलना अनायास नहीं होता। वह इस संयोग के पीछे जन्म-जन्मांतर का संबंध देखते हैं। इस संदर्भ में वह अपने कई अनुभव आरण्य के साथ साँझा करते हैं। शून्यता एक डैनिश नागरिक हैं। महाऋषि रमण के दिये हुए नाम का यह व्यक्ति ईशान के लिए मामूली नहीं है। उन्हीं के लिखे पत्र का ज़िक्र करते हुए वह कहते हैं-

*'शून्यता ने एक पत्र लिखा-ईशान, तुम सिर्फ अपने में नहीं हो, मुझ में भी स्थित हो। मैं हूँ न तुम्हारा स्थायी पता! तुम्हें अपने में महसूस करता हूँ! जानते हो किसलिए? तुम्हारे निर्मल चैतन्य के लिए। याद रहे, नाम ही नहीं, तुम शून्यता के भी ईशान हो, शिव हो। संबंध, अस्तित्व कोई भी हो उसकी पवित्रता सुरक्षित रहनी चाहिए!'* पृ. 29

## परिवार और उसका उपेक्षित पक्ष

कृष्णा सोबती की कोई भी कृति उठाकर हम देख लें कथ्य और भाषा के अलग धरातल और अलग आस्वाद पाठक को मिलेंगे। 'समय-सरगम' कृष्णा सोबती के उपन्यास लेखन का नया आयाम है। परिवार नामक संस्था की प्रासंगिकता को लेकर एक बहस इस उपन्यास में मौजूद है। स्त्री के अधिकारों की स्वतंत्रता के साथ जुड़कर यह बहस सोबती के कथा लेखन में कई ज़रूरी प्रश्न उठाती है, जिनमें आर्थिक स्वतंत्रता और परिवार की सत्ता का प्रश्न सबसे महत्त्वपूर्ण है। उनके लेखन में इस संस्था में लगातार बढ़ती दरारों की ओर इशारा है। यह बहस 'मित्रो-मरजानी', 'ऐ लड़की', से होती हुई 'समय सरगम' में भी जारी है। ईशान और आरण्य सोच के स्तर पर दो विपरीत ध्रुवों की तरह हैं, फिर भी बौद्धिकता और विवेक ऐसे सूत्र हैं जो दोनों को जोड़े रखते हैं और करीब भी लाते हैं। ईशान परिवार के ढाँचे को कुछ दरारों के बावजूद समाज के लिए ज़रूरी और मूल्यवान मानते हैं जबकि आरण्य इस चर्चा में ईशान से असहमत होते हुए संयुक्त परिवारों के ढकोसलों और खोखलेपन को उजागर करती है-

*"...इतना जानती हूँ कि परिवार की सुव्यवस्थित अस्मिता और गरिमा का मूल्य भी उन्हें चुकाना होता है जिनका खाता दुबला हो। परिवार की साँझी श्री पैसे के व्यापारिक प्रबंधन में निहित है। उसकी आंतरिक शक्ति क्षीण हो चुकी है। घनी छाँह की जगह घिसी हुई चिंदियाँ फरफरा रही हैं।"*

समाज को चलाने के लिए परिवार एक पुरातन व्यवस्था है, फिर भी देखें तो भारतीय समाज में संयुक्त परिवारों का अस्तित्व बिखर चुका है। संपन्न घरानों में यह अवश्य जैसे-तैसे साँसें ले रहा है। अणु परिवार या छोटी पारिवारिक इकाइयाँ यह बदलते हुए आर्थिक समीकरणों का परिणाम है। वर्तमान सामाजिक व्यवस्था में आ रहे परिवर्तन आरण्य के पक्ष की वास्तविकता की गवाही देते हैं।

वृद्धों से जुड़े उपन्यास में ऐसे बहुत से उदाहरण हैं जो परिवारों में वृद्धों के प्रति सगों की उपेक्षा और अमानवीयता को उद्घाटित करते हैं। यहाँ उनकी सुदृढ़ आर्थिक स्थिति भी उनका बचाव नहीं कर पाती, बल्कि संकट का कारण बनती है। ईशान की मित्र हैं दम्यंती। आरण्य को साथ लेकर जब ईशान दम्यंती के घर पहुँचते हैं तो वह अपने ही बच्चों के डर से ड्राइंग-रूम तक में ईशान और आरण्य को नहीं बिठा पाती, परिवार के अपने प्रति विरोध से बचने के लिए वह संतों-आश्रमों का सहारा लेती हैं, आरण्य से अपना दुख बाँटते हुए कहती है– *''मैं तुम्हारी तरह अकेली होती तो क्यों परेशान होती।''* आरण्य दम्यंती को उसके अधिकारों के प्रति सजग करती है और तीनों लोग ड्राईंग-रूम में बैठकर चाय और पकौड़ों का आनंद उठाते हैं। मझले बेटे की अपने मेहमानों के सामने किरकिरी होती है। अपने अधिकारों के प्रति इस 'दुस्साहस' का परिणाम दम्यंती की मौत के रूप में सामने आता है। ऐसी ही अस्वाभाविक मृत्यु का ग्रास बनते हैं प्रभु दयाल, जिन्हें संपत्ति के लालच में बेटे ही मरवा डालते हैं। परिवार जैसी सुरक्षित संस्था में भी असहिष्णुता के बढ़ने से आ चुके विरोधाभास एक ज़रूरी बहस को जन्म देते हैं।

एक अन्य पात्र कामिनी भी वृद्धावस्था में परिवार की ज्यादतियों को झेलती है। उसे उसके भाई-भाभी दवा के नाम पर धीमा जहर देकर मार डालना चाहते हैं। उनकी नज़र उसकी संपत्ति पर है। प्रभुदयाल भी अपने बेटों द्वारा अपमानित होकर मृत्यु को प्राप्त होते हैं। उनकी हत्या का षड्यंत्र उन्हीं के बेटे रचते हैं। परिवार में सगों के आस-पास मौजूद होने के बावजूद असुरक्षा, अकेलेपन और घुटन से घिरा वातावरण बुजुर्गों को परिवार नाम की संस्था से बाहर कर रहा है, इस आतंक को यह घटनाएँ पाठक तक संप्रेषित करती हैं।

इन सभी प्रसंगों में ईशान के साथ आरण्य भी इस वास्तविकता की गवाह बनती है। यह सभी प्रसंग इस निष्कर्ष पर पहुँचाते हैं कि शहरी सामाजिक व्यवस्था में वृद्धों की समस्याओं को सुलझाने के लिए कोई एक सीमा तक ही हस्तक्षेप कर सकता है? परिवार जैसी इकाई में बाहरी हस्तक्षेप एक-दूसरे को सांत्वना देने और अपने अधिकारों के प्रति सजग कराने से अधिक और हो भी क्या सकता है, अपनी नियति सबको स्वयं ही भोगनी पड़ेगी या फिर उससे अपने बल-बूते पर लड़ना होगा। इन सभी प्रसंगों से उजागर होने वाली कड़वी सच्चाई आरण्य के अकेले जीवन के प्रति उसके विश्वास को पुख़्ता करती है।

आरण्य मानती है कि स्त्री-पुरुष संबंध अब बदलाव की दहलीज पर खड़े हैं। शहरी मध्य वर्ग में बिना विवाह के साथ रहने जैसी व्यवस्था के पनपने के कारणों पर उपन्यास के माध्यम से लेखिका स्पष्ट है, इस नई व्यवस्था की गवाही आरण्य और ईशान का बिना विवाह किए साथ रहने का फैसला भी है। भले ही यह फैसला जीवन के उत्तरार्ध में लिया गया है।

यहाँ ईशान के आध्यात्म तथा पारिवारिक राग को लगातार चुनौती देते हुए आरण्य के तर्क ईशान पर अधिकतर हावी हो जाते हैं। यह तर्क परिवार से बाहर निकल कर स्त्री-पुरुष संबंधों को समझने पर जोर देते हैं।

> *'...प्रकृति के यह दो मूल पक्ष अब आगे-पीछे नहीं, आमने-सामने खड़े हैं, ताकि कदम से कदम मिला सकें। मात्र अनुकरण और नेतृत्व से नहीं-एक-दूसरे की बराबरी में, साझेपन में।'*

सवाल यह उठता है कि परिवार नाम की यह संस्था क्या बिखर जाएगी या फिर इसका कोई नया स्वरूप निकल कर सामने आएगा। यदि बराबरी और आर्थिक स्वतंत्रता जैसे तर्क परिवार पर हावी होना शुरू हो जाते हैं तो विवाह पर नाहक ही धन व्यय करके सामाजिक और कानूनी रूप से बंध जाने का जोखिम शहर की नई पीढ़ी क्यों मोल लेगी।

आरण्य जीवन की सार्थकता प्रवचनों में नहीं मनुष्यता में देखती है। वह दम्यंती को भी वृद्धों के आश्रम में समय देने के लिए प्रेरित करती है। ग़रीबी, भ्रष्टाचार तथा प्रदूषण जैसी समस्याओं को लेकर जो विचार सामने आए हैं वह पाखंडी महंतों, धर्म की आड़ में स्वार्थ साधने वाले नकाबपोशों तथा सांसारिक सुख-दुख से कहीं दूर जीवन के अर्थ खोजने और भटकने वाले लोगों के विरोध में सामने आए हैं।

## विपरीत धाराओं का संगम

विपरीत ध्रुवों पर सोचते हुए भी आरण्य और ईशान जीवन में जो पाते हैं वह एक स्तर पर समान है। आरण्या ईशान के निकट होकर भी अपने जीवन की समस्याओं को अपने तौर पर ही सुलझाना चाहती है। कहानी में निर्णायक मोड़ भी यहीं आता है। जब आरण्य फ्लैट बेचने की विवशता किसी से साझा नहीं करना चाहती। उपन्यास के इसी अंश में दलालों की धंधेबाजी और आधुनिक शहरी समाज में पसरी असुरक्षा भी उभरती है। आरण्य जीवन की इन विकट परिस्थितियों को अपने जीवन का हिस्सा समझते हुए सम बने रहने का प्रयत्न करती है। अकेले ही जीवन के फैसले लेने के लंबे अनुभव से उपजी जीवन के उतार-चढ़ावों के प्रति यह तटस्थता आरण्य में कर्म के प्रति विश्वास की आस्था को दृढ़ करती है।

> *"आरण्य, इतना दुख संताप मैंने तुम्हारे आस-पास कभी नहीं देखा। सचमुच इसे लेकर तुम इतनी तटस्थ हो? हाँ, तुम्हें जानकर मैं भी अकेलेपन से बरी हो गया हूँ।"*

जीवन के इस मोड़ पर दोनों वृद्ध साथ रहने का निर्णय लेते हैं क्योंकि दोनों सोच के स्तर पर सुख-दुख की परिधि से बाहर हैं। किसी तरह के लेन-देन के संबंध से दूर यह संबंध मनुष्य को मनुष्य के स्तर पर जान लेने से उपजा है।

कृष्णा सोबती के कथा-साहित्य में परिवार नामक संस्था का कहीं खंडन तो नहीं है पर इस व्यवस्था के अंतर्विरोधों पर एक प्रश्न चिन्ह ज़रूर है। स्त्री-पुरुष की सत्ता में बराबरी का संघर्ष अवश्य है। 'मित्रो मरजानी' की मित्रो परिवार में पति के पास वापिस लौटती है पर पुरुषसत्ता को चुनौती देते हुए अपने अधिकारों के लिए लड़ती है,दबती नहीं। 'दिलो-दानिश ' में कृपा शंकर परिवार की परिधि में वापिस लौटते तो हैं पर एक स्त्री महकबानो को छलने के बाद। यही महकबानो अपने अधिकारों पर चौतरफा हमला होते देख पुरुष सत्ता को चुनौती देती है। वह हालातों के सामने समर्पण करने वाली स्त्री का चेहरा नहीं बल्कि अपनी अस्मिता के लिए संघर्ष करने वाली स्त्री का चेहरा है। सोबती की लंबी कहानी 'ऐ लड़की' में परिवार की सत्ता और उसके अंदर स्त्री-पुरुष में बराबरी का संघर्ष और भी मुखर हुआ है। 'समय-सरगम' में भी कृष्णा सोबती की यह जीवन-दृष्टि प्रकट होती है। उनका विरोध परिवार नामक संस्था से नहीं बल्कि उसमें बढ़ती जा रही विसंगतियों से है। परिवार में पुरुष सत्ता को चुनौती देते हुए आर्थिक असमानता से उभरी लोभ-लालच की प्रवृत्तियों को लेकर उन्होंने अपने लेखन में पर्याप्त विरोध दर्ज किया है।

## विरोधी पक्ष का नया मुहावरा

'समय-सरगम' का भाषा पक्ष सोबती के लेखन का नवीन पक्ष प्रस्तुत करता है। उपन्यास की भाषा सभ्य जनों द्वारा बोली जाने वाली भाषा है। यहाँ तक कि धोबी रामखेलावन की भाषा एवं तर्क बुद्धि में भी भिन्नता नहीं है। संगति बैठाने के लिए रामखेलावन को बी.एस-सी. पास दिखाया गया है।

रामखेलावन बोले-*'साहिब, ऊँची जात बिरादरी ने भी कम घृणा नहीं फैला रखी। अपने को संस्कारी जातियाँ कहकर पुकारते हैं और दलितों, पिछड़ों को असंस्कारी, संस्कार विहीन, नीच, पिछड़ा। आरक्षण को लेकर कभी मनुवादी उबलते हैं, और कभी दलित और कमजोर वर्ग। धंधे की राजनीति है...'*

कबीरपंथी रामखेलवान बात-चीत में राजा दशरथ द्वारा राम को वनवास देने और धोबी की बातों में आकर राम द्वारा सीता को त्याग देने की घटना को लेकर अपने बेटे के विरोध और संशय का ज़िक्र करता है। जबकि वह स्वयं बेटे की इस सोच से आहत है। यह विरोध इस पीढ़ी में सोच के स्तर पर महत्त्वपूर्ण परिवर्तन की ओर इशारा करता है। यह तर्क और बुद्धि के सहारे अपना विवेक रच रही नई पीढ़ी की सोच को देखती लेखिका की आँख है। यह सदियों तक ग़ुलाम रही मानसिकता के जागरण की शुरुआत है।

जब कभी ऐसी घटनाएँ घटती हैं, वर्गगत खाई से उत्पन्न चिताएँ आरण्य के मन में उथल-पुथल मचाती हैं। एक बारिश की शाम वह घूमने निकलती है तो झोंपड़ पट्टी नज़र पड़ती है। मन में सवाल उठते हैं–

> *'बच्चा इस झुग्गी से निकलकर कहाँ पहुँचेगा!...क्या सुविधाओं के बाज़ार में से कुछ नोच कर जुटा पाएगा?...क्या सार्वजनिक कृपाएँ इस नन्हे नागरिक तक पहुँच पाएँगी? क्या तब तक इनकी धारण शक्ति बची रहेगी? इसके बालिग होने में तो सोलह-अट्ठारह साल पड़े हैं। मुमकिन है अगली शताब्दी में नेता बन जाए। कौन जाने नायक कि खलनायक!'*

यद्यपि अपने-अपने अनुभवों तथा दृष्टिकोण के चलते आरण्य और ईशान जीवन के इस पड़ाव पर मृत्यु की सच्चाई को सहज स्वीकार करते हैं तथा इस ओर से किसी डर या आशंका से दोनों मुक्त हैं।

'समय-सरगम' की कथा में कई विमर्श एक साथ मौजूद हैं। इस उपन्यास में विमर्श का मुद्दा एक नहीं है, अनेक मुद्दे हैं जो दो बुद्धिजीवियों की बातचीत में विस्तार पाते हैं। देश कितने ही तरह के परिवर्तनों से गुज़र रहा है। मानव जाति अपने विकास के क्रम में आज कहाँ खड़ी है। चिंता का विषय जातिवाद, ग़रीबी, धार्मिक पाखंड, प्रदूषण, राहजनी आदि हैं। इनमें राहजनी तथा बाबा सदानंद वाले प्रसंग काफी रोचक और प्रासंगिक बन पड़े हैं। बहुत सी समस्याओं पर आरण्य की चिंता ईशान से बातचीत में प्रकट होती है। बौद्धिक समुदाय के बीच इस तरह के विमर्श उभरना स्वाभाविक है, उपन्यास के अंत में 'यही धरती' नामक अध्याय में उभरे चिंतन पर भी इस दृष्टि से विचार किया जाना चाहिए।

एमनेस्टी इंटरनेशनल में कार्यरत ईशान के साले की पत्नी एंगलिका उनसे मिलने के लिए आती है। जम्मू कश्मीर में आतंकवाद की समस्या का ज़िक्र भर यहाँ है, उपन्यास इस विषय पर विमर्श को आगे नहीं बढ़ाता। चर्चा एक और बड़े मुद्दे की ओर मुड़ जाती है। मुद्दा है कुछ विकसित देशों द्वारा अंतरिक्ष में बस्तियाँ बसाए जाने का। इशारा इस ओर है कि मनुष्यों का विकसित समुदाय उन यांत्रिक बस्तियों में बस जाएगा और वहाँ से धरती को संचालित करेगा। पिछड़ी हुई जातियाँ उस धरती पर रह जाएँगी जिसका पहले ही विकसित शक्तियों द्वारा दोहन किया जा चुका होगा। यहाँ मानव जाति पर आने वाले उस संकट की ओर इशारा है जहाँ घोर उपभोक्तावादी देश इस धरती को उपभोग की वस्तु मान कर विकास के ऐसे रास्ते पर चल रहे हैं जो विनाश की ओर जाता है। विकसित देश दूसरे ग्रहों पर पाँव पसारने की दूरगामी योजनाओं पर काम कर रहे हैं। विकास के उपभोक्तावादी मॉडल और विनाश के परमाणु जखीरे के चलते कभी भी विश्व पर संकट आ सकता है। इस तरह से यह चर्चा विकसित देशों की तरफ से पैदा होने वाले ढके-छिपे आतंक की ओर इशारा करती है, जिसके विरोध में आरण्य का स्वर अधिक

मुखर है। तब इस धरती और पिछड़ी आबादी का क्या होगा। ऐसी स्थितियों में मनुष्यता कैसे जीवित रहेगी। विध्वंस से बचने के लिए इस धरती की जागरूक मनुष्य जाति को ही उसकी रक्षा करनी होगी। इसी आशावादी स्वर के साथ उपन्यास समाप्त होता है–

*'हमारी जनसंख्या!*
*हमारी धरती! इसकी वनस्पतियों और हरीतिमा की रखवाली कौन करेगा?*
*कौन सुरक्षा करेगा।*
*मनुष्य!*
*मनुष्य!*
*मनुष्य ही!*
*परमाणु हथियार कभी नहीं।'*

## विमर्श पर विमर्श

यह विमर्श उपन्यास के अंत में मौजूद है। आरण्य और ईशान के साथ जीवन जीने का निर्णय कर लेने के बाद। इसकी उपन्यास में ज़रूरत थी या नहीं इस विषय पर निर्मला जैन का मानना है–

*'उपन्यास के अंत में 'यही धरती' शीर्षक से तीन पृष्ठों का एक परिशिष्टनुमा संवाद है। बातचीत करने वालों में उपन्यास के पात्रों की स्थिति सिर्फ उसे उपन्यास से जोड़ने के लिए है, वरना पूरी कृति में यह प्रसंग अतिरिक्त रूप से चस्पाँ है। मूल उपन्यास तो पृ. 153 पर ही ख़त्म हो गया है।...' (कथा समय में तीन हमसफ़र, पृ. 201)*

यह ठीक है कि इस परिशिष्ट में चित्रित यह प्रसंग एक नई समस्या की ओर इशारा करता है। यह समस्या विकसित और ग़ैर विकसित देशों में बढ़ती खाई के चलते ग़ैर विकसित मानव जाति के अस्तित्व पर आने वाले संकट से जुड़ी है। आलोचना को यह तय करना है कि यह चर्चा अनावश्यक रूप से यहाँ मौजूद है, जैसा कि निर्मला जैन ने भी उल्लेख किया है, या फिर इसका उपन्यास से कोई संदर्भ जुड़ता है। निर्मला जी की दृष्टि से देखा जाए तो फिर उपन्यास का अठारहवाँ अध्याय भी इसी तरह का अतिरिक्त प्रसंग माना जाएगा जिसका मूल उपन्यास की कथा से सीधा सरोकार नहीं है। सदानंद महाराज की महिमा पर आधारित इस अध्याय की शैली भी व्यंग्यात्मक है। यहाँ स्वार्थी बाबाओं और महात्माओं की बढ़ती जमात के माध्यम से धर्म और आस्था के बदलते स्वरूप पर कटाक्ष किया गया है।

इस अध्याय की ध्वनि कहीं न कहीं अंतिम परिशिष्ट से भी मेल खाती है, पिछड़े देशों की मानव जाति पर आने वाले संकट की ध्वनि आप यहाँ भी सुन सकते

हैं। व्यंग्य के माध्यम से महात्मा जी के उपदेश इस लोक और परलोक के बीच पुनर्जन्म की व्यवस्था के निर्धारक हैं।

*'जन्म-मरण के बीच की अवधि में कुछ और जुगाड़ करने पड़ेंगे। इस जून में शांत हो जाने के बाद जब हम दुबारा इस धरती की धड़कती खेप पर पहुँचेंगे तो हमारा क्रेडिट कार्ड, अंतर्राष्ट्रीय वीसा कार्ड, गृह कार्ड सब हमें तैयार मिलेंगे। और राशन? नहीं राशन कार्ड की ज़रूरत हमारी नहीं। राशन कार्ड अब निर्धन भारतीयों का बनता है।'*

यदि निर्मला जी की बात मान कर चलें तो मूल उपन्यास से अलग जान पड़ने वाले अध्याय दो हुए, एक नहीं। इन अध्यायों को अलग परिशिष्ट मानने से पहले उपन्यास के पूरे ढाँचे पर विचार करना ज़रूरी है। ईशान और आरण्य की मूल कथा बहुत सारे प्रश्नों और घटनाओं को साथ लेकर चलती है। यह सभी समस्याएँ पूँजीवादी सभ्यता के भूमंडलीय स्वरूप अख्तियार करने के साथ-साथ विकराल रूप धारण करती गईं। इस विकरालता में सभी कुछ शामिल है। रिश्तों का छद्म स्वरूप। संपत्ति हथियाने की होड़ में नाना अमानवीय युक्तियों का अनुसंधान और उसके बरक्स उम्मीद की लौ जगाए रखने वाली मानवीय संवेदनाएँ इस उपन्यास में गुँथी पड़ी हैं। इसी में धर्म के नाम पर दिनोदिन बढ़ता व्यापार और भ्रष्टाचार विज्ञान-प्राद्योगिकी के युग में विकसित कहलाने वाली मानव सभ्यता को ठेंगा दिखाता है। विकसित देशों के सामने इस समस्या का स्वरूप अलग है। जाहिर है धार्मिक उग्रता पिछड़े और अशिक्षित देशों की ही समस्या है। प्राकृतिक संसाधनों का दोहन अपने चर्म पर है और परमाणु युद्ध का खतरा हर समय मानव जाति के सर पर मंडरा रहा है। यह सब समस्याएँ इन दोनों अध्यायों में विमर्श का माध्यम बनी हैं। पाठक के सामने कथा में गूँथ कर मानवीय सभ्यता से जुड़े प्रश्न उठाने के लेखकीय दायित्व का निर्वाह सोबती ने किया है, उसके लिए एक नया रूप गढ़ा है, अपने समय से आगे देखने का यह लेखकीय उपक्रम कथा साहित्य की सीमाओं को विस्तार प्रदान करता है। इसलिए बहस इस विषय को उपन्यास में पर्याप्त विस्तार देने या नहीं देने को लेकर हो सकती है लेकिन इन अध्यायों को या फिर अंतिम अध्याय को मूल उपन्यास से अलग करके देखे जाने की आवश्यकता नहीं है। वह मुद्दे और उनकी ध्वनियाँ उपन्यास की चेतना में शुरू से प्रवाहित हो रही हैं। पहले ही अध्याय में झुग्गियों में जीवन बसर कर रहे बच्चे के भविष्य की बात होती है जो अंत तक आते-आते इस भूमंडलीय विश्व में पिछड़े समुदायों और देशों के भविष्य को उसी रूप में देखती हैं। बड़ी बात यह है कि उम्मीद के स्वर फिर भी मुखर हैं जो मानवता के पक्ष में खड़े वर्ग की ताकत बनते हैं।

# उत्तर कथन

गिने-चुने लोगों के नाम लिए जा सकते हैं हिंदी साहित्य संसार में जिन्होंने लेखन को पूर्णकालिक साधना के रूप में लिया। चुनिंदा कथाकारों के नाम ले सकते हैं हम जो यथार्थ के पुनर्सृजन के लिए शब्दों के चुनाव और भाषा की प्रामाणिकता को लेकर बहुत अधिक संवेदनशील हैं। जिनके लिए कहानी लिखना केवल घटना नहीं है, प्लाट भी नहीं है, बल्कि लेखक की आँख से देखे गए सत्य की पुनर्रचना है जिसमें शब्दों के माध्यम से पात्रों और घटनाओं का वजूद पाठक के सामने प्रामाणिक होकर उभरता है।

1. डूंगर के पास सिर पर बोझ उठाये वह जीती-जागती काया हरियाली क्यारी सी दिखी थी। आँखों में ललक, आँचल तले उभार। ओढ़नी में मढ़ा हुआ, गेहुँआ-गदराया बदन। हाड़मांस की अनोखी देह, रुपहले पानी में कसी हुई. आँखों से ललचाती आदिम दीठ...ठेकेदार को पास आते देखा तो उठा कर काँकरी मार दी। इधर तो देखना मत ठेकेदार जी, लहंगड़ू की माँद में अट गए तो गए काम से।
2. बरसों बाद। ठिठुरती सर्दी की रात। शहर की खस्ता बसती से गुज़रते सहसा कदम ठिठक गए। किसी के झीखने-कलपने की आवाज़ कानों में ढुक गई।

   अम्मा अपने बेटे को किसी वैद्य-हकीम के पास ले जा। यह लीला इसके बस की नहीं।

   चटाक-चटाक...

   मारो-मार कर गाड़ दो मुझे-इस संताप से तो छुट्टी हो।

   महात्मा गाँधी अंतर्राष्ट्रीय हिंदी विश्वविद्यालय द्वारा कृष्णा सोबती पर प्रकाशित छवि संग्रह से।

इन दो दृश्यों के बीच लेखक के अनुसार लंबा वक़्त पसरा रहा। फिर जो रचना के रूप में आया वह 'मित्रो मरजानी' की मित्रो थी। एक ऐसा नारी चरित्र जिसे हिंदी कथा लेखन में अभी तक सामने लाने का साहस किसी ने नहीं किया था। मसला केवल साहस का ही नहीं था बल्कि उस दृष्टि का भी था जो आसपास ऊपरी तौर पर नहीं देखती, तत्काल प्रतिक्रिया भी नहीं देती, बल्कि स्थितियों की गहराई से जाँच करने के लिए और पात्रों को आकार देने के लिए पर्याप्त समय देती है।

सोबती जिस दौर में लिख रही थीं उस समय साहित्य में बहुत सी धाराएँ बह रही थीं। निर्मल वर्मा और फणीश्वरनाथ रेणु जैसे लेखक अपने आप में नएपन से लैस थे और आलोचना को कहानी पर विचार करने के लिए एक बड़ा कैनवस दे रहे थे। अज्ञेय के आने से कथा साहित्य में नए प्रयोग करने में सक्षम लेखकों को बल मिला। किसी भी रचनात्मक विधा को जिलाए रखने के लिए उसमें नयापन होना ज़रूरी है। कहानी तो नएपन के बिना टिक ही नहीं सकती। इस विधा में चीजों

को दोहराया जाना पाठक को रास नहीं आता। दोहन और दोहराव की इस प्रवृत्ति के चलते ही निर्मल वर्मा ने कहा था–

> *'बीसवीं शताब्दी में साहित्य की जो विधा सबसे पहले अपने अंतिम छोर पर आकर ख़त्म हो गई, वह कहानी थी। चेखव की कहानी 'कहानी' का अंत है–या दूसरे शब्दों में कहें, उसके बाद कहानी वह नहीं रह सकेगी, जिसे आज तक हम कहानी की संज्ञा देते आए हैं। आज प्रश्न चेखव की परंपरा को (इस अर्थ में प्रेमचंद की 'परंपरा' सिर्फ एक छाया है–वह अप्रासंगिक है) आगे बढ़ाने का नहीं है, उससे मुक्ति पाने का है। सौभाग्यवश हिंदी कहानी के सामने ऐसी समस्या नहीं है–वह अभी चेखव से बहुत पीछे है। इसलिए जब हम 'नई' कहानी की बात करते हैं, तो हमें कहानी की मृत्यु से चर्चा आरंभ करनी चाहिए। इससे हमें मदद मिल सकती है– कहानी को पुनर्जीवित करने के लिए नहीं–बल्कि उसे अंतिम रूप से छोड़ने के लिए...' (हर बारिश में, निर्मल वर्मा, पृ. 48)*

निर्मल वर्मा के इस कथन से हमें हिंदी कहानी की परंपरा में नएपन और रूढ़ि या परिपाटी के निर्वहन में अंतर को समझने में मदद मिल सकती है। जब निर्मल वर्मा कहानी के अंत की बात करते हैं तो वह उसके उस प्रचलित रूप के मृत्यु की बात करते हैं जिसका दोहन हो चुका है। उसी रूप में उसका पुनः-पुनः लिखा जाना, लिखी जा चुकी बातों को पुनः दोहराना होगा। वह उस लिखे जा चुके के आगे कुछ नया देखने की माँग करते हैं, फिर चाहे आप उसे कहानी कहें या कुछ और। इस दृष्टि से उस दौर में प्रेमचंद के बाद रेणु, अज्ञेय, कृष्णा सोबती और स्वयं निर्मल वर्मा विलक्षण दृष्टि से लैस कथाकार थे। इस दृष्टि से हजारीप्रसाद द्विवेदी के 'बाण भट्ट की आत्मकथा' और शिवप्रसाद रूद्र की 'बहती गंगा', भीष्म सहनी के 'तमस' सहित कई ऐसी कृतियों का स्मरण किया जा सकता है जो नएपन से लैस थीं। आज कथा डायरी जैसी विधाएँ प्रचलन में हैं। विश्वनाथ त्रिपाठी अपनी किताब 'नंगा तलाई का गाँव' को उपन्यास नहीं कहते और काशी नाथ सिंह अपनी नएपन से लैस कृति 'काशी का अस्सी ' को संस्मरण विधा के नाम से हंस में प्रकाशित कराने के बाद उसे उपन्यास रूप में प्रकाशित कराते हैं। यह सभी घटनाएँ कहानी और उपन्यास विधाओं के इतर देखने का प्रयास हैं जिसमें 'ज़िंदगीनामा ' को एक बड़ी घटना के रूप में देखा जा सकता है। हालाँकि कृष्णा सोबती की तरफ से इस कृति को उपन्यास ही कहा गया लेकिन जब लोगों ने इसे आंचलिकता की सीमाओं में बाँधना शुरू कर दिया तो उन्हें आपत्ति होना स्वाभाविक था। नएपन को व्यापकता में, चलन से हटकर देखने की दृष्टि रूढ़ आलोचना की वजह से भी बाधित होती है।

प्रेमचंद की कथा धारा 'प्रगतिशील धारा' के रूप में निकली थी और जिस कथा ढाँचे की तमाम संभावनाओं को प्रेमचंद अपनी गहरी सामाजिक दृष्टि और

कथा शिल्प के माध्यम से सामने ला चुके थे उसी में कुछ और तलाशने का प्रयास कर रही थी। जिसके अपने नफे-नुकसान हुए। प्रगतिशीलता और जनवादिता जैसी अवधारणाओं के हिंदी साहित्य में आने से रचनाकार की सामाजिक दृष्टि स्पष्ट हुई और बहुत कुछ उत्कृष्ट लेखन भी सामने आया। जितनी यह बात सच है उतनी ही यह बात भी सच है कि साहित्य के संसार में जिस तरह से यह शब्द विचारधारा या रचनात्मक लेखन के लिए रूढ़ हो गए हैं उससे साहित्य में दोहराव और ठहराव की स्थिति भी बनती रही। प्रगतिशील धारा के वाहक कुछ लेखकों द्वारा उत्कृष्ट कहानियाँ लिखी गईं पर बड़ी संख्या में कहानी के कथ्य में एकरूपता के चलते शिल्प और कथा ढाँचे में भी एकरूपता आती चली गई। इन धाराओं के कुछ आलोचकों और संपादकों द्वारा रचे गए मानदंडों ने जो भ्रम की स्थिति उत्पन्न की वह किसी न किसी तरह से हर पीढ़ी के नए लेखकों की सोच को एक विशेष दायरे में बाँधने के लिए भी जिम्मेदार रही है।

कृष्णा सोबती का कथा साहित्य ऐसे किसी भी बंधन का खंडन है। लेखकीय प्रतिबद्धता की परिभाषा यहाँ सीमाओं में कैद नहीं है। यदि हिंदी कथा साहित्य में आज कहीं कुछ अनकहा है, यदि उस अनकहे को सामने लाने के लिए शिल्पगत प्रयोग करने की आवश्यकता है तो सोबती का कथा सफर ऐसी लेखकीय प्रतिबद्धता की तस्दीक करता है।

❑❑❑